Catalan Grammar

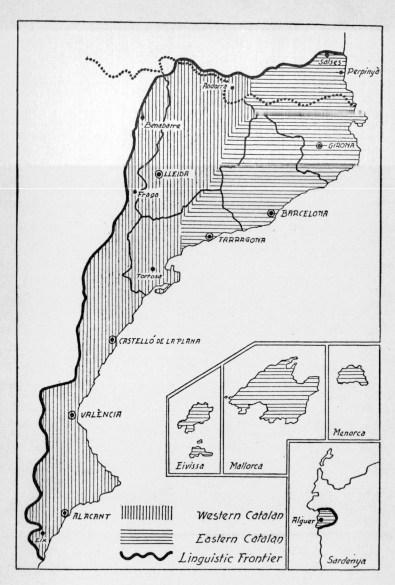

Salses
Perpinyà
Andorra
GIRONA
Benabarre
LLEIDA
Fraga
BARCELONA
TARRAGONA
Tortosa
CASTELLÓ DE LA PLANA
VALÈNCIA
Eivissa
Mallorca
Menorca
Alguer
Sardenya
ALACANT
Elx

||||||||||| Western Catalan

Eastern Catalan

Linguistic Frontier

LINGUISTIC MAP OF CATALAN

Introductory

CATALAN GRAMMAR

With a brief outline of the language and
literature, a selection from Catalan writers,
and a Catalan-English and English-Catalan
vocabulary

By

JOAN GILI

*Third edition, completely revised,
and enlarged*

THE DOLPHIN BOOK CO. LTD.
OXFORD
1967

For Elizabeth

with gratitude for her unfailing help

© Joan Gili

First edition, 1943
Second edition, 1952
Third edition, 1967

All rights reserved.
PRINTED IN SPAIN FOR THE DOLPHIN BOOK CO. LTD., OXFORD,
BY ARTES GRÁFICAS SOLER, S. A., JÁVEA, 30, VALENCIA (8).

DEPÓSITO LEGAL: V. 2.837 - 1966

Preface

IT is perhaps not generally realised how close since early times has been the relationship between England and Catalonia. During the greater part of the twelfth and thirteenth centuries both countries enjoyed considerable influence in neighbouring parts of southern France, namely Aquitaine and Occitaine. Friendly relations were then such that the guardianship of the children of Ramon Berenguer IV was entrusted to Henry II of England. Later, in the fifteenth century, the Duke of Clarence, second son of Henry IV, supported the Catalan Count Jaume d'Urgell in his claim to the throne of Catalonia and Aragon. During the War of Succession a pact of friendship and alliance was signed (Genoa, 1705) between both countries, in which Queen Anne pledged her royal word for the preservation of Catalan independence, a pledge not honoured, however, at the Peace of Utrecht (1713).

But an even closer bond — and much more pertinent today — is to be found in that democratic order of government which Catalonia and England instituted within twelve years of each other, nearly seven hundred years ago. In the reign of Pere II it was decreed (1283) that once a year the king should summon a parliament representative of the Church, the Aristocracy, and the Commons, and, further, that no statute should be passed without a majority assent of the members. In 1295 the Parliament of Edward I introduced in England that same order of democratic government.

These and other relations considered, it may seem strange that there should never have been published in England a Catalan grammar, whereby the reader might make acquaintance with a language which is at once the tongue of some seven million people — in Catalonia proper, Valencia, the Balearic Islands, Roussillon, Andorra (where it is still the official language, together with French), and in the town of Alghero in Sardinia — and the vehicle of a literature notably rich in both the mediaeval and the modern period. An English grammar in Catalan was published in Barcelona (1924) by Pompeu Fabra, thus preparing the way for an appreciation of English literature wherever the Catalan tongue is spoken. It is hoped, therefore, that the present Grammar will do something towards completing a mutual understanding.

As it does not fall within the scope of this work to offer a guide to the dialect variations of Catalan, the rules which are given belong to Standard Catalan as it is spoken by educated people in Barcelona.

A short selection from the works of Catalan writers has been added in order to provide complementary reading matter. The choice of this selection is a purely personal one, and in no way attempts to be fully representative.

I am much indebted to Pompeu Fabra and Emili Vallès ('Jeroni Marvà'), whose grammatical works I have consulted throughout. To Professor W. J. Entwistle of Oxford University, I owe much valuable advice and the generous loan of his personal notes, whilst to Professor I. G.-Llubera of Queen's University Belfast, I am indebted for several helpful suggestions.

NOTE TO THE SECOND EDITION

I have embodied in this second edition a number of suggestions made by the reviewers; to them I offer my gratitude. Professor Joan Corominas of Chicago University, Senyor Jordi Carbonell of Liverpool and Barcelona Universities, and Professor Frank Pierce of Sheffield University, have given me most valuable and constructive suggestions, which I have incorporated in the present edition.

NOTE TO THE THIRD EDITION

This third edition is considerably revised, and in particular an effort has been made to clarify further some of the more difficult points in Catalan, such as the unaccented personal pronouns and the different uses of the verbs *ésser* and *estar*. I have added an English-Catalan vocabulary, containing most of the words in common use, which should prove a useful addition to the Grammar. The Catalan-English vocabulary has been re-checked, and besides the words relating to the texts, it contains a fair number of those most commonly in use.

To the selection from Catalan writers, three more contemporary names have been added.

It gives me much pleasure to acknowledge the debt I owe to Professor Geoffrey Ribbans, of Liverpool University, for valuable recommendations arising from his long use of the book for class-work. And to Dr. R. Aramon i Serra for the many useful points raised in his review of the second edition in *Estudis Romànics*.

To my son Jonathan I am grateful for his interested and valuable help.

Since the publication of the second edition, an important and exhaustive Catalan grammar, in Spanish, has appeared, namely that of Professor A. Badia Margarit, of Barcelona University. I should like to acknowledge the use I have made of it to solve certain difficulties.

Finally, I would like to express my gratitude to the contemporary authors represented in the anthology for their generous permission to reprint.

J. G.

Oxford, 23rd April, 1966.

Contents

CHAPTER I

ALPHABET AND PRONUNCIATION

The Catalan alphabet consists of twenty-six letters:

Symbol	Name	Symbol	Name	Symbol	Name
A	a	J	jota	S	essa
B	be (alta)	K	ca	T	te
C	ce	L	ela	U	u
D	de	M	ema	V	ve (baixa)
E	e	N	ena	W	ve (doble)
F	efa	O	o	X	xeix *or* ics
G	ge	P	pe	Y	i (grega)
H	hac	Q	cu	Z	zeta
I	i (llatina)	R	erra		

The names of the Catalan letters are feminine.

The letter **c** with the cedilla **ç** *(ce trencada)* is used to represent in all its positions the same sibilant sound it has before **e** and **i**.

The letters **k** and **w** are only used in foreign words and their derivatives.

The letter **y** is only used in the formation of the digraph **ny** *(enya)*, which has the same sound as the Spanish **ñ,** and in certain Catalan or foreign proper names.

Double l with a dot in between **l·l** *(ela doble)* has the value of double l. Without it **ll** is pronounced like the *lli* in William.

VOWELS

All Catalan vowels have a more tense pronunciation than English ones. They are normally short and have a pure or simple sound. The English tendency, therefore, to diphthongize single vowels should be avoided. They may be grouped into strong vowels: **a, e, o,** and weak vowels: **i, u.**

Word stress.—Stress, in its wider sense, is the prominence given to one syllable over others in a word. This prominence is called the accent of the word.

The vowels or syllables which bear the stress are called *stressed,* while those which do not are called *unstressed.* This distinction has to be borne in mind for the understanding of the vowel sounds given below.

Words of one syllable can be either stressed or unstressed, although the majority are in fact stressed or 'strong' monosyllables: **pa, mà, gros, sí, res, gens, fins, ple, cor,** etc.

There are only a few unstressed or weak monosyllables, for the most part articles, pronouns or prepositions: **el, la, un, et, es, us, hi, li, en, a, de, per,** and possessives, such as: **mon, ton, son.** They are dependent on other words, and because of this are devoid of stress.

Catalan has two written accents: *grave* (**è**) and *acute* (**é**). The grave accent gives an open sound to the vowel and the acute gives it a closed sound. (See page 21 for the rules governing these accents).

PHONETIC VALUE OF THE VOWELS [1]

The vowel sounds in Catalan, according to the standard pronunciaton (i. e. Eastern Catalan), are approximately as follows:

A (*stressed*), like the English *a* in *art:* **mà, pa, clar, fàcil** [mà, pà, klà, fàsil].

A (*unstressed*), also called *neuter* because of its voiceless sound; it is a sound intermediate between **a** and **e** (ə): **bona,**

---

[1] The attempt at a phonetic interpretation between brackets after some words, here and in the following paragraphs, can be taken as a rough guide only. For a scientific explanation of all the vowel and consonant sounds consult A. M. BADIA MARGARIT, *Gramática catalana,* Madrid, 1962.

poma, claror, figura, sabó [bonə, pomə, cləró, figurə, səbó]. A similar sound is that of the *a* in *cellar.* This sound can be represented also by unstressed **e.**

E *(stressed),* has two sounds:

1. *open,* like the first *e* in *there:* **règim, terra, peu, cel** [rèjim, tèrrə, pèu, sèl].

2. *closed,* like the *e* in *met:* **fet, primer, més, pedra** [fét, primé, més, pédrə].

E *(unstressed),* has the same sound as unstressed **a: pare, mare, nebot** [parə, marə, nəbot].

Unstressed **e** before or after **a** has the sound of the first *e* in *event:* **teatre, aeròdrom** [teàtrə, aeròdrom].

I, the same as the English *i* in *marine:* **marí, fi, ruïna, jardí** [mərí, fí, ruínə, jərdí]. The sound varies according to whether it is stressed or unstressed, but its timbre is the same. (For *ig* and *ix* preceded by a vowel see under the respective consonants).

In between two vowels (and without accent or diaeresis) becomes a consonant, and is pronounced approximately like the *y* in *you:* **noia, reia, duia** [nòya, rèya, duya].

O *(stressed),* has two sounds:

1. *open,* like the *o* in *offer:* **dona, poble, còlera, arròs.**

2. *closed,* like the *o* sound in *poet:* **dóna, jove, canó, món.**

O *(unstressed),* pronounced like the *u* in *cuckoo:* **rodó, poder, content** [rudó, pudé, kuntén].

U *(stressed),* like the *oo* in *cook:* **una, oportú, tu, cua.**

U *(unstressed),* is pronounced like unstressed **o.**

1. It is mute after **q** and **g** before **e** or **i** (unless marked with the diaresis: **ü**): **orgue, què** [òrge, kè]; **qüestió** [kwestió].

2. It is pronounced after **g** and **q** followed by a vowel other than **e** or **i: guant, pasqua** [gwan, paskwa].

3. Between two vowels it becomes a consonant, and is pronounced like *w* in *coward:* **cauen, encreuar, entreveuen** [kawen, enkrewà, entrevewen].

CONSONANTS

The consonants are divided into *unvoiced* and *voiced*. The *unvoiced* consonant is produced without the vibration of the vocal cords, and the resulting sound is just that produced by the plosive or fricative effect of the air through the air passage. The *voiced* consonant has the same friction or plosion, plus the sound produced by the vibration of the vocal cords.

The unvoiced consonants are: **c, p, t, f, s** (unvoiced) and **x**. The rest are voiced. Each unvoiced consonant has a correlative voiced consonant. Thus:

Unvoiced	*Voiced*
c (ca)	**g** (gos)
p (por)	**b** (bo)
t (tu)	**d** (dur)
f (fi)	**v** (vi)
s (sal)	**z** (zero)
x (xoc)	**j** (joc)

According to the organ which articulates them, consonants may be divided in five main classes:

bilabial: **p, b, m.**
labio-dental: **f, v.**
dental: **t, d.**
dento-alveolar: **s, z, n, l, r.**
palatal: **x, j, ll, ny.**
velar: **c** (= k)**, g, q.**

If consonants are classified according to the manner in which the organs articulate them, they can be divided into:

plosive: **c, p, t, k, q,** and **g, b, d** (see below).
fricative: **f, j, s, v, z, x,** and **g, b, d** (see below).
nasal: **m, n, ny.**
lateral: **l.**
rolled: **r.**

PHONETIC VALUE OF THE CONSONANTS

B, voiced bilabial. 1. Sounds plosive at the beginning of a word and after a plosive or nasal consonant: **bo, blau, combat, capbussar** [bò, blàu, kombàt, kapbussà]. Equivalent to the English *b* in *boat*.

2. At the end of a word and before an unvoiced consonant it has the sound of its unvoiced correlative (**p**): **Jacob, dubte** [Jacop, duptə].

3. Between a vowel and **l**, it often has the sound of **bb**: **poble, establir** [pobblə, estəbblí].

4. After **m** in the same syllable it is not pronounced: **ambdós, tomb** [amdós, tóm].

5. In front of a consonant it is pronounced **b** or **p** according to whether the consonant is voiced or unvoiced: **objecció, abjecte** [ubjeksió, abjéktə], **dubte, absent** [duptə, apsén].

6. In all other cases it has the fricative sound: **saba, herba** [saƀə, erƀə].

C, unvoiced velar. 1. Sounds like unvoiced **s** in front of **e** or **i: cel, ciri, gràcies** [sel, siri, gràsies].

2. Has the velar plosive sound of **k** in practically every other instance: **camí, cor, acudir, clau, creu, actiu, acció, bosc, foc** [kamí, kor, akudí, klau, kreu, aktiu, aksió, bosk, fòk]. *Note:* between a vowel and **l** it often sounds double: **tecla, article** [tekklə, artikklə].

3. Before a voiced consonant (excepting **r**) it has the sound of **g: anècdota** [anègdotə].

4. Immediately preceded by **n** in the same syllable it is not pronounced, and the **n** takes the sound of *ng* in *long:* **cinc, blanc** [sing, blang].

Ç, sounds always like the unvoiced sibilant sound of **s: cançó, força** [kansó, forsə].

D, voiced dental. 1. Sounds plosive at the beginning of a word, after a nasal or plosive consonant, and after **l: dona, dansa, vendre, falda.** As the English *d* in *deed*.

2. At the end of a word and in front of an unvoiced consonant it has the sound of its unvoiced correlative (**t**): **ràpid, adquisició** [ràpit, atkizisió].

3. In most other instances it is fricative, with a sound not unlike the English *th:* **freda, pujada, cada** [fređə, pujađə, cađə].

4. It is not pronounced after **n** or **l** in the same syllable: **profund, fecund, herald** [profún, fecún, erál]. Nor within the group **rds: sords** [sors].

F, unvoiced labio-dental, has a fricative sound like the English *f:* **fum, desfer, cafè** [fum, desfé, kafè].

G, voiced velar. 1. Has a plosive sound before **a, o, u** and **r,** at the beginning of a word, or after a nasal or plosive consonant: **gorra, gat, guerra, gros, angoixa** [gorrə, gat, guerrə, gròs, angoishə]; as the English *g* in *go. Note:* between a vowel and **l** it often sounds double: **regla, segle** [réglə, séglə].

2. Before **e** or **i,** it has the palatal sound of **j: verge, llegir, gener** [verjə, llejí, jené].

3. In the endings **aig, eig, ig,** when the syllable bears the stress, and in **oig, uig,** the **g** becomes an unvoiced fricative, and has the sound of the English *tch:* **mig, desig, faig, lleig, boig** [mitch, desitch, fatch, llétch, bòtch].

4. At the end of a word and when not preceded by an accented **i,** it has the sound of its unvoiced correlative (**c = k**): **pròleg, càstig** [pròlek, càstik].

5. Immediately preceded by **n** in the same syllable it blends into the single nasal sound of *ng* in *long:* **fang, sang.**

6. In all other instances it has the fricative velar sound: **pregar, mantega, amagar, orgue** [pregà, mantegə, amagà, orgə].

H, is always silent.

J, voiced palatal fricative, does not vary: **joc, jove, jardí.** Its sound is between the French *j* and the English *j* (ž).

K, unvoiced velar plosive, as in English.

L, voiced dento-alveolar, as in English. Except final **l** which has a velar sound, like the *l* in *people.* **ll** with a dot in between is pronounced always double: **bèl·lic, síl·laba, il·lusió.** Without the dot is pronounced like the Spanish **ll,** and is not velarized as in English (e. g., in *full*). It is similar to the *lli* in *William.*

M, voiced bilabial nasal, as in English.

N, voiced alveolar nasal, as in English. **ny** has the same sound as the Spanish *ñ* or the Portuguese *nh*. Or like the English *ni* in *onion*.

1. Before a consonant it is not always pronounced **n.** Before **f** and **v,** it becomes a labiodental nasal: **canvi, enveja** [kàmvi, emvèjə]. Before **x** (*sh*), **ge, gi, j** and **ll,** it becomes a palatal nasal. Before **c** and **g** not followed by **e** or **i, q** and **x** (*ks*), it becomes a velar nasal. (See under **C** paragraph 4 and **G** paragraph 5 for examples of this velar sound in the groups **nc, ng**).

P, unvoiced bilabial plosive, as in English.

1. It is mute after **m** when in the same syllable: **camp, temps** [kam, tems].

2. Before a voiced consonant it sounds **b: capgirar** [kabgirà].

Q, Unvoiced velar plosive, is always followed by **u** (which is pronounced or not according to the rule on page 13, and has the velar sound of **c** (= **k**): **quantitat, quartet** [kwantitat, kwartet].

R, voiced dento-alveolar rolled, has a soft sound (a single vibration between vowels or linked with a consonant: **baró, cara, cruel, gras, tard.**

Initial **r** or when preceded by **l, m, n, s,** counts as **rr** and is strongly trilled (two or more vibrations): **ric, roca, Manresa, somriure** [rrik, rrokə, Manrrezə, somrriurə].

Final **r** is usually mute in the standard language: **mariner, clar, dormir** [mariné, klà, durmí]. But it is pronounced in most learned words and in words such as **cor, amor, mar, car, pur, sospir,** etc. [kor, amor, mar, kar, pur, suspir].

S, unvoiced alveolar fricative. 1. Between vowels it has the hard fricative sound of its voiced correlative (**z**): **rosa, il·lusió, casa** [rozə, iłłuzió, cazə]; as the English *s* in *easy, resolve*.

2. In all other cases it has an unvoiced sibilant sound: **sol, pols, pensa, entès;** not at all unlike the English *s* in *see, yes, false. Note:* the sibilant sound of **s** is represented between vowels by **ss: rossa, tassa.**

3. Before a consonant it takes the **z** or **s** sound according to whether the consonant is voiced or unvoiced respectively: **esborrar** [ezborrà], **fusta** [fustə].

T, unvoiced dental plosive, is more clear cut and it is not breathed as the usual English *t*. It is like the Italian *t* in *tutto*.

1. It is not pronounced after **l** or **n** in the same syllable: **prudent, malalts, evidentment** [prudén, malàls, evidenmén]. Nor in the group **rts: dimarts** [dimars].

2. Before a consonant it is pronounced either **t** or **d**: **potser** [putsé], **tretze** [tredzə]. And before **ll** and **m** it signifies the doubling of the consonant: **batlle** [ball-llə], **setmana** [semmanə].

V, voiced labio-dental, has a fricative sound like the English *v* in *vivid, ever:* **vida, servir, haver** [vidə, sərví, avè].

In the speech of Barcelona, however, the **v** has the bilabial sound of **b** [bidə, sərbí]. The fricative use of the **v**, in use in many parts of Catalonia, could well be encouraged in order to avoid confusion between identical words of different meaning containing **b** and **v**: **beure**, *to drink* and **veure**, *to see;* **bena,** *bandage* and **vena,** *vein,* etc.

W, pronounced like the labio-dental **v**: **water** [vàter].

X, unvoiced palatal fricative. 1. At the beginning of a word and after a consonant it has a similar sound to the English *sh* in *ship:* **xic, xocar, llanxa** [shik, shokà, llanshə]. **ix** after a vowel or at the beginning of a word has the same sound: **això, moix, ixen** [ashò, mosh, íshen].

2. After a vowel other than **i** it usually sounds like *ks:* **màxim, complex, fixar** [màksim, compleks, fiksà].

3. In words beginning with **ex** followed by a vowel or **h**, it has the sound of *gz:* **exemple, exacte** [egzémplə, egzàctə]. But followed by the *s* sound it is pronounced **k: excessiu** [eksesíu].

4. After **t** it is generally pronounced *ch:* **fletxa, cotxe** [flétchə, cótchə].

Y, same as English *y*.

Z, voiced dental fricative, is pronounced like the voiced sound of **s: zero, colze;** or as the English *z* in *zero*.

PHONETIC ALPHABET

The principal phonetic values in Catalan, as represented by the Alphabet of the International Phonetic Association, are as follows:

a	p*a*, m*à*	λ	*ll*una, cava*ll*
b	*b*o, com*b*at [1]	m	a*m*b, *m*oment
ƀ	her*b*a, al*b*a [2]	ɱ	è*m*fasi, i*n*fern
bb	po*b*le, esta*b*lir	n	ve*n*ir, *n*it, gra*n*
d	*d*it, cal*d*era	ŋ	fa*ng*, ro*nc*
đ	se*d*a, cor*d*a	ɲ	gua*ny*ar, xampa*ny*
dʒ	desi*tj*ar, via*tg*er	ɔ	d*o*na, aix*ò*
ɛ	r*è*gim, t*e*rra	o	j*o*ve, b*o*t
e	m*é*s, f*e*t, b*é*	p	*p*as, du*b*te, Jaco*b*
ə	don*a*, par*e*	r	*r*osa, ca*rr*o, En*r*ic
f	*f*um, des*f*er	ɹ	treu*r*e, g*r*an
g	*g*at, *g*uerra	s	*s*ol, *c*el, can*ç*ó, ro*ss*a
gg	se*g*le, re*g*la	ʃ	*x*ic, ai*x*ò
ǥ	pre*g*ar, or*g*ue	t	*t*ota, for*t*, ràpi*d*
ɪ	m*i*rar, prem*i*	tʃ	desi*g*, mi*g*, co*tx*e
i	s*í*, f*i*, ru*ï*na	ʊ	r*o*dó, d*u*resa
j	no*i*a	u	*u*na, com*ú*
k	*c*asa, bo*c*a, *q*uan	w	ca*u*en, be*u*en
kk	te*c*la, arti*c*le	v	*v*ida, ha*v*er
ks	mà*x*im, comple*x*	z	*z*ero, ca*s*a
l	te*l*a, *l*iquid	ʒ	*j*oc, ver*g*e
ł	e*l*, vi*l*		

VOWELS IN COMBINATION

When two vowels come together, they may belong to the same syllable (in which case a diphthong occurs) or they may belong to different syllables.

---

[1] And *v*ida in Barcelona speech.
[2] And ha*v*er in Barcelona speech.

They are pronounced as separate syllables:

(*a*) When two strong vowels (**a, e, o**) occur in conjunction: **crear, paella, lleó, raó** [kre-à, pa-ella, lle-ó, ra-ó].

(*b*) When one of the vowels is an accented (with or without the written accent) **i** or **u**: **veí, cua, prenia** [ve-í, kú-ə, pre-ní-ə].

They form a diphthong and are pronounced as one syllable:

(*a*) When the second vowel is an unaccented **i** or **u**: **reina, boira, taula, riure** [réi-nə, bói-rə, tàu-lə, ríu-rə]. The stress falls on the first vowel.

(*b*) When the first vowel is **u** and is preceded by **g** or **q**: **guanyar, quatre, llengua, freqüent** [gwa-nyà, quà-trə, llén-gua, fre-kwén]. The stress falls on the second vowel.

(*c*) When three vowels are present, the middle one is either **i** or **u,** and these take the place of a consonant. The first vowel forms syllable with the previous consonant, the other two remaining together: **esglaiat** [es-gla-iat], **xemeneia** [xe-me-ne-ia], **diuen** [di-uen].

DIAERESIS

In order to indicate that the **u** in the diphthongs **ue** and **ui** after **g** or **q** has to be pronounced, a diaeresis is placed over the **u:**

> **següent** [segwén], *following*
> **qüestió** [kwestió], *question*
> **ambigüitat** [ambigwitat], *ambiguity*

The diaeresis is also used over **i** or **u** (whenever they do not require the written accent — see the following paragraph) in order to indicate that neither they are consonants (as they are, for example, in **noia, veuen**), nor do they form a diphthong with the preceding vowel:

> **veïna** [ve-ínə], *neighbour*
> **agraïa** [agra-íə], *was grateful*
> **traïdor** [tra-ídó], *traitor*
> **traduït** [tradu-it], *translated*
> **diürn** [di-urn], *diurnal*

There are a few exceptions to the preceding rule, which take neither the accent nor the diaeresis but are pronounced separately: (*a*) The suffixes **isme, ista: egoisme, panteista;** (*b*) the infinitive, present participle, future and conditional forms of certain verbs ending in **ir: fruir, fruint, fruiré, fruiria;** (*c*) words with a prefix like **co, re, auto, contra: coincidir, reunir, contrainducció;** (*d*) the Latin terminations **um** and **us: harmònium, Màrius.**

THE WRITTEN ACCENT

In Catalan the written accent has two forms: *grave* (**è**) and *acute* (**é**). The grave accent is used over **a, e** (open), **o** (open): **à, è, ò.** The acute is used over **e** (closed), **o** (closed), **i, u: é, í, ó, ú.**

The following words bear the written accent:

(*a*) Polysyllabic words with the stress on the last syllable and ending in: **a, e, i, o, u, as, es, is, os, us, en, in: camí, això, progrés, comprèn, arròs, país.**

(*b*) Words with the stress on the penultimate syllable and which do not end in any of the above endings: **inèdit, equívoc, dèbil.**

(*c*) All those words which bear the stress on the antepenultimate syllable: **mètode, història, época.**

WORD STRESS

It will be seen that polysyllabic words which bear no written accent can only have the stress on either the penultimate or the last syllable. The stress falls on the penultimate syllable when the word ends in any of the above twelve endings (*a*):

co*sa*	e*xa*men
*at*las	bra*ços*
*fe*bre	di*me*cres

In all other cases, the stress falls on the last syllable:

cas*tell*	sa*lut*
se*gon*	de*sert*
J*oan*	de*sig*

NOTE —It is necessary to use the written accent in some mo-
nosyllabic and polysyllabic words of identical spelling in order
to differentiate their meaning.

The following are the most obvious examples:

bé, *good, well*	be, *lamb*
dóna, 3rd. pres. ind. of donar,	dona, *woman*
déu, *god* [*to give*	deu, *ten*
és, 3rd. pres. ind. of ésser, *to*	es, *himself*
mà, *hand* [*be*	ma, *my* (fem. adj.)
més, *more*	mes, *month*
món, *world*	mon, *my* (m. adj.)
què?, *what?*	que, *which* (rel. pron.; conj.)
sòl, *ground, soil*	sol, *sun, alone*
nét, *grandson*	net, *clean*
ós, *bear*	os, *bone*
té, 3rd. pres. ind. of tenir, *to* [*have*	te, *tea*

LIAISONS

When two words are phonetically joined together, and the
first ends with a consonant **s, ç, x, tx** or **ig,** and the next begins
with a vowel or **h,** the consonant becomes voiced and is carried
forward to the next word: **els amics** [el-za-míks], **dos homes**
[dó-zò-mes], **calç i guix** [kal-zi-gish], **mig any** [mid-jany].

If the final letter is **r,** it loses strength before the vowel, and
also joins the following word: **car i dolent** [ka-ri-do-lén].

Final **t** after **n** often joins the next syllable: **Sant Andreu**
[San-tan-dréu], **cent homes** [cen-tò-mes]. Except where the **t** is
not pronounced (see above **T,** 2): **vint o trenta** [vin-o-tren-ta],
alt i prim [al-i-prim].

The following are typical *liaisons* ocurring in words ending
with a vowel followed by another beginning also with a vowel:
Una hora [u-nò-ra], **quinze homes** [quin-zò-mes], **una amiga**
[ú-na-mi-ga], **no els veig** [nols-veig], **no ho facis** [nou-fa-cis].

USE OF CAPITAL LETTERS

Capital letters are not used for the pronoun **jo,** *I,* for the names of days or months, or for nouns or adjectives relating to nationality, place or personal names:

> **un anglès,** *an Englishman*
> **nosaltres parlem anglès,** *we speak English*
> **el dilluns,** *Monday*
> **un cristià,** *a Christian*

DIVISION OF WORDS

The most noteworthy division of words at the end of a line are:

1. In words containing the groups **ix, rr, ss, st, tg, tj, ts, tx, tz, l·l** these are divided: **fai-xa, car-ro, mas-sa, fes-ta, co-rat-ge, des-pat-xar, set-ze, fal-lera.**

2. The groups **bl, br, cl, cr, dr, fl, gl, gr, gu, ll, ny, pl, pr, qu, tr,** are not divided: **pro-ba-ble, mons-tre, cas-ta-nya, a-tra-par, des-pu-llar.**

3. The pronouns **nosaltres, vosaltres,** are divided thus: **nos-altres, vos-altres.** And likewise other compounds should be divided into their component parts: **des-fer, ben-vist, bes-avi.**

HYPHEN

Apart from the use of the hyphen in compound words (such as **para-sol, dos-cents, abans-d'ahir, greco-romà),** the most notable use of the hyphen in Catalan is to unite a verb with an unstressed personal pronoun:

> **creu-me,** *believe me*
> **seguiu-nos,** *follow us*
> **estimar-te,** *to love you* (fam.)
> **cremar-ho,** *to burn it*

For the use of the unstressed personal pronouns see pages 44-47.

APOSTROPHE

The masculine and femenine singular **el, la,** are written **l'** in front of a vowel or a vowel preceded by **h:**

l'arbre, l'aire, l'home, l'ala, l'hora

Even when the article is preceded by a preposition this rule remains unaltered:

de l'arbre, a l'aire, de l'home, de l'ala, de l'hora

EXCEPTIONS: In front of a feminine word beginning with unstressed **i** or **u,** the article remains **la** and is not apostrophed:

la humanitat, la inepcia

However, **la** is also used in front of **una** (time), **ira, host,** although they begin with a stressed vowel. Thus:

La una, *one o'clock*
la ira, *the wrath*
la host, *the host (large number)*

CHAPTER II

ARTICLES

THE DEFINITE ARTICLE

In Catalan it takes the following forms:

	Singular	*Plural*
Masculine	el, l'	els
Feminine	la, l'	les
Neuter	el, l'	no form

Examples:

el noi, *the boy*   els nois, *the boys*
l'home, *the man*   els homes, *the men*
la dona, *the woman*   les dones, *the women*
l'avia, *the grandmother*   les àvies, *the grandmothers*

For the use of the elided form see the section "Apostrophe" in the previous chapter.

There is a dialectal use of lo, los, for the masculine article, which derives from old Catalan. The only possible use of lo, los, in literary Catalan is as pronouns.

The neuter article el (l') is only used with adjectives, participles, etc., to form an abstract noun or noun phrase:

El millor que pots fer, *the best thing you can do*
M'interessa més el nou que el vell, *I am more interested in the new than in the old*

CONTRACTED FORMS

When the preposition a, *to, at,* de, *of, from,* and per, *by, for, through,* immediately precede the articles el and els, the forms a el, a els, are contracted to al, als; de el, de els, to del, dels, and per el, per els to pel, pels:

al pare, *to the father*   **del germà,** *of the brother*
als amics, *to the friends*   **dels arbres,** *of the trees*
                pel carrer, *through the street*
                pels déus, *by the gods.*

This rule does not affect the apostrophic form, however, and we write: **a l'home, de l'home, per l'home.**

USES OF THE DEFINITE ARTICLE

The following are the principal uses of the article in Catalan that are not found in English:

(*a*) Before names of persons. Note, however, that before masculine names beginning with a consonant, the form **en** takes the place of **el:**

> **La** [1] **Maria,** *Mary*
> **L'Enric,** *Henry*
> **En Joan,** *John*

(*b*) Before a title or a qualified proper noun, except in direct address:

> **El senyor Esteve,** *Mr. Esteve*
> **El capità Serrallonga,** *Captain Serrallonga*

(*c*) Before abstract nouns, or nouns taken in a generic sense, but not when the noun is used partitively:

> **La mort no espera,** *death does not wait*
> **El diner no val res,** *money is worth nothing*
> *But* **No tinc diners,** *I have no money*

(*d*) Before an infinitive used as a noun:

> **El nadar,** *swimming*
> **El beure,** *drinking*

---

[1] In a similar way as the masculine, the feminine can also take the form **na** (**na Maria**), although obsolete in Barcelona speech.

THE INDEFINITE ARTICLE

	Singular	*Plural*
Masc.	**Un**	**Uns**
Fem.	**Una**	**Unes**

Examples:

Un cavall, *a horse*   **Uns cavalls,** *some horses*
Una cadira, *a chair*   **Unes cadires,** *some chairs*

It should be noted that Catalan has a form for the plural of the indefinite article, as shown above, which in English corresponds largely to the indefinite adjective *some*.

CHAPTER III

NOUNS

FEMININE OF NOUNS

1. There are two genders for Catalan nouns, masculine and feminine. The two are often distinguishable by their termination, except in the case of a few nouns which have a different root for the masculine and the feminine. The feminine of a noun is generally formed by adding to the masculine the ending **a,** or by changing the termination **e** into **a:**

El **fill,** *the son*	La **filla,** *the daughter*
El **senyor,** *the gentleman*	La **senyora,** *the lady*
El **gat,** *the tom-cat*	La **gata,** *the she-cat*
L'**alumne,** *the pupil*	L'**alumna,** *the pupil*
El **mestre,** *the teacher*	La **mestra,** *the teacher*

2. When the masculine noun ends in a stressed vowel (due to loss of the older termination **-n,** which is restored on forming the feminine), the ending of the feminine is **-na:**

El **lleó,** *the lion*	La **lleona,** *the lioness*
El **germà,** *the brother*	La **germana,** *the sister*
El **cosí,** *the cousin*	La **cosina,** *the cousin*

3. In less frequent cases the endings are **-essa, -ïna, -ina:**

El **poeta,** *the poet*	La **poetessa,** *the poetess*
El **comte,** *the count*	La **comtessa,** *the countess*
L'**heroi,** *the hero*	L'**heroïna,** *the heroine*
El **gall,** *the cock*	La **gallina,** *the hen*

4. In other cases the feminine is formed by changing **or** into **riu:**

L'actor, *the actor*   **L'actriu,** *the actress*
L'emperador, *the emperor*   **L'emperadriu,** *the empress*

5. A few masculine nouns ending in **t, p, f,** form their feminine by changing these endings into their voiced correlatives, **d, b, v,** and adding **a:**

El nebot, *the nephew*   **La neboda,** *the niece*
El llop, *the he-wolf*   **La lloba,** *the she-wolf*
El serf, *the serf*   **La serva,** *the serf*

6. Where the feminine is of more importance than the masculine, the latter is formed by substituting the feminine ending for **-ot:**

La bruixa, *the witch*   **El bruixot,** *the sorcerer*
L'abella, *the bee*   **L'abellot,** *the drone*

7. Distinction of sex is so important with relation to persons and some domestic animals that it is represented by a pair of distinct words:

L'home, *the man*   **La dona,** *the woman*
L'oncle, *the uncle*   **La tia,** *the aunt*
El marit, *the husband*   **La muller,** *the wife*
El cavall, *the horse*   **L'egua,** *the mare*
L'ase, *the ass*   **La somera,** *the she-ass*

8. Some names of animals have only one form for both the masculine and feminine, and they are differentiated by adding **mascle,** *male,* or **femella,** *female,* to the noun:

El rossinyol femella, *the female nightingale*

PLURAL OF NOUNS

1. As a rule the plural of nouns is formed by adding **s** to the singular:

El vaixell, *the ship*	**Els vaixells,** *the ships*
La paret, *the wall*	**Les parets,** *the walls*
El cor, *the heart*	**Els cors,** *the hearts*
El metge, *the doctor*	**Els metges,** *the doctors*

2. Certain nouns suffer orthographic modification in the process:

(*a*) Those ending with an unstressed **a** change this into **e** on forming the plural:

La ballarina, *the dancer*	**Les ballarines,** *the dancers*
El poeta, *the poet*	**Els poetes,** *the poets*
La fulla, *the leaf*	**Les fulles,** *the leaves*
El dia, *the day*	**Els dies,** *the days*

(*b*) Those ending in **a** preceded by **c, g, ç, j, qu** or **gu,** not only change **a** into **e** but the respective consonants take the following forms: **qu, gu, c, g, qü** and **gü:**

La boca, *the mouth*	**Les boques,** *the mouths*
La plaga, *the plague*	**Les plagues,** *the plagues*
La raça, *the race (breed)*	**Les races,** *the races*
La pluja, *the rain*	**Les plugues,** *the rains*
La pasqua, *Easter*	**Les pasqües,** *Easters*
La llengua, *the tongue*	**Les llengües,** *the tongues*

3. To nouns ending in a stressed vowel (which represents the loss of the older termination **-n,** restored on forming the plural) **-ns** is added:

La mà, *the hand*	**Les mans,** *the hands*
El capità, *the captain*	**Els capitans,** *the captains*
El camí, *the way, the path*	**Els camins,** *the ways, the paths*
El sabó, *the soap*	**Els sabons,** *the soaps*

But where there was no original final **-n,** words ending in a stressed vowel form their plural simply by adding **s:**

La mercè, *the favour*	**Les mercès,** *the favours*
El cafè, *the coffee*	**Els cafès,** *the coffees*
El papà, *daddy*	**Els papàs,** *daddies*

4. Masculine nouns ending in **s, ç, x, sc, st, tx, xt,** with the stress on the last syllable, or monosyllables, form the plural by adding **-os:**

El marquès, *the marquis*	**Els marquesos,** *the marquises*
El braç, *the arm*	**Els braços,** *the arms*
El peix, *the fish*	**Els peixos,** *the fishes*
El bosc, *the wood*	**Els boscos,** *the woods*
El gust, *the taste*	**Els gustos,** *the tastes*
El despatx, *the office*	**Els despatxos,** *the offices*
El pretext, *the pretext*	**Els pretextos,** *the pretexts*

A great number, however, of those ending in **s** preceded by a vowel double the **s** in front of the ending **-os,** as in: **compàs,** *compass,* pl. **compassos; pastís,** *tart,* pl. **pastissos; interès,** *interest,* pl. **interessos.** They are, with a few exceptions, those ending in **às, és, ès, ís, òs, ós, ús.**

The few monosyllables, that double the **s** before the ending **-os** are: **nas,** *nose,* pl. **nassos; pas,** *step,* pl. **passos; ris,** *curl,* pl. **rissos; bres,** *cradle,* pl. **bressos; gos,** *dog,* pl. **gossos; cos,** *body,* pl. **cossos; mos,** *bite,* pl. **mossos; tros,** *piece,* pl. **trossos; bus,** *diver,* pl. **bussos; rus,** *Russian,* pl. **russos.**

5. Feminine nouns ending in **s** remain invariable on forming the plural. Also masculine nouns ending in **s** when the stress falls on the penultimate or antepenultimate syllable:

La pols, *the dust*	**Les pols,** *the dusts*
El llapis, *the pencil*	**Els llapis,** *the pencils*
L'òmnibus, *the bus*	**Els òmnibus,** *the buses*

The following are also invariable: **temps,** *time, weather;* **fons,** *bottom, background;* and the days of the week excepting **dissabte** (pl. **dissabtes**), *Saturday,* and **diumenge** (pl. **diumenges**), *Sunday.*

CHAPTER IV

ADJECTIVES

FEMININE OF ADJECTIVES

1. There is no definite rule for the formation of the feminine of adjectives, although this is usually done by adding the ending **a** to the masculine, or by changing in certain cases the terminations **e** or **o** into **a**:

dolç, *sweet*	fem. **dolça**
sec, *dry*	fem. **seca**
prim, *thin*	fem. **prima**
car, *expensive*	fem. **cara**
negre, *black*	fem. **negra**
flonjo, *soft*	fem. **flonja**
pobre, *poor*	fem. **pobra**
blanc, *white*	fem. **blanca**
fred, *cold*	fem. **freda**

2. Adjectives ending in a stressed vowel (representing the original ending **-n**), form the feminine by adding **-na**:

rodó, *round*	fem. **rodona**
humà, *human*	fem. **humana**
bo, *good*	fem. **bona**
ple, *full*	fem. **plena**

Exceptions: **nu,** *naked,* fem. **nua; cru,** *raw,* fem. **crua.**

3. Those ending in **-au, -iu, -ou,** change the **u** into **v** before taking the **a:**

blau, *blue*	fem. **blava**
viu, *alive*	fem. **viva**
nou, *new*	fem. **nova**

4. Some adjectives ending in **t, c, s,** change these letters into **d, g, ss,** before adding **a:**

eixerit, *clever*	fem.	**eixerida**
amic, *friend*	fem.	**amiga**
ros, *fair*	fem.	**rossa**
poruc, *coward*	fem.	**poruga**
gras, *fat*	fem.	**grassa**

A great number of adjectives with these endings, however, form the feminine simply by adding **a:**

grat, *pleasant*	fem.	**grata**
brut, *dirty*	fem.	**bruta**
estret, *narrow*	fem.	**estreta**
bonic, *pretty*	fem.	**bonica**
anglès, *English*	fem.	**anglesa**

5. The following are the most important variations to the above rules: **boig,** *mad,* fem. **boja; roig,** *red,* fem. **roja; mig,** *half,* fem. **mitja; lleig,** *ugly,* fem. **lletja; nul,** *null,* fem. **nul·la.**

6. Catalan is rich in adjectives which have the same form for both genders. These are:

(*a*) Those ending in **ç: audaç,** *audacious;* **feliç,** *happy;* **feroç,** *ferocious.*

(*b*) A great number of adjectives ending in **e** or **a: feble,** *weak;* **jove,** *young;* **cèlebre,** *famous;* **idiota,** *idiot.*

(*c*) The greater part of those ending in **-al, -el, -il: actual,** *actual;* **rebel,** *rebel;* **subtil,** *subtle.* EXCEPTIONS: **mal,** *bad,* fem. **mala; paral·lel,** *parallel,* fem. **paral·lela; tranquil,** *tranquil,* fem. **tranquil·la;** and all those ending in **-ívol: jovenívol,** *youthful,* fem. **jovenívola.**

(*d*) Those ending in **-ar: vulgar,** *vulgar;* **circular,** *circular.* EXCEPTIONS: **car,** *dear,* fem. **cara; clar,** *clear,* fem. **clara; avar,** *avaricious,* fem. **avara; rar,** *rare,* fem. **rara.**

(*e*) Those ending in **-ant, -ent: prudent,** *prudent;* **constant,** *constant.* EXCEPTIONS: **sant,** *Saint,* fem. **santa; atent,** *attentive,* fem. **atenta; content,** *happy,* fem. **contenta; cruent,** *bloody,* *cruel,* fem. **cruenta;** and all those ending in **-lent: calent,** *hot,* fem. **calenta.**

(*f*) The adjectives **gran,** *large, big;* **suau,** *soft;* **breu,** *brief;* **lleu,** *slight;* **greu,** *grave;* **sublim,** *sublime,* and a few others.

AGREEMENT OF ADJECTIVES

In Catalan the adjective agrees with its noun in gender and number:

Un home savi, *a learned man*   **Homes savis,** *learned men*
Una dona sàvia, *a learned*   **Dones sàvies,** *learned wo-*
   woman   *men*

When an adjecitve modifies two or more masculine nouns, or nouns of different genders, the adjective agrees in the masculine plural:

El pare i el fill són excel·lents, *father and son are excellent*
La barca i el rem trencats, *the broken boat and oar*

If the nouns are all feminine the adjective agrees in the feminine plural:

La casa i l'avinguda són molt boniques, *the house and the avenue are very pretty.*

Even when the subject pronoun is merely understood, care must be taken to make the adjective agree with it:

        Som catalanes, *we are Catalan women*
        Sóc anglès, *I am an Englishman*

PLURAL OF ADJECTIVES

Adjectives follow the same rules as nouns to form the plural.

POSSESSIVE ADJECTIVES

Singular		*Plural*		
Masc.	Fem.	Masc.	Fem.	
el meu	la meva	els meus	les meves	*my*
el teu	la teva	els teus	les teves	*your* (fam.)
el seu	la seva	els seus	les seves	*his, her, your* (polite form)
el nostre	la nostra	els nostres	les nostres	*our*
el vostre	la vostra	els vostres	les vostres	*your* (polite & fam. pl. form)
llur	llur	llurs	llurs	*their*

These adjectives go before the noun they modify and are always preceded by the article, with the exception of **llur, llurs:**

El meu marit, *my husband*
El seu mestre, *your teacher*
El seu editor, *his publisher* (or *your publisher*)
Els nostres escriptors, *our writers*
La seva muller, *your wife* (or *his wife*)
Llur punt de vista, *their point of view*

Llur can also be placed after the noun, in which case the sentence begins with the article:

El punt de vista llur, *their point of view*

NOTE: One finds that in ordinary speech **llur, llurs,** are often substituted by **seu, seva, ses, seves.**

Sometimes in the spoken language one finds the equivalents **mon, ton, son** for **meu, teu, seu;** with the feminine form **ma, ta, sa** for **meva, teva, seva;** and the plural **mos, tos, sos, mes, tes, ses** for **meus, teus, seus, meves, teves, seves.** They are used mostly before names of relatives and some fixed phrases: **ton pare,** *your father;* **ta germana,** *your sister;* **en ma vida,** *in my life.*

DEMONSTRATIVE ADJECTIVES

Singular		Plural		
Masc.	Fem.	Masc.	Fem.	
aquest	aquesta	aquests	aquestes	*this*
aqueix	aqueixa	aqueixos	aqueixes	*that* (near you)
aquell	aquella	aquells	aquelles	*that* (yonder)

Aquest, *this,* denotes proximity to the speaker or writer; **aqueix,** *that,* denotes proximity to the person spoken or written to; **aquell,** *that,* denotes remoteness from both the speaker and the person spoken to:

> **aquesta ciutat,** *this city* (where I write from)
> **aqueixa ciutat,** *that city* (where you are living)
> **aquell cavall,** *that horse* (over there)

It is to be noted that in fact **aqueix** has practically disappeared from the spoken language, and is substituted by **aquest,** although this is to be deplored, as it can lead to confusion.

INTERROGATIVE ADJECTIVES

There is only one interrogative adjective, **quin,** *which, what* (fem. **quina,** masculine plural **quins,** feminine plural **quines**):

> **Quina hora és?** *What time is it?*
> **Quin llibre vol vostè?** *What book do you want?*
> **Quines arrecades es posarà vostè?** *Which ear-rings will you wear?*

Quin may also be used in exclamations:

> **Quines flors més boniques!** *What beautiful flowers!*
> **Quina felicitat!** *What happiness!*

RELATIVE ADJECTIVES

The relative adjective is **qual,** *which* (pl. **quals**), and is always preceded by the definite article, which can take the following forms according to the gender and number of the noun: **el qual, la qual, els quals, les quals:**

> **Aquest llibre, el qual caldrà enquadernar...,** *this book, which will need binding...*
>
> **Doni'm mil pessetes, la qual suma...,** *give me a thousand pesetas, which sum...*
>
> **Tres cartes, de les quals li envio còpia,** *three letters, of which I am sending you a copy.*

INDEFINITE ADJECTIVES

The indefinite adjectives are:

algun, alguna, alguns, algunes	*some*
cap (invariable)	*none, any*
un, una, uns, unes	*a, some*
cada (invariable)	*each, every*
tot, tota, tots, totes	*all, each*
mateix, mateixa, mateixos, mateixes	*same, -self*
tal, tals	*such*
altre, altra, altres	*other*
cert, certa, certs, certes	*certain*
qualsevol, qualssevol	*any*
ambdós, ambdues	*both*

Examples: **Durant algun temps,** *for some time*
Alguna tarda, *some afternoon*
Cap d'ells, *none of them*
Són uns amics del meu pare, *they are some friends*
Cada matí, *each morning*   [*of my father*
Tots vosaltres, *all of you*
El mateix dia, *the same day*
Certa gent, *certain people*
Torni un altre dia, *come another day*
Agafi una cadira qualsevol, *take any chair*
Ambdós cavalls, *both horses*

NOTE: **Mateix** when used as *"-self"* follows the noun instead of preceding it: **El director mateix els va rebre,** *the director himself received them.*

COMPARISON OF ADJECTIVES

Adjectives, like adverbs, form their comparative of superiority by means of **més,** *more,* and the comparative of inferiority by **menys,** *less,* followed by the correlative **que,** *than,* or (before numerals) **de.** The comparison of equality is expressed by the formula **tan(t) . . . com,** *as much as.* **Tan** is used before adjectives or adverbs; **tant** to express equal quantity:

> **Vostè és més gran que jo,** *you are older than I*
> **Tinc menys diners que vostè,** *I have less money than you*
> **Ell té més de cinc taronjes,** *he has more than five oranges*
> **No és tan alt com vostè,** *he is not as tall as you*
> **Vostè ha menjat tant com jo,** *you have eaten as much as I*

DIMINUTIVE, AUGMENTATIVE AND PEJORATIVE

Catalan possesses a number of diminutive, augmentative and pejorative suffixes which can be added to nouns and adjectives to augment, diminish or depreciate the force of their meanings. A far greater use is made of these than of similar suffixes in English. They are:

> Diminutive: **-et** (fem. **-eta**)
> Augmentative: **-às** (fem. **-assa**)
> Pejorative: **-ot** (fem. **-ota**)

These suffixes are added to the word without changing it if it ends in a consonant or in an unstressed **-i** or **-u.** When the word ends in an unstressed **-a, -e, -o,** the vowel disappears on adding the suffix. Those ending in a stressed vowel add the older termination **-n** before the suffix:

	DIMINUTIVE	AUGMENTATIVE	PEJORATIVE
gat, *cat*	**gatet**	**gatàs**	**gatot**
peu, *foot*	**peuet**	**peuàs**	**peuot**
dona, *woman*	**doneta**	**donassa**	**donota**
mà, *hand*	**maneta**	**manassa**	**manota**

NUMERALS

1. The *cardinal* numbers in Catalan are:

0. zero	25. vint-i-cinc
1. un (fem. una)	26. vint-i-sis
2. dos (fem. dues)	27. vint-i-set
3. tres	28. vint-i-vuit
4. quatre	29. vint-i-nou
5. cinc	30. trenta
6. sis	31. trenta-un (fem. -una)
7. set	32. trenta-dos (fem. -dues)
8. vuit	33. trenta-tres
9. nou	40. quaranta
10. deu	50. cinquanta
11. onze	60. seixanta
12. dotze	70. setanta
13. tretze	80. vuitanta
14. catorze	90. noranta
15. quinze	100. cent
16. setze	101. cent un (fem. una)
17. disset	102. cent-dos (fem. dues)
18. divuit	200. dos-cents (dues-centes)
19. dinou	300. tres-cents (tres-centes)
20. vint	1000. mil
21. vint-i-un (fem. -i-una)	1,100. mil cent
22. vint-i-dos (fem. -i-dues)	100,000. cent mil
23. vint-i-tres	1,000,000. un milió
24. vint-i-quatre	2,000,000. dos milions.

All the above are invariable, except **un, dos, cents,** which have the feminine form: **una, dues, centes.**

Un used as a noun to express the first number, becomes **u:** **El número u,** *number one.*

Counting by hundreds is used only up to 900. Above that one counts by thousands and hundreds: 1942 is **mil nou-cents quaranta-dos.**

2. The *ordinal* numbers are:

1st **primer** (-a)	12th **dotzè** (-ena)
2nd **segon** (-a)	13th **tretzè** (-ena)
3rd **tercer** (-a) or **terç** (-a)	14th **catorzè** (-ena)
4th **quart** (-a)	15th **quinzè** (-ena)
5th **quint** (-a) or **cinquè** (-ena)	16th **setzè** (-ena)
6th **sisè** (-ena)	17th **dissetè** (-ena)
7th **setè** (-ena)	18th **divuitè** (-ena)
8th **vuitè** (-ena)	19th **dinovè** (-ena)
9th **novè** (-ena)	20th **vintè** (-ena)
10th **desè** (-ena)	100th **centè** (-ena)
11th **onzè** (-ena)	1,000th **milè** (-ena)
	1,000,000th **milionèsim** (-a)

The ordinals, as adjectives, agree in gender with the noun they qualify:

El segon capítol, *the second chapter*
La primera pàgina, *the first page*

Often the cardinals are used instead of ordinals, and after twenty, ordinals are rarely used:

El segle divuit, *the eighteenth century*
L'onze de septembre, *the eleventh of September*

The cardinal numbers are used to indicate the hours of the day, and the word **hora** is understood:

És la una, *it is one o'clock*
Són les dues, *it is two o'clock*

The quarters of the hour are constructed thus:

Un quart de tres, (*one quarter of the third hour*), *a quarter past two*
Dos quarts de tres, (*two quarters of the third hour*), *half past two*
Tres quarts de tres, (*three quarters of the third hour*), *a quarter to three*

3. *Collective* numerals. These are nouns representing a number as a unity:

parell, m., *pair, couple*	**seixantena,** f., *sixty*
desena, f., *ten*	**setantena,** f., *seventy*
dotzena, f., *dozen*	**vuitantena,** f., *eighty*
vintena, f., *twenty, score*	**norantena,** f., *ninety*
trentena, f., *thirty*	**centenar,** m., *hundred*
quarantena, f., *forty*	**miler,** m., *thousand*
cinquantena, f., *fifty*	

QUANTITATIVES

The quantitative adjectives express quantity without specifying it. They are:

quant, quanta, quants, quantes	*how many, how much, so many*
tant, tanta, tants, tantes	*as many, as much*
molt, molta, molts, moltes	*much, many, very*
poc, poca, pocs, poques	*little, few*
gaire, gaires	*much, many*
bastant, bastants	*fair amount of*
prou (invariable)	*enough*
massa (invariable)	*too much, too many*
més (invariable)	*more*
menys (invariable)	*less*
gens (invariable)	*a little, any, none*
força (invariable)	*a lot*
que (invariable)	*how, how many*

Examples:

Quanta gent! *What a lot of people!*
Tants dies, tantes setmanes, *so many days, so many weeks*
Tinc molta gana, *I am very hungry*
Té pocs amics, *he has few friends*
No té gaire paciència, *he has not got much patience*

Ell beu bastant d'aigua, *he drinks a fair amount of water*
No tindré prou coratge, *I won't have enough courage*
Tinc massa papers, *I have too many papers*
Doni'm més pa, *give me more bread*
Això costa menys, *this costs less*
Si et queda gens d'energia, *if you have any energy left*
Hi havia força gent, *there were a lot of people*
Que valents que són! *How brave they are!*

CHAPTER V

PRONOUNS

PERSONAL PRONOUNS

The personal pronouns in Catalan, unlike nouns and adjectives, vary according to case. The cases are: *nominative* (subject), *accusative* (direct object), and *dative* (indirect object). The purpose of these personal pronouns in a sentence is to give emphasis, or to prevent vagueness. They have two forms: strong or *stressed*, and weak, or *unstressed*.

STRESSED PERSONAL PRONOUNS

These are:

jo, mi, *I, me*	1st person singular
tu, vós, vostè, *you*	2nd person singular
ell, *he,* **ella,** *she*	3rd person singular
nosaltres, *we*	1st person plural
vosaltres, vostès, *you*	2nd person plural
ells (m.), **elles** (f.), *they*	3rd person plural
si, *myself, herself,* etc.	reflexive 3rd person

These pronouns (except **mi** and **si**) used simply are the subject of the verb:

Jo tinc gana, *I am hungry*
Tu parlaràs, *you* (fam.) *will speak*
Com vós dèieu, *as you said*
Ell treballa, *he works*
Parlaven de nosaltres, *they were speaking of us*
Vostès no hi eren, *you* (pl.) *were not there*
Ells també vindran, *they will also come*

Preceded by a preposition they form the indirect object of the verb:

No havíem comptat amb ella, *we had not reckoned with her*
Treballem per a vosaltres, *we work for you* (pl.)
Això és per a tu, *this is for you* (fam.)

Mi and **si** are never used as subjects, and they are only used preceded by a preposition:

Vine amb mi, *come with me*
Ell anava contra si mateix, *he was going against himself*

NOTE 1: When a preposition governs two or three co-ordinated pronouns, one of which would be **mi,** this takes the form of **jo:**

Entre jo i tu, *between you and me*

NOTE 2: Unlike in Spanish, the pronouns **ell, ella, ells, elles,** are not used in referring to things. Instead the adverbial pronouns **en** and **hi** are used (see p. 48).

The polite form of address generally used in towns is **vostè** (pl. **vostès**). **Vós** (pl. **vosaltres**) is used by country people and also by the intelligentsia, and it is no less formal than **vostè.** It is to be noted that with **vós** one uses the plural form of the verb: **vós sou molt gentil,** *you* (sing.) *are very kind*. **Vosaltres** is also used when making a public address. **Tu** (pl. **vosaltres**) is only used in familiar address.

The verb of which **vostè** is the subject has to be in the third person singular: **Quan vostè vindrà,** *when you will come*. The possessive belonging to **vostè** is **seu: Vostè i el seu germà,** *you and your brother*. The unstressed pronouns used with reference to **vostè,** are **el, la, li, es: escolti-la bé,** *listen to her well*.

UNSTRESSED PERSONAL PRONOUNS

The weak personal pronouns are unstressed monosyllables which are used immediately before or after the verb (by themselves or together with other unstressed pronouns), and make with it a phonetic unity. Their form, according to their position or the construction of the verb, can take different shapes, as follows:

Pronominal form			Before the verb		After the verb		
					DIRECT OBJECT		
1st pers. sing.			em	m'	-me	'm	*me*
2nd "	"		et	t'	-te	't	*you* (fam.)
3rd "	"		el	l'	-lo	'l	*you, him, it*
3rd "	"		la	l'	-la		*you, her, it*
3rd "	" (refl.)		es	s'	-se	's	*himself, her-*
1st pers. plur.			ens		-nos	'ns	*us* [*self*
2nd "	"		us		-vos	-us	*you*
3rd "	"		els		-los	'ls	*them* (m.)
3rd "	"		les		-les		*them* (f.)
3rd "	" (refl.)		es	s'	-se	's	*themselves*
neuter			ho		-ho		*it*
adverbial			en, hi	n'	-hi, -ne	'n	(see p. 48)

INDIRECT OBJECT

1st pers. sing.			em	m'	-me	'm	*to me*
2nd "	"		et	t'	-te	't	*to you* (fam.)
3rd "	"		li		-li		*to him, to her*
3rd "	" (refl.)		es	s'	-se	's	*to himself, to*
1st pers. plur.			ens		-nos	'ns	*to us* [*herself*
2nd "	"		us		-vos	-us	*to you*
3rd "	"		els		-los	'ls	*to them*
							[(m. & f.)
3rd "	" (refl.)		es	s'	-se	's	*to themselves*

The normal position of the unstressed personal pronoun is before the verb:

La vaig perdre de vista, *I lost sight of her*
Us creiem, *we believe you.*
El seu humor em diverteix, *his wit amuses me*
Ens han mirat, *they have glanced at us*
Ell s'asseu, *he sits down*
Les hem vistes, *we have seen them* (f.)
N'ha comprat vint, *he* (or *she*) *has bought twenty of them.*

(see p. 48)

But used with the infinitive, the imperative, or the present participle, the pronoun is placed after the verb, and joined to it by a hyphen (or by an apostrophe if a reduced form is called for — see next paragraph):

Vol vostè acompanyar-la? *Would you like to accompany her?*
Digueu-los que som aquí, *tell them we are here*
Tot portant-me el llibre ell va caure, *while bringing me the book he fell*
Aixeca't, *get up* (sing. fam. form)

NOTE: The pronoun **hi** takes the place of the third person indirect object **li** when this is used in conjunction with the third person direct object pronouns, **el, la, els, les.** It is purely for reasons of euphony:

Ja ha tornat les eines al fuster? Sí, ja les hi he tornades, *have you returned the tools to the carpenter? Yes, I have already returned them to him*
Quan donarà el llibre al seu deixeble? L'hi donaré demà, *when will you give the book to your pupil? I will give it to him tomorrow*
Els hi venc (els llibres) [i. e. **li venc els llibres**], *I sell him the books*

USE OF FORMS

It will be seen from the previous paragraphs that the unstressed personal pronouns **les, li, ho, hi** remain constant, and the others change their form according to whether they are before or after the verb, and also according to the first or last letter of the verb. The different forms take place as follows:

1. The pronouns **em, et, es, el, en, ens, els,** are replaced by **'m, 't, 's, 'l, 'n, 'ns, 'ls** after a verb ending in a vowel other than **u:**

Escolta'm, *listen to me* (sing. fam. form)
No he pogut veure'l, *I have not been able to see him*
Dóna'ns una taronja, *give us an orange* (fam. form)
Compri'ls tots, *buy all of them* (polite form)

2. The pronouns **em, et, es, el, en, ens, us, els,** are replaced by **-me, -te, -se, -lo, -ne, -nos, -vos, -los** after a verb ending in a consonant or **u:**

Escolteu-me, *listen to me* (pl., or sing. polite form of **vós**)
Rentar-se, *to wash oneself*
Seguiu-nos, *follow us* (fam. form)
No puc mirar-la, *I cannot look at her*

3. The pronouns **em, et, es, el, la, en** are replaced by **m', t', s', l', n'** before a verb beginning with a vowel or **h:**

Ell m'inspira confiança, *he inspires me with confidence*
T'hem vist, *we have seen you* (fam.)
L'he vist, *I have seen him*

NOTE: The feminine of the third person singular, **la,** only becomes **l'** before a vowel (with or without **h**) other than unaccented **i** or **u,** as in the case of the definite article (see page 24):

L'he vista, *I have seen her*

4. In any other circumstance the normal form of the pronoun is used. *Examples:*

El teu amic em respecta, *your friend respects me*
El teu germà et busca, *your brother is looking for you* (fam.)
Dóna-li un llibre, *give him (or her) a book*
No ens diguis res, *do not say anything to us*
Us ho agrairia molt, *I would be very grateful to you for it*
No els conec, *I do not know them*
Les admirem molt, *we admire them* (fem.) *very much*

REFLEXIVE FORM

The unstressed or object pronoun used reflexively agrees in number and in person with the subject of the verb. The third person, however, (**es, 's, -se, s'**), is used with both singular and plural, both masculine and feminine subjects. Thus we say:

Jo em rento, *I wash myself*
Tu et rentes, *you wash yourself*

Ell (or ella) es renta, *he (or she) washes herself*
Nosaltres ens rentem, *we wash ourselves*
Vosaltres us renteu, *you wash yourselves*
Ells (or elles) es renten, *they wash themselves*

ADVERBIAL FORMS EN ('N, -NE, N') AND HI

1. The adverbial pronoun **en** is used to substitute:

(*a*) An indefinite direct object of any gender or number:

Tens paper? No en tinc [i. e. **No tinc paper**], *have you any
paper? I have not got any*

(*b*) An understood noun, which in a sentence containing
a direct object would go after a quantitive, indefinite or nume-
ral adjective:

Tens gaire feina? En tinc molta [i. e. **Tinc molta feina**]
Have you a lot to do? I have plenty
Quants llibres queden? No en queda cap [i. e. **No queda cap
llibre**], *How many books are left? Not one is left*
Venen quatre noies, però fins ara només n'han arribat dues
[i. e. **Fins ara només han arribat dues noies**], *four girls
are coming, but up to now only two have arrived*

(*c*) An understood noun, which in a sentence with a direct
object would be preceded by the preposition **de**:

Quines roses més boniques! Fes-ne un pom [i. e. **Fes un
pom de roses**], *what lovely roses! Make a bunch of them*

(*d*) A circumstantial determination of place, which in a sen-
tence with a direct object would be introduced by **de**:

Encara són al cafè? No, ja en són fora [i. e. **No, són ja
fora del cafè**], *are they still at the coffee-house? No,
they have already left*
Ens en vam anar corrents [**d'allà**], *we left* [*from there*]
hurriedly

(e) A prepositional object which in a sentence with a direct object would be introduced by **de**:

Mai me'n parleu [del que sabeu], *you never talk to me about it* [*what you know*]

En parlàvem fa poc [de l'afer], *we were recently talking about it* [*the affair*]

2. The adverbial pronoun **hi** is used to substitute:

(a) A prepositional object introduced in a sentence with a direct object by **a** or **en**:

Penseu en mi; ja hi pensem [i. e. **ja pensem en tu**], *think of me; we do think of you*

Aquest clima és fred; no m'hi puc acostumar [al clima], *this climate is cold; I cannot get used to it*

(b) A circumstantial determination of place introduced in a sentence with a direct object by a preposition other than **de**:

Vas a casa? Jo també hi vaig [Jo també vaig a casa], *are you going home? I am also going there*

Venim del teatre. Hi hem vist les teves germanes [i. e. **Hem vist les teves germanes al teatre**], *We come from the theatre. We have seen your sisters there*

(c) A predicative substituting an adjective or an indefinite pronoun in a sentence formed by verbs like **quedar-se, tornar-se, presentar-se, romandre**:

Jo vaig quedar parat, però ell encara s'hi va quedar més, *I was astonished, but he was still more so*

Ell s'ha tornat vermell; no s'hi ha tornat ella, *he has gone scarlet; she has not*

Additional uses of **hi**:

(a) To accompany a verb of perception used intransitively:

No hi veu: és cega, *she does not see: she is blind*

No hi sent: és sord, *he does not hear: he is deaf*

(b) It is always found together with the verb **haver** when used impersonally:

No hi ha ningú, *there is nobody*
Hi haurà molta gent, *there will be a lot of people.*

THE NEUTER HO

The neuter **ho** is used:

(a) As a direct object not explicitly expressed or when it substitutes a sentence:

Qui ha comprat això? En Joan ho ha comprat, *who has bought this? John has bought it*
Saps qui és? No ho sé, *do you know who he (or she) is? I do not know*
Qui ho ha portat? *who has brought it?*

(b) As a predicative substituting for an adjective or an indefinite pronoun in a sentence formed with the verbs **ésser, estar, sembrar, aparentar,** etc.:

Diuen que és molt ric: doncs no ho sembla, *they say he is very rich, yet it does not look like it*
Són metges? Sí, que ho son, *are they doctors? Yes, they are*

ORDER OF PRONOUNS IN COMBINATION

Two or even three unstressed pronouns can be found together in a sentence. There are a great number of possible combinations, and the following will serve as a guide for their use:

1. Combination of two pronouns:

When a verb has two unstressed personal pronouns as objects, one direct and the other indirect, the indirect is placed first:

Ell *me les* **ofereix,** *he offers them to me*
Quan *te les* **trauràs?** *When will you* (fam.) *take them off?*
Qui *ens ho* **deixarà?** *Who will lend it to us?*
Feu-*vos-el* **a mida,** *have it made to measure*

If the first pronoun is **em, en, et, es,** these take the elided form **m', n', t', s'** before **hi** and **ho,** whether the pronouns go before or after the verb:

No *m'ho* **puc creure,** *I cannot believe it*
Pren-*t'ho* **com vulguis,** *take it as you* (fam.) *like*
Ell *s'hi* **troba bé a casa,** *he likes being at home*

When the first pronoun ends with a vowel, and the second also begins with a vowel, the latter takes the reduced form, if the verb following immediately after begins with a consonant, or if the pronoun goes after the verb:

Me'n **vaig a passeig,** *I am going for a walk*
Se'l **veu capficat,** *he looks worried*
Dóna-*me'n* **alguns,** *give* (fam.) *me some of them*

On the other hand, if the same pronouns are before a verb beginning with a vowel, the second takes the elided form:

El vent *se l'***endú,** *the wind takes it*
El paraigües *se m'***obre sol,** *my umbrella opens itself*
*Me n'***ensenyà molts,** *he* (or *she*) *showed me many*

2. Combination of three pronouns:

When three unstressed pronouns occur in a sentence, the last two pronouns follow the same rules as for two pronouns, and the first remains unaltered:

Ell *se n'hi* **va corrents,** *he goes there hurriedly*
Tant *se me'n* **dóna,** *it is the same to me*
L'ocell *se me l'***ha menjat,** *the bird has eaten it* (what I had)

DEMONSTRATIVE PRONOUNS

	Singular	*Plural*
Mas.	**aquest, aqueix, aquell**	**aquests, aqueixos, aquells**
Fem.	**aquesta, aqueixa, aquella**	**aquestes, aqueixes, aquelles**

Neuter: **açò, això, allò** (one form only)

As with the demonstrative adjectives, **aquest,** *this,* denotes proximity to the speaker or writer; **aqueix,** *that,* denotes proximity to the person spoken or written to; **aquell,** *that,* denotes remoteness from both the speaker and the person spoken to:

Aquests nois acaben de venir, *these boys have just arrived*
Aqueix fill vostre, *that son of yours*
Amb aquells no hi podeu comptar, *do not reckon with those*

NOTE: As with the demonstrative adjective, the pronoun **aqueix** has practically disappeared from the spoken language, and is substituted by **aquest,** although this is gramatically wrong, and can lead to confusion.

The neuters **açò,** *this,* **això,** *this,* **allò,** *that,* have only one form. **Açò** has a much more limited use than **això, allò,** which are used extensively in Catalan:

On posarem això? *Where shall we put this?*
D'allò no en sé res, *of that I know nothing*

INTERROGATIVE PRONOUNS

The interrogative pronouns are **qui,** *who, whom,* referring to persons, and **què,** *what,* referring to things:

Qui vol venir? *Who wants to come?*
De qui parleu? *Of whom do you speak?*
No sé qui és, *I do not know who he* (or *she*) *is*
De què parleu? *Of what are you speaking?*
Què porta el carter? *What does the postman bring?*

RELATIVE PRONOUNS

The relative pronouns have two forms:

1. Invariable:

> **que,** *who, which, that* (unstressed)
> **què,** *which,* **qui,** *whom* (stressed)
> **on,** *where* (adverbial)

2. Variable:

> **el (del) qual** (m.), *who, whom (of), which, that*
> **la (de la) qual** (f.)
> **els (dels) quals** (m. pl.)
> **les (de les) quals** (f. pl.)

The relative pronouns refer, as the word suggests, to an expressed or implied precedent. **Que** may refer to either persons or things. **Què** to things only. **Qui** to persons only.

Que is used as a subject and as a direct object. When preceded by a preposition, the strong or stressed form **qui** is used referring to persons, and **què** referring to things:

L'home que no té por, *the man who knows no fear*

El tren que arriba a les onze, *the train which arrives at eleven o'clock*

La ploma amb què escrius, *the pen with which you* (fam.) *write*

Aquells amb qui anava jo ahir, *those with whom I was going yesterday*

When the antecedent is a noun, the relative pronouns **que, què, qui,** can be replaced by the compound relative **el qual, la qual,** etc., agreeing with the noun:

Trobarem un metge, el qual el curarà, *we shall find a doctor, who will heal him.*

Es una condició sense la qual no consentiré, *it is a condition without which I shall not consent*

Els homes amb els quals vostè treballava, *the men with whom you were working*

Les noies amb les quals tu ballaves, *the girls with whom you* (fam.) *were dancing*

El vostre amic, del qual tinc excel·lents notícies, *your friend of whom I have excellent news*

NOTE: The only neuter form of the relative pronoun is expressed in Catalan by **la qual cosa:**

Diuen que han estat derrotats, la qual cosa no vull creure, *it is said that they have been defeated, which I will not believe*

Another relative is the adverbial pronoun **on,** *where:*

El lloc on ens reunim sempre, *the place where we always meet*

INDEFINITE PRONOUNS

The indefinite pronouns are:

algú, *somebody*
cadascú, *each one* (m.)
cadascuna, *each one* (f.)
altri, *other, another*
res, *nothing, anything*
alguna cosa, *something*
un, *one* (masc.)

una, *one* (fem.)
ningú, *nobody, anybody*
tothom, *everybody*
qualsevol, *anybody*
tot, *everything*
quelcom, *something*
hom, *one, someone*

Examples:

Algú ha trucat, *somebody has knocked*
Cadascú es portarà el seu, *each one will bring his own*
No es veu ningú, *nobody can be seen*
T'ha passat res? *Has anything happened to you?* (fam.)
Tothom ho sabia, *everybody knew it*
Li deu haver passat alguna cosa (or **quelcom**), *something must have happened to him* (or *her*)
Treballar per altri, *to work for another*
Qualsevol t'ho dirà, *anybody will tell you* (fam.)
Un fa el que pot, *one does what one can*
Antigament hom creia, *in olden days one believed*
Res més fàcil, *nothing easier*
Ho vull tot o res, *I want all or nothing*
Hom dirà el que calgui, *one will say whatever is necessary*

CHAPTER VI

VERBS

There are three conjugations in Catalan, which are distinguished by the ending of the present infinitive.

To the first conjugation belong all verbs whose infinitive ends in **-ar**: **cantar**, *to sing,* **parlar,** *to speak,* **canviar,** *to change.*

To the second conjugation belong all verbs whose infinitive ends in **-er** and **-re**: **témer,** *to fear,* **haver,** *to have,* **veure,** *to see.* EXCEPTIONS: the verbs **dir,** *to say,* and **dur,** *to bring,* also belong to the second conjugation. **Ésser,** *to be,* has a secondary form for the infinitive: **ser.**

To the third conjugation belong all verbs whose infinitive ends in **-ir**: **sentir,** *to feel, to hear,* **collir,** *to gather,* **llegir,** *to read,* **tenir,** *to have.*

REGULAR VERBS

As in the Latin verb, the Catalan verb shows the changes of mood, tense and person, by the addition to a verb stem of certain inflectional endings. To find the stem of a verb, suppress the infinitive ending. Thus the stems of **cantar, témer, sentir,** are: **cant-, tem-, sent-.** Those which follow the models of these verbs are called regular verbs. The following are the paradigms:

1st	2nd	3rd

INFINITIVE MOOD

Present	*Present*	*Present*
cant**ar,** *to sing*	tém**er,** *to fear*	sent**ir,** *to feel*

GERUND [1]

cantant, *singing* temen, *fearing* sentint, *feeling*

PAST PARTICIPLE

cantat, -ada, *sung* temut, -uda, *feared* sentit, -ida, *felt*

INDICATIVE MOOD

Present	*Present*	*Present*
canto, *I sing*	temo, *I fear*	sento, *I feel*
cantes	tems	sents
canta	tem	sent
cantem	temem	sentim
canteu	temeu	sentiu
canten	temen	senten

Imperfect	*Imperfect*	*Imperfect*
cantava, *I sang*	temia, *I feared*	sentia, *I felt*
cantaves	temies	senties
cantava	temia	sentia
cantàvem	temíem	sentíem
cantàveu	temíeu	sentíeu
cantaven	temien	sentien

Preterite	*Preterite*	*Preterite*
cantí, *I sang*	temí, *I feared*	sentí, *I felt*
cantares	temeres	sentires
cantà	temé	sentí
cantàrem	temérem	sentírem
cantàreu	teméreu	sentíreu
cantaren	temeren	sentiren

---

[1] This usually corresponds to the English verbal form that ends in *-ing,* expressing generally not only the gerund but also the present participle. In modern Catalan the present participle is in fact a verbal adjective: **l'aigua bullent,** *boiling water.* And often is also used as a noun: **l'estudiant,** *the student.*

Periphrastic form of the Preterite [1].

vaig	cantar	témer	sentir
vas	”	”	”
va	”	”	”
vam	”	”	”
vau	‘’	”	”
van	”	”	”

Future	*Future*	*Future*
cantaré, *I shall sing*	temeré, *I shall fear*	sentiré, *I shall feel*
cantaràs	temeràs	sentiràs
cantarà	temerà	sentirà
cantarem	temerem	sentirem
cantareu	temereu	sentireu
cantaran	temeran	sentiran

Conditional	*Conditional*	*Conditional*
cantaria, *I should*	temeria, *I should*	sentiria, *I should*
cantaries [*sing*	temeries [*fear*	sentiries [*feel*
cantaria	temeria	sentiria
cantaríem	temeríem	sentiríem
cantaríeu	temeríeu	sentiríeu
cantarien	temerien	sentirien

IMPERATIVE MOOD

canta, *sing* (fam.)	tem, *fear* (fam.)	sent, *feel* (fam.)
canti (you)	temi (you)	senti (you)
cantem	temem	sentim
canteu	temeu	sentiu
cantin	temin	sentin

---

[1] For further details of this form see page 65.

SUBJUNCTIVE MOOD

Present	*Present*	*Present*
canti (*that*) I may	temi (*that*) I may	senti (*that*) I may
cantis [*sing*	temis [*fear*	sentis [*feel*
canti	temi	senti
cantem	temem	sentim
canteu	temeu	sentiu
cantin	temin	sentin

Imperfect	*Imperfect*	*Imperfect*
cantés (*that*) I	temés (*that*) I	sentís (*that*) I
[*might sing*	[*might fear*	[*might feel*
cantessis	temessis	sentissis
cantés	temés	sentís
cantéssim	teméssim	sentíssim
cantéssiu	teméssiu	sentíssiu
cantessin	temessin	sentissin [1]

INCEPTIVE FORM

The majority of verbs belonging to the third conjugation take the form called inceptive, that is, they add **-eix** between the stem and the ending of the first, second and third person singular, and third person plural of the Present Indicative, Present Subjunctive and Imperative. Example: **patir,** *to suffer*:

---

[1] In the Balearic Islands some older forms of the verb are the only ones used in the spoken language and are often employed by Balearic writers. The most important differences are:

(*a*) The present singular of the three conjugations drops the Latin -*o* preserved in standard Catalan: *jo cant, jo tem, jo sent.*

(*b*) The 1st and 2nd persons plural of the present indicative of verbs belonging to the first conjugation, take the endings -*am*, -*au*. The present indicative of *cantar* is therefore: *cant, cantes, canta, cantam, cantau, canten.*

(*c*) The imperfect subjunctive of verbs of the first conjugation takes *a* instead of *e* in the ending: *cantàs, cantassis, cantàs, cantàssim, cantàssiu, cantassin.*

(*d*) *I am* in the Balearics is *jo som,* instead of *jo sóc* or *jo só* of standard Catalan. *I have* (to possess) and *I come* are in the Balearics *jo tenc* and *jo venc,* instead of *jo tinc, jo vinc.*

Pres. Ind.	*Pres. Subj.*	*Imperative*
pateixo	pateixi	
pateixes	pateixis	pateix
pateix	pateixi	pateixi
patim	patim	patim
patiu	patiu	patiu
pateixen	pateixin	pateixin

The principal exceptions to this rule are: **collir,** *to gather;* **dormir,** *to sleep;* **eixir,** *to go out;* **fugir,** *to escape;* **morir,** *to die;* **omplir,** *to fill;* **obrir,** *to open;* **sentir,** *to feel;* **sortir,** *to go out;* **tenir,** *to have;* **venir,** *to come;* and **tossir,** *to cough.*

CHAPTER VII

VERBS (CONT.)

THE VERB HAVER

The irregular verb **haver,** *to have,* is the auxiliary used in the formation of most compound tenses, and because of its importance the full conjugation is given below:

Infinitive: **haver,** *to have*

Gerund: **havent,** *having*   *Past Part.:* **hagut,** *had*

Present Indicative

he, *I have*	**havem** *or* **hem**
has	**haveu** *or* **heu**
ha	**han**

Imperfect Indicative

havia, *I had, I was having*	**havíem**
havies	**havíeu**
havia	**havien**

Preterite Indicative

haguí *or* **vaig haver,** *I had*	**haguérem** *or* **vam haver**
hagueres *or* **vas haver**	**haguéreu** *or* **vau haver**
hagué *or* **va haver**	**hagueren** *or* **van haver**

Future Indicative

hauré, *I shall have*	**haurem**
hauràs	**haureu**
haurà	**hauran**

Conditional Indicative

hauria *or* haguera, *I should have*	hauríem *or* haguérem
hauries *or* hagueres	hauríeu *or* haguéreu
hauria *or* haguera	haurien *or* hagueren

Present Subjunctive

hagi *(that) I may have*	hàgim
hagis	hàgiu
hagi	hagin

Imperfect Subjunctive

hagués *(that) I might have*	haguéssim
haguessis	haguéssiu
hagués	haguessin

As an auxiliary **haver** has no Imperative mood.

Note that while **haver** and **tenir** both mean *to have,* only the first is used as an auxiliary. **Tenir** is used in the sense of possession; also in a small number of expressions, where the English equivalent is the verb *to be:*

tenir gana, *to be hungry*	**tenir raó,** *to be in the right*
tenir fred, *to be cold* [1]	**tenir son,** *to be sleepy*
tenir set, *to be thirsty*	**tenir por,** *to be afraid*
tenir calor, *to be hot*	

ÉSSER AND ESTAR [2]

The functions of the English verb *to be* are divided in Catalan between the two irregular verbs **ésser** and **estar.** It is often difficult for one whose mother tongue does not possess the use of two verbs, to determine on the correct uses of each. In Catalan **ésser** and **estar** present different problems from those found in the use of "ser" and "estar" in Spanish. The following is an attempt at showing the principal uses of these two verbs:

---

[1] **Tenir** is used with pesonal subjects only. For the weather, **fer** is used: **fer fred,** *to be cold;* **fer bon temps,** *to be fine.*

[2] For full conjugation see page 74.

ÉSSER is used:

1. To indicate that the subject belongs to a class or category, or that it has an essential or permanent quality:

El seu pare és metge, *his father is a doctor*
La merla és un ocell, *the blackbird is a bird*
La botella és de vidre, *the bottle is made of glass*

2. With numerals:

Ell serà primer, *he will be first*
Els responsables són tres, *there are three responsible ones*
Dos i dos són quatre, *two and two is four*

3. With the possessive:

La culpa és meva, *the fault is mine*
Això és meu, *this belongs to me*
Tot el món serà d'ell, *the whole world will be his*

4. To denote time:

És la una, *it is one o'clock*
Són les dues, *it is two o'clock*
És molt aviat, *it is very early*

5. To indicate the place where someone or something happens to be momentarily, as opposed to permanently:

Jo era a casa, *I was at home*
On són les eines? *Where are the tools?*
Ells ara són dalt, *they are upstairs now*
L'equip del Barcelona és a Lisboa, *the Barcelona Club team is in Lisbon*

6. When the quality or condition expressed by the adjective is characteristic, habitual or permanent: [1]

---

[1] It is often open to interpretation whether someone or something has a permanent quality or not. But the use of **ésser** or **estar** is quite clear according to whether we wish to express a permanent or inherent quality, or a temporary or accidental one. Thus if we say that *el llibre*

Aquest home és corpulent, *this man is corpulent*
La torre és alta, *the tower is tall*
Els meus mestres eren bons, *my teachers were good*
El llibre és bo, *the book is good*

7. As an auxiliary verb accompanying a past participle
in the construction of the passive voice (see page 66):

Ésser estimat, *to be loved*
Jo seré castigat pel mestre, *I shall be punished by the teacher*

ESTAR is used:

1. When the quality or condition expressed by the adjective
is temporary or accidental:

Estar amb la boca oberta, *to be open-mouthed*
Estar dret, *to be standing*
Estic refredat, *I have got a cold*
Amb aquest abric estic calent, *with this overcoat I feel warm*

2. To express permanency during a particular period of
time:

Vaig estar un any fora de Catalunya, *I was outside Catalonia
for a year*
Demà serem a Tarragona a les deu: hi estarem quatre hores,
*tomorrow we shall be in Tarragona at ten: we shall
remain there for four hours* [1]

és brut, we mean that as far as we are concerned it is definitely soiled,
and this has become its characteristic quality. On the other hand, if
we say that *el llibre està brut,* we mean that it happens to be dirty at
that particular moment, and that this is only its accidental or temporary
state. In the sentence *the book is good,* of course **ésser** would be used,
since the speaker believes that goodness is the book's inherent or per-
manent quality.

[1] This sentence exemplifies the different meanings of the two verbs.
We say *demà serem a Tarragona,* because we shall happen to be there
the following day (see Nº 2 use of **ésser**), and we say *hi estarem quatre
hores,* because we shall be there for a definite period of time.

3. To express the time taken to do something:

Per fer això han estat quatre hores! *They have taken four hours to do this!*

4. As an auxiliary with the Gerund to form progressive tenses:

Ell està fumant, *he is smoking*
S'estan vestint, *they are getting dressed*

COMPOUND TENSES

The compound tenses of most verbs, regular and irregular, are formed by placing the Past Participle immediately after the simple form of the auxiliary verb **haver**:

INFINITIVE	PARTICIPLE
Perfect	*Perfect*
haver cantat, *to have sung*	**havent cantat,** *having sung*

INDICATIVE

Preterite Perfect	*Past Anterior*
he cantat, *I have sung*	**haguí cantat** *or* **vaig haver**
has cantat	**cantat,** *I had sung*
etc.	*etc.*

Preterite Pluperfect	*Future Perfect*
havia cantat, *I had sung*	**hauré cantat,** *I shall have*
havies cantat	**hauràs cantat** [*sung*
etc.	*etc.*

Conditional Perfect

hauria *or* **haguera cantat,** *I should have sung*
hauries *or* **hagueres cantat**
etc.

SUBJUNCTIVE

Preterite Perfect	*Preterite Pluperfect*
hagi cantat (*that*) *I may*	**hagués cantat** (*that*) *I might*
hagis cantat [*have sung*	**haguessis cantat** [*have sung*
etc.	*etc.*

NOTE: The Participle of a compound tense in a sentence where the direct object is an unstressed pronoun of the third person agrees with the direct object. Otherwise it remains invariable. Example:

La seva germana, l'he *sentida* **cantar una vegada,** *I have heard your sister sing once*

But   **Ha** *escrit* **la carta?** *Have you written the letter?*

When a compound verb is followed by a verb in the infinitive, and the sentence has a direct object, it is necessary to ascertain whether the direct object belongs to the first or to the second verb. If the latter is the case, there is no agreement of the Participle:

Aquesta dona, l'he *sentida* **cantar,** *I have heard this woman sing*

Aquesta cançó, l'he *sentit* **cantar,** *I have heard this song sung*

In the first example the pronoun **l'** is the direct object of **sentir,** and in the second it is the direct object of **cantar.**

PERIPHRASTIC VERBAL FORM OF THE PRETERITE

The periphrastic form of the preterite is a characteristic of Catalan conjugation, and it is widely used instead of the preterite, specially in the spoken language. It is formed by placing before the infinitive of the verb the forms **vaig, vas** (or **vares**), **va, vam** (or **vàrem**), **vau** (or **vàreu**), **van** (or **varen**), derived from the verb "anar". The forms shown between brackets, although correct, are less elegant. Thus one says:

Jo vaig caminar, *I walked*
Tu vas caminar, *you walked* (fam.)
ell (ella) va caminar, *he* (she) *walked*
nosaltres vam caminar, *we walked*
vosaltres vau caminar, *you* (pl.) *walked*
ells (elles) van caminar, *they walked*

THE PASSIVE VOICE

The passive voice is formed in Catalan by ésser, with the past participle agreeing in gender and number with the passive subject. Thus the passive voice in the verb estimar, *to love,* takes the following forms:

INFINITIVE	PARTICIPLE
Present	*Present*
ésser estimat (*or* estimada), [*to be loved*	essent estimat (*or* estimada), [*being loved*

INDICATIVE

Present	*Preterite*
sóc estimat, *I am loved*	fui estimat, *I was loved*
ets estimat	fores estimat
etc.	*etc.*
Imperfect	*Past Definite*
era estimat, *I was being loved,*	he estat estimat, *I have been*
eres estimat [*I was loved*	has estat estimat [*loved*
etc.	*etc.*
Future	*Conditional*
seré estimat, *I shall be loved*	seria estimat, *I would be*
seràs estimat	series estimat [*loved*
etc.	*etc.*

SUBJUNCTIVE

Present	*Imperfect*
sigui estimat (*that*) *I may be*	fos estimat (*that*) *I might be*
siguis estimat [*loved*	fossis estimat [*loved*
etc.	*etc.*

TENSE EXPRESSING OBLIGATION, NECESSITY

When the action of the verb expresses an obligation to do something, the auxiliary **haver** is used, followed by the preposition **de** and the infinitive of the verb:

He (*or* **haig**) **de sortir,** *I have to go out*
Hauré de dir la veritat, *I shall have to tell the truth*

It will be noted that in this particular instance the auxiliary **haver** has in the first person of the Present Indicative two forms, **he** and **haig**, used indifferently.

Haver de followed by an infinitive also denotes the physical, moral or logical necessity that the act expressed by the infinitive should be accomplished:

Per força hem de guanyar, *we have got to win*

USE OF THE SUBJUNCTIVE

While the Indicative makes statements of fact, the Subjunctive expresses, broadly speaking, an imagined action or condition, without in any way implying its factual reality.

The subjunctive may occur in both principal and subordinate clauses, but it is chiefly used in the latter:

(*a*) After verbs expressing desire, will, doubt, command, negation:

Ell vol que prenguem cafè, *he wants us to drink coffee*
Dubto que vingui avui, *I doubt that he will come today*
Caldrà que vingui, *he* (or *she*) *must come*
No crec que tingui cap valor, *I do not think that it has any value*

(*b*) In sentences beginning with the conjunction **quan,** and expressing a future action, the subjunctive can be used:

Quan torni en parlarem, *we shall talk about it when he (or
she) comes back*

Literary Catalan, however, prefers the use of the future:
Quan tornarà en parlarem.

(*c*) After a relative pronoun referring to a person or thing
either unknown or not definitely known:

Busco un mestre que parli bé el català, *I am looking for a
teacher who speaks Catalan well*

Si voleu un llibre el contingut del qual sigui bo, *if you want
a book the contents of which are good*

(*d*) After a relative expressing an uncertain event, the sub-
junctive is often used:

Els qui vinguin jugaran amb mi, *those who may come will
play with me*

But in literary Catalan the future form is preferable: **Els
qui vindran jugaran amb mi.**

REFLEXIVE VERBS

The reflexive form of the verb is much more frequent in
Catalan than in English. (See reflexive use of Pronouns, page
47). The Catalan equivalents of many English intransitive verbs
are reflexive: **aixecar-se,** *to rise, to get up;* **alegrar-se,** *to rejoice.*

CHAPTER VIII

IRREGULAR VERBS

VERBS OF THE FIRST CONJUGATION

All verbs of the first conjugation, with the sole exception of **anar** and **estar** (see list of irregular verbs, p. 72), are conjugated exactly as **cantar.**

Some otherwise regular verbs change the consonant of the stem before an ending beginning with **e** or **i,** in order to preserve the sound of that consonant throughout the conjugation of the verb.

These are the verbs ending in **çar, jar, car, gar,** which change the **ç, j, c, g,** into **c, g, qu, gu** respectively. In those verbs ending in **quar** and **guar** the **u** takes a diaeresis (**ü**) before an ending beginning with **e** or **i.** Examples:

	Començar, *to begin*	**Envejar,** *to envy*	**Trencar,** *to break*	**Pregar,** *to pray*
Gerund	començant	envejant	trencant	pregant
Past Part.	començat	envejat	trencat	pregat
Pres. Ind.	començo	envejo	trenco	prego
	comences	*enveges*	*trenques*	*pregues*
	comença	enveja	trenca	prega
	comencem	*envegem*	*trenquem*	*preguem*
	comenceu	*envegeu*	*trenqueu*	*pregueu*
	comencen	*envegen*	*trenquen*	*preguen*
Imp.	començava, etc.	envejava, etc.	trencava, etc.	pregava, etc.
Preterite	*comencí*	*envegí*	*trenquí*	*preguí*
	començares etc.	envejares etc.	trencares etc.	pregares etc.

Future	començaré, etc.	envejaré, etc.	trencaré, etc.	pregaré, etc.
Cond.	començaria, etc.	envejaria, etc.	trencaria, etc.	pregaria, etc.
Pr. Sub.	comenci	envegi	trenqui	pregui
	comencis	envegis	trenquis	preguis
	comenci	envegi	trenqui	pregui
	comencem	envegem	trenquem	preguem
	comenceu	envegeu	trenqueu	pregueu
	comencin	envegin	trenquin	preguin
Im. Sub.	comencés	envegés	trenqués	pregués
	comencessis	envegessis	trenquessis	preguessis
	comencés	envegés	trenqués	pregués
	comencéssim	envegéssim	trenquéssim	preguéssim
	comencéssiu	envegéssiu	trenquéssiu	preguéssiu
	comencessin	envegessin	trenquessin	preguessin

Note also that those verbs ending in **ear, iar, oar** and **uar** (with the exception of those in **quar** and **guar**) where the ending is **i, is** or **in,** a diaeresis is necessary. This takes place only in the Present Subjunctive and in the Imperative. Otherwise the conjugation of the verbs is regular. Examples:

	Menysprear, *to despise*	**Lloar,** *to praise*	**Canviar,** *to change*	**Evacuar** *to evacuate*
Pres. Sub.	menyspreï	lloï	canviï	evacuï
	menyspreïs	lloïs	canviïs	evacuïs
	menyspreï	lloï	canviï	evacuï
	menyspreem	lloem	canviem	evacuem
	menyspreeu	lloeu	canvieu	evacueu
	menyspreïn	lloïn	canviïn	evacuïn
Imperative	menysprea	lloa	canvia	evacua
	menyspreï	lloï	canviï	evacuï
	menyspreem	lloem	canviem	evacuem
	menyspreeu	lloeu	canvieu	evacueu
	menyspreïn	lloïn	canviïn	evacuïn

VERBS OF THE SECOND CONJUGATION

The verbs of this conjugation have as a rule the same endings as the model verb **témer** (p. 55), but in fact very few are conjugated like this verb. Thus most of them will be found in the alphabetical list of irregular verbs printed in the next pages.

VERBS OF THE THIRD CONJUGATION

The majority of these verbs are conjugated either like **sentir** (p. 55) or **patir** (p. 59), but in some otherwise regular verbs of this conjugation, the termination of those ending in **air, eir, oir** and **uir,** is written in certain tenses with a diaeresis over the **i** (ï). Example: **reduir,** *to reduce.*

Pres. Ind.	redueixo, -eixes, -eix, *-ïm, -ïu,* -eixen
Imp. Ind.	*reduïa, -ïes, -ïa,* -íem, -íeu, *-ïen*
Preterite	reduí, *-ïres,* -í, -írem, -íreu, *-ïren*
Pres. Sub.	redueixi, -eixis, -eixi, *-ïm, -ïu,* -eixin
Imp. Sub.	reduís, *-ïssis,* -ís, -íssim, -íssiu, *-ïssin*
Imperative	redueix, -eixi, *-ïm, -ïu,* -eixin
Past Part.	*reduït*

LIST OF IRREGULAR VERBS

In the following alphabetical list of irregular verbs no separate mention is made of the Conditional, which always has the same root as the Future, nor of the Imperfect Subjunctive, which has the same root as the Preterite. The irregular forms, together with radical and orthographic changes, are shown in italics.

IRREGULAR VERBS

Infinitive, ger. & part.	Pres. Ind.	Imp. Ind.	Preterite	Future	Pres. Subj.	Imp.
Anar, *to go*	vaig	anava	aní	aniré	vagi	
anant	vas	anaves	anares	aniràs	vagis	vés
anat	va	anava	anà	anirà	vagi	vagi
	anem	anàvem	anàrem	anirem	anem	anem
	aneu	anàveu	anàreu	anireu	aneu	aneu
	van	anaven	anaren	aniran	vagin	vagin
Aprendre,	aprenc	aprenia	aprenguí	aprendré	aprengui	
to learn	aprens	aprenies	aprengueres	aprendràs	aprenguis	aprèn
aprenent	aprèn	aprenia	aprengué	aprendrà	aprengui	apreng
après	aprenem	apreníem	aprenguérem	aprendrem	aprenguem	apreng
	apreneu	apreníeu	aprenguéreu	aprendreu	aprengueu	aprene
	aprenen	aprenien	aprengueren	aprendran	aprenguin	apreng

Atendre, *to attend* (like *aprendre*)

Beure,	bec	bevia	beguí	beuré	begui	
to drink	beus	bevies	begueres	beuràs	beguis	beu
bevent	beu	bevia	begué	beurà	begui	begui
begut	bevem	bevíem	beguérem	beurem	beguem	beguem
	beveu	bevíeu	beguéreu	beureu	begueu	beveu
	beuen	bevien	begueren	beuran	beguin	beguin
Cabre, *to*	cabo	cabia	cabí	cabré	càpiga	
be con-	caps	cabies	caberes	cabràs	càpigues	cap
tained	cap	cabia	cabé	cabrà	càpiga	càpiga
cabent	cabem	cabíem	cabérem	cabrem	capiguem	capigue
cabut	cabeu	cabíeu	cabéreu	cabreu	capigueu	cabeu
	caben	cabien	caberen	cabran	càpiguen	càpigue

Caldre, *to be necessary* (like *voler*)

Caure,	caic	queia	caiguí	cauré	caigui	
to fall	caus	queies	caigueres	cauràs	caiguis	cau
caient	cau	queia	caigué	caurà	caigui	caigui
caigut	caiem	quèiem	caiguérem	caurem	caiguem	caiguen
	caieu	quèieu	caiguéreu	caureu	caigueu	caieu
	cauen	queien	caigueren	cauran	caiguin	caiguin

Collir, *to gather* (like *sortir*)

Conèixer,	conec	coneixia	coneguí	coneixeré	conegui	
to know	coneixes	coneixies	conegueres	coneixeràs	coneguis	coneix
coneixent	coneix	coneixia	conegué	coneixerà	conegui	conegui
conegut	coneixem	coneixíem	coneguérem	coneixerem	coneguem	conegue
	coneixeu	coneixíeu	coneguéreu	coneixereu	conegueu	coneixeu
	coneixen	coneixien	conegueren	coneixeran	coneguin	coneguin

Infinitive, Ger. & part.	Pres. Ind.	Imp. Ind.	Preterite	Future	Pres. Subj.	Imp.
Córrer,	corro	corria	*correguí*	correré	*corri*	
to run	corres	corries	*corregueres*	correràs	corris	*corre*
corrent	corre	corria	*corregué*	correrà	corri	corri
corregut	correm	corríem	*correguérem*	correrem	*correguem*	*correguem*
	correu	corríeu	*correguéreu*	correreu	*corregueu*	correu
	corren	corrien	*corregueren*	correran	corrin	corrin

Cosir, *to sew* (like *sortir*)

Coure, *to cook, to smart* (like *plaure*) [1]

Creure,	crec	creia	*creguí*	creuré	*cregui*	
to believe	creus	creies	*cregueres*	creuràs	creguis	creu
creient	creu	creia	*cregué*	creurà	cregui	*cregui*
cregut	creiem	crèiem	*creguérem*	creurem	*creguem*	*creguem*
	creieu	crèieu	*creguéreu*	creureu	*cregueu*	*creieu*
	creuen	creien	*cregueren*	creuran	*creguin*	*creguin*

Dependre, *to depend* (like *aprendre*)

Deure,	*dec*	*devia*	*deguí*	deuré	*degui*	
to owe	deus	*devies*	*degueres*	deuràs	*deguis*	deu
devent	deu	*devia*	*degué*	deurà	*degui*	*degui*
degut	*devem*	*devíem*	*deguérem*	deurem	*deguem*	*deguem*
	deveu	*devíeu*	*deguéreu*	deureu	*degueu*	*deveu*
	deuen	*devien*	*degueren*	deuran	*deguin*	*deguin*

Dir, *to say*	*dic*	*deia*	*diguí*	diré	*digui*	
dient	*dius*	*deies*	*digueres*	diràs	*diguis*	*digues*
dit	*diu*	*deia*	*digué*	dirà	*digui*	*digui*
	diem	*dèiem*	*diguérem*	direm	*diguem*	*diguem*
	dieu	*dèieu*	*diguéreu*	direu	*digueu*	*digueu*
	diuen	*deien*	*digueren*	diran	*diguin*	*diguin*

Dur, *to*	*duc*	*duia*	*duguí*	duré	*dugui*	
carry, to	*duus, dus*	*duies*	*dugueres*	duràs	*duguis*	*duu, du*
take, to	*duu, du*	*duia*	*dugué*	durà	*dugui*	*dugui*
wear	*duem*	*dúiem*	*duguérem*	durem	*duguem*	*duguem*
duent	*dueu*	*dúieu*	*duguéreu*	dureu	*dugueu*	*dueu*
dut	*duen*	*duien*	*dugueren*	duran	*duguin*	*duguin*

Eixir,	*ixo*	*eixia*	*eixí*	*eixiré*	*ixi*	
to go out,	*ixes*	*eixies*	*eixires*	*eixiràs*	*ixis*	*ix*
to leave	*ix*	*eixia*	*eixí*	*eixirà*	*ixi*	*ixi*
eixint	*eixim*	*exíem*	*eixírem*	*eixirem*	*eixim*	*eixim*
eixit	*eixiu*	*eixíeu*	*eixíreu*	*eixireu*	*eixiu*	*eixiu*
	ixen	*eixien*	*eixiren*	*eixiran*	*ixin*	*ixin*

---

[1] Note: the past participle of *coure* (to cook) is *cuit,* that of *coure* (to smart) is *cogut.*

Infinitive, ger. & part.	Pres. Ind.	Imp. Ind.	Preterite	Future	Pres. Subj.	Imp.

Encendre, *to light,* **Entendre,** *to understand* (like *aprendre*)

Escopir, *to spit* (like *sortir*)

Infinitive, ger. & part.	Pres. Ind.	Imp. Ind.	Preterite	Future	Pres. Subj.	Imp.
Escriure	*escric*	*escrivia*	*escriví*	escriuré	*escrigui*	
to write	escrius	*escrivies*	*escrivires*	escriuràs	*escriguis*	escriu
escrivint	escriu	*escrivia*	*escriví*	escriurà	*escrigui*	*escrigui*
escrit	escrivim	*escrivíem*	*escrivírem*	escriurem	*escriguem*	*escrigue*
	escriviu	*escrivíeu*	*escrivíreu*	*escriureu*	*escrigueu*	*escriviu*
	escriuen	*escrivien*	*escriviren*	escriuran	*escriguin*	*escrigui*
Ésser [1], **ser**	sóc	era	*fui*	seré	*sigui*	
to be	ets	eres	*fores*	seràs	*siguis*	*sigues*
essent	és	era	*fou*	serà	*sigui*	*sigui*
estat	som	érem	*fórem*	serem	*siguem*	*siguem*
	sou	éreu	*fóreu*	sereu	*sigueu*	*sigueu*
	són	eren	*foren*	seran	*siguin*	*siguin*
Estar, *to be*	estic	estava	*estiguí*	estaré	estigui	
estant	*estàs*	estaves	*estigueres*	estaràs	estiguis	*estigues*
estat	*està*	estava	*estigué*	estarà	estigui	*estigui*
	estem	estàvem	*estiguérem*	estarem	estiguem	*estiguen*
	esteu	estàveu	*estiguéreu*	estareu	estigueu	*estigueu*
	estan	estaven	*estigueren*	estaran	estiguin	*estiguin*
Fer, *to do,*	*faig*	*feia*	*fiu*	*faré*	*faci*	
to make	*fas*	*feies*	feres	*faràs*	*facis*	*fes*
fent	*fa*	*feia*	*féu*	*farà*	*faci*	*faci*
fet	fem	*fèiem*	férem	*farem*	fem	fem
	feu	*fèieu*	féreu	*fareu*	feu	feu
	fan	*feien*	feren	*faran*	*facin*	*facin*

Fondre, *to melt* (like *aprendre*)

Infinitive, ger. & part.	Pres. Ind.	Imp. Ind.	Preterite	Future	Pres. Subj.	Imp.
Fugir,	*fujo*	fugia	fugí	fugiré	fugi	
to flee	*fuges*	fugies	fugires	fugiràs	fugis	*fuig*
fugint	*fuig*	fugia	fugí	fugirà	fugi	fugi
fugit	fugim	fugíem	fugírem	fugirem	fugim	fugim
	fugiu	fugíeu	fugíreu	fugireu	fugiu	fugiu
	fugen	fugien	fugiren	fugiran	fugin	fugin

---

[1] The Conditional has besides the usual form *seria, -ies,* etc., the following: *fóra, fore fóra, fórem, fóreu, foren;* Imp. Subj.: *fos, fossis, fos, fóssim, fóssiu, fossin.*

nfinitive, ger. & part.	Pres. Ind.	Imp. Ind.	Preterite	Future	Pres. Subj.	Imp.
aver,	he	havia	haguí	hauré	hagi	
have	has	havies	hagueres	hauràs	hagis	hages
vent	ha	havia	hagué	haurà	hagi	hagi
gut	havem, hem	havíem	haguérem	haurem	hàgim	hàgim
	haveu, heu	havíeu	haguéreu	haureu	hàgiu	hàgiu
	han	havien	hagueren	hauran	hagin	hagin
aver or	hec	havia	haguí	hauré	hegui	
eure,	heus	havies	hagueres	hauràs	heguis	heu
get,	heu	havia	hagué	haurà	hegui	heguis
catch	havem	havíem	haguérem	haurem	haguem	haguem
vent	haveu	havíeu	haguéreu	haureu	hagueu	haveu
gut	heuen	havien	hagueren	hauran	heguin	heguin
eure,	jec	jeia	jaguí	jauré	jegui	
lie down	jeus	jeies	jagueres	jauràs	jeguis	jeu
ient	jeu	jeia	jagué	jaurà	jegui	jegui
gut	jaiem	jèiem	jaguérem	jaurem	jaguem	jaguem
	jaieu	jèieu	jaguéreu	jaureu	jagueu	jaieu
	jeuen	jeien	jagueren	jauran	jeguin	jaguin
loure,	moc	movia	moguí	mouré	mogui	
move	mous	movies	mogueres	mouràs	moguis	mou
ovent	mou	movia	mogué	mourà	mogui	mogui
ogut	movem	movíem	moguérem	mourem	moguem	moguem
	moveu	movíeu	moguéreu	moureu	mogueu	moveu
	mouen	movien	mogueren	mouran	moguin	moguin
éixer, to	neixo	naixia	naixí [1]	naixeré	neixi	
e born	neixes	naixies	naixeres	naixeràs	neixis	neix
aixent	neix	naixia	naixé	naixerà	neixi	neixi
ascut	naixem	naixíem	naixérem	naixerem	naixem	naixem
	naixeu	naixíeu	naixéreu	naixereu	naixeu	naixeu
	neixen	naixíen	naixeren	naixeran	neixin	neixin

Noure, to harm (like plaure)

fendre, to offend (like aprendre)

laure,	plac	plaïa	plaguí	plauré	plagui	
please	plaus	plaïes	plagueres	plauràs	plaguis	plau
laent	plau	plaïa	plagué	plaurà	plagui	plagui
lagut	plaem	plaíem	plaguérem	plaurem	plaguem	plaguem
	plaeu	plaíeu	plaguéreu	plaureu	plagueu	plaeu
	plauen	plaïen	plagueren	plauran	plaguin	plaguin

---

[1] Also nasquí.

Infinitive, ger. & part.	Pres. Ind.	Imp. Ind.	Preterite	Future	Pres. Subj.	Imp.

Ploure, *to rain* (like *moure*)

Poder, *to*	*puc*	podia	*poguí*	*podré*	*pugui*	
be able	*pots*	podies	*pogueres*	*podràs*	*puguis*	*pugues*
podent	pot	podia	pogué	podrà	pugui	pugui
pogut	podem	podíem	*poguérem*	*podrem*	*puguem*	*puguem*
	podeu	podíeu	*poguéreu*	*podreu*	*pugueu*	*pugueu*
	poden	podien	*pogueren*	*podran*	*puguin*	*puguin*

Pondre, *to lay,* **Prendre,** *to take,* **Pretendre,** *to pretend* (like *aprendre*)

Raure, *to cut, to reside* (like *plaure*)

Rebre, *to*	rebo	rebia	rebí	rebré	rebi	
receive	*reps*	*rebies*	*reberes*	*rebràs*	*rebis*	*rep*
rebent	*rep*	rebia	rebé	rebrà	rebi	rebi
rebut	rebem	rebíem	rebérem	rebrem	rebem	rebem
	rebeu	rebíeu	rebéreu	rebreu	rebeu	rebeu
	reben	rebien	*reberen*	rebran	rebin	rebin

Riure, *to*	*ric*	*reia*	*riguí*	riuré	*rigui*	
laugh	rius	*reies*	*rigueres*	riuràs	*riguis*	riu
rient	riu	*reia*	rigué	riurà	rigui	*rigui*
rigut	*riem*	*rèiem*	*riguérem*	riurem	*riguem*	*riguem*
	rieu	*rèieu*	*riguéreu*	riureu	*rigueu*	*rieu*
	riuen	*reien*	*rigueren*	riuran	*riguin*	*riguin*

Romandre, *to remain* (like *aprendre*)

Saber, *to*	*sé*	sabia	sabí	*sabré*	*sàpiga*	
know	*saps*	sabies	saberes	*sabràs*	*sàpigues*	*sàpigues*
sabent	*sap*	sabia	sabé	*sabrà*	*sàpiga*	*sàpiga*
sabut	sabem	sabíem	sabérem	*sabrem*	*sapiguem*	*sapiguem*
	sabeu	sabíeu	sabéreu	*sabreu*	*sapigueu*	*sapigueu*
	saben	sabien	saberen	*sabran*	*sàpiguen*	*sàpiguen*

Seure, *to sit down* (like *creure*)

Soler, *to be in the habit of* (like *voler*)

Sortir,	*surto*	sortia	sortí	sortiré	*surti*	
to go out,	*surts*	sorties	sortires	sortiràs	*surtis*	*surt*
to leave	*surt*	sortia	sortí	sortirà	*surti*	*surti*
sortint	sortim	sortíem	sortírem	sortirem	sortim	sortim
sortit	sortiu	sortíeu	sortíreu	sortireu	sortiu	sortiu
	surten	sortien	sortiren	sortiran	*surtin*	*surtin*

finitive, r. & part.	Pres. Ind.	Imp. Ind.	Preterite	Future	Pres. Subj.	Imp.
spendre, *to suspend* (like *aprendre*)						
enir, *to*	tinc	tenia	*tinguí*	*tindré*	*tingui*	
ve	tens	tenies	*tingueres*	*tindràs*	*tinguis*	*tingues, té*
nint	*té*	tenia	*tingué*	*tindrà*	*tingui*	*tingui*
agut	tenim	teníem	*tinguérem*	*tindrem*	*tinguem*	*tinguem*
	teniu	teníeu	*tinguéreu*	*tindreu*	*tingueu*	*tingueu, te-*
	tenen	tenien	*tingueren*	*tindran*	*tinguin*	*tinguin* [*niu*
ondre, *to shear* (like *aprendre*)						
ossir, *to cough* (like *sortir*)						
reure,	*trec*	*treia*	*traguí*	*trauré*	*tregui*	
take	treus	*treies*	*tragueres*	*trauràs*	*treguis*	*treu*
ut	treu	*treia*	*tragué*	*traurà*	*tregui*	*tregui*
aient	traiem	*trèiem*	*traguérem*	*traurem*	*traguem*	*traguem*
et	traieu	*trèieu*	*traguéreu*	*traureu*	*tragueu*	*traieu*
	treuen	*treien*	*tragueren*	*trauran*	*treguin*	*treguin*
aler,	*valc*	valia	*valguí*	*valdré*	*valgui*	
be	vals	valies	*valgueres*	*valdràs*	*valguis*	*val*
orth	val	valia	*valgué*	*valdrà*	*valgui*	*valgui*
alent	valem	valíem	*valguérem*	*valdrem*	*valguem*	*valguem*
algut	valeu	valíeu	*valguéreu*	*valdreu*	*valgueu*	*valeu*
	valen	valien	*valgueren*	*valdran*	*valguin*	*valguin*
éncer,	*venço*	vencia	vencí	venceré	venci	
o defeat,	*vences*	vencies	venceres	venceràs	vencis	*venç*
o win	*venç*	vencia	vencé	vencerà	venci	venci
encent	vencem	vencíem	vencérem	vencerem	vencem	vencem
ençut	venceu	vencíeu	vencéreu	vencereu	venceu	venceu
	vencen	vencien	venceren	venceran	vencin	vencin
Vendre, *to sell* (like *aprendre*)						
Venir,	*vinc*	venia	*vinguí*	*vindré*	*vingui*	
o come	véns	venies	*vingueres*	*vindràs*	*vinguis*	*vine*
venint	*ve*	venia	*vingué*	*vindrà*	*vingui*	*vingui*
ingut	venim	veníem	*vinguérem*	*vindrem*	*vinguem*	*vinguem*
	veniu	veníeu	*vinguéreu*	*vindreu*	*vingueu*	*veniu*
	vénen	venien	*vingueren*	*vindran*	*vinguin*	*vinguin*

Infinitive, ger. & part.	Pres. Ind.	Imp. Ind.	Preterite	Future	Pres. Subj.	Imp.
Veure,	veig	veia	viu [1]	veuré	vegi	
to see	veus	veies	veres	veuràs	vegis	veges,
veient	veu	veia	véu	veurà	vegi	vegi
vist	veiem	vèiem	vérem	veurem	vegem	vegem
	veieu	vèieu	véreu	veureu	vegeu	vegeu
	veuen	veien	veren	veuran	vegin	vegin
Viure,	visc	vivia	visquí	viuré	visqui	
to live	vius	vivies	visqueres	viuràs	visquis	viu
vivint	viu	vivia	visqué	viurà	visqui	visqui
viscut	vivim	vivíem	visquérem	viurem	visquem	visquen
	viviu	vivíeu	visquéreu	viureu	visqueu	viviu
	viuen	vivien	visqueren	viuran	visquin	visquin
Voler,	vull	volia	volguí	voldré	vulgui	
to wish,	vols	volies	volgueres	voldràs	vulguis	vulgues
to want	vol	volia	volgué	voldrà	vulgui	vulgui
volent	volem	volíem	volguérem	voldrem	vulguem	vulguen
volgut	voleu	volíeu	volguereu	voldreu	vulgueu	vulgueu
	volen	volien	volgueren	voldran	vulguin	vulguin

[1] *Veure* has this other form for the Preterite: *viu, veieres, veié, veiérem, veiéreu, veiere* which is more generally used.

IRREGULAR PAST PARTICIPLES

There are a few verbs which are conjugated regularly, except for the Past Participle. The most important ones are:

Infinitive	*Past Participle*
admetre, *to admit*	**admès**
atènyer, *to reach, to attain*	**atès**
cobrir, *to cover*	**cobert**
complir, *to fulfil, to carry out*	**complert**
comprometre, *to compromise*	**compromès**
empènyer, *to push*	**empès**
establir, *to establish*	**establert**
estrènyer, *to tighten*	**estret**
imprimir, *to print*	**imprès**
morir, *to die*	**mort**
obrir, *to open*	**obert**
oferir, *to offer*	**ofert**
omplir, *to fill*	**omplert**
remetre, *to remit*	**remès**
sofrir, *to suffer*	**sofert**
sotmetre, *to submit*	**sotmès**

CHAPTER IX

ADVERBS

ADVERBS OF PLACE

The main adverbs of place are:

ací (slightly arch.), *here* (near me)
aquí, *here, there* (near you)
allà, *there* (that place)
on, *where*
lluny, *far*
prop, a prop, *near*
dalt, a dalt, *up, above, upstairs*
baix, a baix, *down below*
pertot, pertot arreu, *everywhere*
enlloc, *nowhere*
damunt, sobre, *on, over*
davant, *in front of*
endavant, avant, *forward(s)*

darrera, *behind*
endarrera, *backwards*
enrera, *to the rear*
dins, a dins, *within*
endins, endintre, *inwards*
dintre, *inside*
fora, *outside*
enfora, *outwards*
amunt, *up*
avall, *down*
davall, sota, *underneath*
ençà, *hither, this way*
enllà, *thither, there, beyond*

Examples:

Vine ací, *come here* (fam.)
Aquí fa molt fred, *it is very cold here*
Anaven allà, *they were going there*
On són? *where are they?*
No vagi tan lluny, *don't go so far*
L'estació és prop de casa, *the station is near our house*
Són dalt al terrat, *they are up on the roof*
Són a baix, *they are down below*
Són pertot arreu, *they are everywhere*
No els hem vistos enlloc, *we have not seen them anywhere*

El llibre és damunt la taula, *the book is on the table*
Vagi davant, *go in front*
Vagi més endavant, *go further forward*
Posi-ho darrera, *put it behind*
Entrem dins, *let us go inside*
S'està millor dintre, *it is better inside*
A l'estiu dormim fora, *during the summer we sleep outside*
Es passejava amunt i avall, *he was walking up and down*
Fes-te ençà, *come closer* (fam.)
Camineu més enllà, *walk further away*

ADVERBS OF TIME

The main adverbs of time are:

quan, *when*	**sovint,** *often*
ara, *now*	**alhora,** *simultaneously*
adés, *then, presently.*	**llavors, aleshores,** *then*
abans, *before*	**avui,** *today*
després, *afterwards*	**demà,** *tomorrow*
aviat, *soon, early*	**demà passat,** *the day after tomorrow*
tard, *late*	**ahir,** *yesterday*
ja, *already*	**abans d'ahir,** *the day before yesterday*
sempre, tothora, *always*	**anit, anit passada,** *last night*
encara, *still*	**anit, aquesta nit,** *tonight*
mai, *never, ever*	**tot seguit, de seguida,** *immediately, at*
primer, *first, firstly*	**l'endemà,** *the day after* [*once*

Examples:

Sap quan arribaran? *Do you know when they will arrive?*
Ara i adés, *now and then*
Abans de la guerra, *before the war*
Et veuré després, *I shall be seeing you* (fam.) *afterwards*
Vingui aviat, *come early*
No faci tard, *don't be late*
El sol ja ha sortit, *the sun has already come out*

Faci-ho sempre així, *always do it like this*

Encara plou, *it is still raining*

Ella no fa mai res, *she never does anything*

Si mai la veu, *if you ever see her*

De seguida vindré, *I will come at once*

El veig bastant sovint, *I see him fairly often*

Ella reia i plorava alhora, *she was laughing and crying simul-*
[taneously

Aleshores ell ho va comprendre tot, *then he understood*
[everything

Avui i demà fem festa, *today and tomorrow we have a holiday*

ADVERBS OF MANNER

The main adverbs of manner are:

bé, *well*

ben, [1] *well, quite*

millor, *better, best*

pitjor, *worse, worst*

així, *thus, like this*

de sobte, tot d'una, *suddenly*

de debò, *truly, thoroughly, really*

com, *how*

tot, *entirely, completely*

corrents, *quickly*

ensems, *together*

de pressa, *quickly*

a poc a poc, *slowly*

alt, *loudly*

baix, *softly*

Examples:

La Caterina parla bé l'anglès, *Katherine speaks English well*

Però la Montserrat parla millor el català, *but Montserrat speaks Catalan better*

Era ben tard quan ell va arribar, *it was quite late when he arrived*

És pitjor el remei que la malaltia, *the cure is worse than the disease*

---

[1] **Ben,** *well,* is used instead of **bé** in front of a participle acting as adjective. Example: **Han estat ben acollits,** *they have been well received.*

No es demana així, *one does not ask it like this*
No sé com fer-ho, *I don't know how to do it*
El temps passa corrents, *time goes quickly*
Parli alt, per favor, *please speak loudly*
Es van divertir de debó, *they had a really good time*

A great number of adverbs of manner are also formed by the addition of **-ment** (like the English *-ly*) to the feminine form of any qualifying adjective: **humil,** *humble;* **humilment** *humbly;* **breu,** *brief;* **breument,** *briefly;* **dolç, dolça** (fem.), *sweet;* **dolçament,** *sweetly.*

When two or more adverbs ending in **-ment** follow one another, this ending may be dropped in all of them except in the first, although it is quite correct to use the ending in all the adverbs. Examples:

Ella cantava bellament i dolçament, *she sang beautifully and sweetly*
or **Ella cantava bellament i dolça**

ADVERBS OF DEGREE OR QUANTITY

The majority of adverbs of quantity are the same as the adjectives of quantity (see p. 41) with the addition of the numeral **mig,** *half,* and the following:

> **només, sols, solament,** *only*
> **gairebé, quasi,** *almost*
> **almenys,** *at least*

Examples:

La botella està mig plena, *the bottle is half full*
Només ha vingut en Josep, *only Joseph has come*
Els tinc gairebé tots, *I have got nearly all of them*
Serem almenys una vintena, *we shall be at least twenty*

There are also the phrases: **un poc, una mica, un xic,** *a little;* **no gaire,** *not very much;* **si més no,** *at least.*

ADVERBS OF AFFIRMATION, NEGATION AND DOUBT

sí, *yes*   **no,** *no*
també, *also*   **tampoc,** *neither, either*
àdhuc, fins, *even, including*   **potser,** *perhaps*

Examples:

> **Sí, ella també reia,** *yes, she was also laughing*
> **Estima àdhuc els teus enemics,** *love even your* (fam.) *enemies*
> **Ha vist l'Amèlia? No,** *have you seen Amelia? No*
> **Ell no ho sap ni jo tampoc,** *he does not know it, neither do I*
> **Potser ell vindrà més tard** *perhaps he will come later*

Also the phrases: **no pas,** *not;* **no gens,** *not at all, nothing;*
tal vegada, tal volta, *perhaps.*

IDIOM OF NEGATION AND AFFIRMATION

For the correct formation of negative sentences it is important to remember that the sense of negation is given by **no,** which is placed immediately before the verb. If the verb is preceded by an unstressed pronoun, **no** is placed before the pronoun:

> **Avui no ha fet sol,** *it has not been sunny today*
> **Ell no ho ha vist encara,** *he has not seen it yet*

In certain negative sentences the adverb **no** is omitted when the negative sense is already expressed by another negative word like **sense, ni:**

> **Faci-ho sense dir res,** *do it without saying anything*
> **És tan soberg que ni es dignà mirar-me,** *he is so haughty that he did not deign to look at me*

The words **mai,** *never, ever;* **ningú,** *nobody, anybody;* **res,** *nothing, anything;* **cap,** *none, any;* **gens** *any, a little;* **enlloc,** *nowhere, anywhere;* and **tampoc,** *neither, either,* may be used either in a negative or in an affirmative sentence. When they form part of a negative sentence, the use of **no** is indispensable, since these words are not in themselves negatives:

No el sent ningú, *nobody hears him*
Cap d'ells no vindrà, *none of them will come*
Ell no surt mai, *he never goes out*

Without **no** a sentence formed with these words is affirmative:

Sap res de nou? *do you know anything new?*
Si fa gens de vent, ho espatllarà tot, *if it is at all windy, it will spoil everything*
Ha vist ningú? *Have you seen anybody?*

USES OF **PAS**

In Catalan one often finds in a negative sentence the particle **pas,** which is not used in the same way as the French *pas.* While in French *pas* is the natural complement of the negative verb, in Catalan **pas** emphasizes the meaning of the negative sentence, and the presence of **ningú, mai, res,** etc., in a sentence does not prevent its use. EXAMPLE: **No ens veurem pas demà,** *we shall not see each other tomorrow,* does not mean quite the same as **no ens veurem demà.** The first sentence presupposes that one is denying what could logically be inferred from something just said, hence the use of **pas** to emphasize. Thus: **Demà t'ho diré.—Oh! no ens veurem pas demà.** *I will tell you tomorrow.—Oh! but we shall not see each other tomorrow.* On the other hand, **no ens veurem demà,** is a negative statement.

Other examples:

Aquest càntir vessa: no és pas esquerdat? *This pitcher leaks — is it cracked by any chance?*
No feu pas mai això! *Don't you ever dare do this!*
No m'espanto pas de les vostres amenaces, *I am not in the least afraid of your threats.*

CHAPTER X

PREPOSITIONS

UNSTRESSED PREPOSITIONS

There are in Catalan six unstressed prepositions:

a, *to, at, on, in*   **amb,** *with*
en, *in, into, on*   **per,** *for, by*
de, *of, from*   **per a,** *for, in order to*

The preposition **de** contracts into **d'** before a noun beginning with a vowel or **h: un cor d'or,** *a heart of gold.*

The prepositions **a, de, per,** before the masculine definite article combine with it to form **al, del, pel** (pl. **als, dels, pels**).

A.—As a general rule **a** is not used with the direct object: **he vist la seva muller,** *I have seen your wife.* There are a few exceptions, however, originating from the need to avoid confusing the subject with the direct object. For example: **A vostè no l'havia vist,** *I had not seen you* (without the **a** in this sentence the meaning would be: *you had not seen him,* or *her,* or *it*).

The preposition **a** is used:

1. To introduce the indirect object:

Ho portarem a la mare, *we shall take it to mother*
Digui al pintor que vingui, *tell the painter to come*

2. To indicate movement, point of time, or to introduce a place or place name:

Anar a peu, *to go on foot, to walk*
Arribar a l'estació, *to arrive at the station*
Viuen al primer pis, *they live on the first floor*

Vindré a les sis, *I shall come at six o'clock*
Viuen a Lleida, *they live in Lleida*
Ara són a Londres, *they are now in London*

3.   When the object is the infinitive of a verb, the preposition **a** is often used:

Tardar a venir, *to be late in coming*
Pensar a dir-ho, *to remember to say it*

4.   In expressions of price:

A quant la lliura, *at how much the pound?*

PER AND **PER A.**—**Per** indicates the motive, the cause or the instrument of the action expressed by the principal verb:

Combatre per la pàtria, *to fight for one's country*
Han perdut per culpa meva, *it is my fault that they have lost*
Ho enviaré per correu, *I will send it by post*
La operació ha estat feta pel cirurgià, *the operation has been performed by the surgeon*

Per a is used to indicate destination, object, or purpose:

Aquestes taronjes son per a vostè, *these oranges are for you*
Un llibre per a infants, *a book for children*
Aquest oli és bo per a cuinar, *this oil is good for (the purpose of) cooking*

EN.—Indicates a place, time or manner:

He viscut en tres cases diferents, *I have lived in three different houses*
He acabat el llibre en dos dies, *I have finished the book in two days*
Escriure en català, *to write in Catalan*
Pensa en mi, *think of me*

DE.—1. It is used in the same way as *of, from,* in English:

Ell ve de Londres, *he comes from London*
Un de nosaltres, *one of us*

El mes d'abril, *the month of April*
Ell parlava de vostè, *he was speaking of you*

2.   It indicates the material of wich a thing is made of:

Paper de fil, *rag paper*
Moneda d'argent, *silver coin*

3.   It denotes possession:

La casa del meu pare, *my father's house*

4.   It is used with quantitatives:

Queda poc de pa, *there is not much bread left*
No té gens de paciència, *he has no patience*

5.   Some adverbs and adverbial phrases expressing place become prepositional phrases with the addition of the preposition **de:** These are: **dins, dintre, fora, davant, darrera, damunt, davall, sobre, sota, prop, lluny:**

Viuen prop de casa, *they live near our house*
Al davant de tots, *in front of everybody*

When followed by **de mi, de tu, de nosaltres** and **de vosaltres,** very often these are substituted by the possesives **meu, teu, nostre,** and **vostre:**

Davant meu, *in front of me*
Prop teu, *near you* (fam.)

AMB.—This preposition means *with, in the company of:*

Parlar amb violència, *to speak violently*
Ell ha vingut amb mi, *he has come with me*
Amb la seva habilitat, *with his ability*

STRESSED PREPOSITIONS

The stressed prepositions are as follows:

entre, *between*

contra, *against*

sense, *without*

fins, fins a, *until, up to*

segons, *according to*

cap a, envers, vers, devers, *towards*

malgrat, *in spite of*

durant, *during*

mitjançant, *by means of*

llevat, llevat de, tret, tret de, *excepting*

ultra, *besides*

vora, vora de, *near*

sota, *under*

Examples:

Ho farem entre tots, *we shall do it between us all*

Nedar contra la corrent, *to swim against the current*

Un home sense paraula, *not a man of his word*

Esperarem fins demà, *we shall wait until tomorrow*

Segons la premsa, *according to the Press*

Sortirem cap a Sant Vicenç, *we shall leave for Sant Vicenç*

Malgrat tots els seus esforços, *in spite of all his efforts*

Durant aquests últims anys, *during these last years*

Mitjançant l'ajuda de Déu, *with God's help*

Llevat d'això, *excepting this*

Ultra els que ha comprat, té els que li hem donat, *besides the ones he bought, he has those we have given him*

Ella sela vora meu, *she was sitting near me*

El gat dormia sota l'arbre, *the cat was sleeping under the tree*

CHAPTER XI

CONJUNCTIONS

Catalan conjunctions are divided in two classes, co-ordinate and subordinate.

CO-ORDINATE.—The principal co-ordinate conjunctions are:

i, *and*	**o,** *or*
ni, *neither, nor*	**car** (slightly arch.), **perquè,** *since*
però, *but, yet*	**doncs,** *then*
sinó *but, solely, only*	**demés,** *moreover*
més aviat, *rather*	**amb tot, així i tot,** *none the less,*
encara, *still, furthermore*	*[notwithstanding that*
tanmateix, *all the same*	**altrament,** *otherwise, if not*
ans, sinó que, *but, on the contrary*	

Examples:

El cel i la terra, *heaven and earth*

No beu ni menja, *he* (or *she*) *does not drink or eat*

És intel·ligent, però mal educat, *he is intelligent, but badly brought up*

No ha de fer sinó defensar-se, *he has only to defend himself*

No ho rebutgem, ans (sinó que) ho acceptem agraïts, *we are not refusing it, but accepting it gratefully.*

No ens vol ajudar? Doncs no ho farem, *you will not help us? Then we shall not do it.*

No és blau; més aviat tira a verd, *it is not blue; rather it is greenish*

Ell em demanà on era el llapis, car (perquè) no el trobava enlloc, *he asked me where the pencil was, since he could not find it anywhere*

Pot mirar aquest llibre, i encara pot consultar tots aquests altres, *you can look at this book, and furthermore you can consult all these others*

Ell va anar a la platja; amb tot (així i tot) no es va ficar a l'aigua, *he went to the beach; none the less he did not go into the water*

Vostè que no ho volia, tanmateix ha disfrutat, *you were against it, but you have enjoyed yourself all the same*

Sort que ella ha vingut d'hora, altrament hauríem fet tard a la reunió, *luckily she came in time, otherwise we would have been late for the party.*

Instead of the slightly archaic form **car,** the use of **perquè,** or simply **que,** is in more general use: **Doneu gràcies a Déu, perquè ell és bo,** *give thanks to God, for he is good.*

The following are correlative conjunctions of co-ordination:

ni...ni, *neither...nor*   **ja...ja,** *sometimes...sometimes*
o...o, *either...or*   **mig...mig,** *half...half*
adés...adés, *now...now* (or *then*)   **sia...sia,** *whether...or*
ara...ara, *now...now* (or *then*)   **tant...com,** *whether...or*
       ara...adés, *now...then*

Examples:

No m'agrada ni l'un ni l'altre, *I like neither the one nor the other*

Ara i adés, *now and then*

Ara diu una cosa, ara en diu una altra, *now he says one thing, now another*

O plourà o farà sol, *either it will rain or it will be sunny*

Adés l'un, adés l'altre, *now one, now the other*

M'és igual que sia blanc o que sia negre, *I do not mind whether it is white or black*

Van anar mig a peu i mig a cavall, *they went half the way on foot, and half the way riding*

SUBORDINATE.—The main subordinate conjunctions are:

que, *that, than*	**perquè,** *because, so that*
si, *if, whether*	**puix** (arch.), **puix que, ja que,** *since*
com, *as, like*	**mentre,** *while*
quan, *when*	**així, així com,** *thus, like, just as*

Examples:

> **Estic segur que vindrà,** *I am sure that he will come*
> **Vostè és més alta que ell,** *you* (f.) *are taller than he is*
> **No sé si vindrà,** *I do not know whether he will come*
> **Blanc com un paper,** *white as paper*
> **Quant surt a passeig, tothom la mira,** *when she goes out for a walk, everybody looks at her*
> **No puc fer-ho, perquè no tinc temps,** *I cannot do it, because I have no time*
> **Ja que ell ho vol, caldrà fer-ho,** *since he wishes it, it must be done*
> **Van venir mentre jo menjava,** *they came while I was eating*
> **Ell ho devora tot, així com un lleó afamat,** *he devours everything like a hungry lion*

A good number of compound conjunctions are formed with **que** and an antecedent (adverb, preposition, past participle). The principal ones are:

> **puix que, ja que,** *since* (seeing that)
> **d'ença que,** *since* (from the time that)
> **com que,** *as*
> **per tal que, a fi que,** *in order that*
> **abans que,** *before*
> **després que,** *after*
> **fins que,** *until*
> **encara que, malgrat que, per bé que,** *although, even though*
> **així que,** *as soon as*
> **a menys que,** *unless*

Examples:

Ja que n'hi ha, en mengarem, *since there are some, we shall eat some* (*of them*)

Coixeja d'ençà que va caure, *he* (or *she*) *limps since his* (or *her*) *fall*

Com que estic cansat, me'n vaig al llit, *as I am tired I am going to bed*

El mestre la va renyar per tal que aprengués a obeir, *the teacher reprimanded her in order that she should learn to obey*

Abans que vostè se'n vagi d'aquí, *before you leave here*

Jugarem fins que estiguem cansats, *we shall play until we are tired*

Encara que plogui, sortirem, *even though it rains, we shall go out*

Ens aixecarem així que surti el sol, *we shall get up as soon as the sun rises*

No ho enviarem a menys que enviï diners, *we shall not send it unless he sends money*

BRIEF OUTLINE OF THE LANGUAGE AND
LITERATURE

IN common with other Romance Languages, Catalan stemmed from vulgar Latin. As far back as the ninth century the language had developed sufficiently to crystallize itself in some kind of literary forms in the vernacular, such as ballads and legends, religious or profane, which, transmitted only by word of mouth, did not survive. Latin was the formal language used in writing, but throughout the available documents of the ninth to the twelfth centuries, Catalan words and phrases appear in increasing numbers, showing the gradual development of the written vernacular, until finally an all-Catalan text appeared. [1]

The earliest document written entirely in Catalan, of which only a fragment is known, dates from the first half of the twelfth century. It is a translation of a Visigothic codex, the *Forum Iudicum*. Before the recent discovery of this fragment, the first known text entirely in Catalan was a book of homilies refered to as the *Homilies d'Organyà,* written probably towards the end of the twelfth century. These early texts do not altogether escape the influence of Provençal, which was, at that time, the courtly literary language used universally by the troubadours, Catalan ones included.

Catalan poets wrote exclusively in the language of the Provençal [2] troubadours, and they contributed to the troubadour

---

[1] For an appreciation of this development see the texts in Paul Russell-Gebbett, *Mediaeval Catalan Linguistic Texts* (Oxford, Dolphin, 1965), where an historical study of the language will also be found.

[2] The first Provençal literary text of Catalan origin is the *Cançó de Santa Fe,* a long religious poem of about the third quarter of the 11th century, which appears to have been written either at the Monastery of St. Miquel de Cuixà or in St. Martí del Canigó, in the Pyrennees,

literature with important names: Guillem de Bergadà (1140-1213), Ramon Vidal de Besalú (1162-1200), Alfons I (1152-1196), Pere II (1174-1213), Cerverí de Girona (1250-1280), among others. Although they wrote in Provençal, their works showed characteristic traits which betrayed their Catalan origin, increasingly as time passed. But the fashion of writing poetry in Provençal died hard. When the Catalan language had definitely established itself in the centuries that followed, poetry still continued to be written in a Provençalized form of Catalan; even the greatest and purest writer of Catalan prose, Ramon Llull, did not altogether escape from this convention when writing poetry. Several factors could have contributed to the persistent survival of Provençal in Catalan poetry, such as the patronage that Catalan kings afforded to Provençal troubadours, the political involvement of the Catalans in Provence, or perhaps simply because Catalan and Provençal were after all not greatly dissimilar languages.

Catalan literature really comes into being with the Majorcan philosopher and mystic, Ramon Llull. He was the greatest Mediaeval writer in Catalan, and his prose reached the highest level of purity. His output in Catalan was considerable, but he also wrote in Latin and Arabic. He was the first philosopher to write in a Romance language. From the literary point of view his best known works are the romance *Blanquerna* (which contains the famous *Llibre d'Amic e Amat*), the *Llibre de contemplació,* the *Llibre de meravelles,* and the *Llibre de l'orde de cavalleria* (printed in English translation by Caxton). Of his rhymed works, basically written in Catalan but with Provençal mannerisms, the most notable are *Lo desconhort,* and the *Cant de Ramon,* both autobiographical, and deeply moving.

There are four fundamental texts in Mediaeval Catalan historical literature: the chronicles of Jaume I (1208-1276), Bernat Desclot (13th cent.), Ramon Muntaner (1265-1336), and Pere III (1319-1387). All of them are works of the greatest importance, both for their historical and for their literary value. Apart from that of Muntaner, each chronicle was written with the active participation of the reigning king himself, a unique feature in

Mediaeval Europe. The four chronicles cover between them a period of about two centuries. They have an outstanding intimate quality, which unfortunately was not repeated in succeeding centuries.

Contemporary with Llull was Arnau de Vilanova (1250-1311), physician and philosopher. Like Llull he led a very active life and travelled all over Europe. He was the physician of Pope Boniface VIII and King Pere III, and his fame spread throughout Christian Europe. His works are in Latin (as, for instance, the well-known *Regimen Sanitatis Salernitanum*), with the exception of the famous *Raonament d'Avinyó* addressed to Clement V, which was written in Catalan.

During the mediaeval period there also flourished a varied literature: satirical, didactic, religious and juridical. The last was specially outstanding, and produced such works as the *Llibre del Consolat de Mar,* which has been the basis for all the maritime codes of Europe, and the *Usatges de Barcelona,* the legislative monument first compiled under Ramon Berenguer I. The early development of Catalan parliamentary institutions led also to a production almost unique among Mediaeval literatures: the political speeches in the Catalan *Corts.*

By that time the literary and national character of Catalonia had reached its fullness, and one could hear the *pus bell catalanesc* [1] down the entire Mediterranean coast of the Peninsula, in the Mediterranean Islands, in many parts of Southern France and Italy, Sardinia, Sicily, and in the Catalan outposts established in the Near East by the famous Catalan Company, whose achievements were chronicled by Muntaner.

With Bernat Metge (1350-1410) began the Classical Age of Catalan literature (1388-1500). The influence of Dante, Petrarch and Boccacio in the literature of this period is the predominant note, and the language was enriched with words and idioms of Latin and Italian origin, gaining thereby a greater agility.

---

[1] The "loveliest" or "purest Catalan." A favourite expression of Ramon Muntaner, who often uses it in his Chronicle, with reference to the language when spoken by a foreigner or in a foreign land. He delights in telling that such a person *parlava catalanesc* or that in such a place one heard *lo pus bell catalanesc del món.*

Bernat Metge's greatest work, *Lo Somni,* is possibly the most perfect model of Catalan prose.

In the domain of fiction two works stand out: *Tirant lo Blanc* (1460), by Joanot Martorell, and the anonymous *Curial e Güelfa.* The first is one of the prominent works in the literature of chivalry, and the homage that Cervantes pays to it in his *Don Quijote* is well known. [1]

The peak of satirical literature was reached by the Valencian writer Jaume Roig (died 1479), whose *Llibre de les dones* gives us an interesting picture of his times. It is a realistic satire on women, composed in an original metre of four syllables.

The work of Francesc Eiximenis (1340-1409?), the encyclopaedist, is one of the best examples of didactic prose. His main work is *Lo Crestià* (1381-1386), a treatise in thirteen books, of which only four have survived — perhaps all that he wrote. In the *Regiment de la cosa pública* and the *Dotzè del Crestià,* he expounds his ideas on political morality.

Another didactic writer was Anselm Turmeda, a renegade Franciscan friar who wrote the *Llibre de bons amonestaments* (1397), used as a school text-book for centuries, and the well-known *Disputa d'un ase contra frare Anselm Turmeda* (1417), one of the most individual works in Catalan literature, of which unfortunately the Catalan text has been lost, and is only known through a French sixteenth century translation.

From the time of Andreu Febrer and Jordi de Sant Jordi to that of Ausiàs March (1397-1459), the Classical period produced several poets, although none had the stature of the above, with the possible exception of Joan Roiç de Corella (died 1500?), who was also a writer of religious prose. The establishment of the *Jocs Florals* in Barcelona (1393), after the pattern of Toulouse, must have given some impulse and encouragement to poetry. At the outset the troubadour influence was still evident, but later it was superseded by that of Petrarch and Dante. Andreu Febrer translated the *Divine Comedy,* a work which later inspired the *Comèdia de la glòria d'amor* of Fra Roca-

---

[1]   Don Quixote, I, vi.

berti. Jordi de Sant Jordi was one of the finest lyric poets, and, in spite of Petrarchan influences, his poems are individual. He died young (in 1425), leaving relatively few poems.

Many works of a religious, historical or political character were written during the fourteenth and fifteenth centuries. Livy, Cicero, Sallust, Seneca, Ovid, and others, were translated into Catalan. Some of these translations were made by Bernat Metge, and by the Dominican friar Antoni Canals, who, after Metge was perhaps the most important figure of the beginning of the Renaissance in Catalonia.

Ausiàs March (1397-1459), the greatest Catalan poet, was the first to free himself from the lyric tradition of the troubadours. Influenced by Dante, and to a lesser extent by Petrarch, his four sources of inspiration were love, death, morality and religion. At times obscure, his poetry has a rare psychological insight, unusual in a fifteenth century poet.

The union of the crowns of Catalonia and Aragon with Castile in 1479, and the transference of the court from Catalonia, marked the beginning of a decadence which was destined to be as complete as the former achievements had been brilliant, and which persisted until the beginning of the nineteenth century. Castilian monarchs ruled the fate of Catalonia, and the language of the court, now Castilian, exercised a strong influence. During these centuries literary production as such in Catalan practically disappeared. Catalan authors abandoned their own language and started writing in Castilian. Prominent among these was Joan Boscà (1500-1543), who later became Juan Boscán. An honourable exception was the poet Pere Serafí, celebrated for his *Cants d'amor* (1565). Some narrative, didactic, and particularly religious works continued to be written in Catalan, but they were without much literary value. The same may be said of poetry, which during the seventeenth and eighteenth centuries was influenced by the commonplace versifications of Vicenç Garcia (1582-1623), better known as the "Rector de Vallfogona". The only opposition to this school of popular poetry was led by the more academic and elegant Francesc Fontanella.

Catalan had remained the official language of Catalonia since the union with Castile, but at the end of the War of Succession in 1714, the Bourbon dynasty suppressed it, and the use of Castilian was imposed.

Yet the language which had been ejected from official use and abandoned by men of letters, remained always a living thing among the people. Tradition and the Church were a prominent factor in keeping it alive. But even at its lowest literary ebb, a Catalan-Castilian-Latin dictionary [1] had to be published because, according to the preface, 'even those who have devoted great care to learning Castilian, more often than not find themselves unable to use the right Castilian word or phrase to express what they want to say'.

In 1814 a priest, Josep Pau Ballot, published a Catalan grammar out of patriotic zeal, but also to enable 'foreigners to use it in their commercial transactions' and for the instruction of the Church, which never abandoned the use of the vernacular. Ballot's *Gramàtica i apologia de la llengua catalana* had no decisive influence in the rebirth of the language that took place soon afterwards, but his passionate defence of the language was an indication of the coming dawn.

It is interesting to note here that the Biblical Society published in London, 1832, a Catalan version of the New Testament for use in Catalonia, a plain acknowledgement of the persistence of the language [2].

The nineteenth century cult of romanticism in Europe proved to be of decisive importance in Catalonia. It awakened a new literary activity, which, although written in Castilian, was immensely Catalan in spirit. People remembered the glories of the past and turned to the literature of their country's Golden Age. Although there had been indications of a revival earlier in the century, and even towards the end of the eighteenth, the

---

[1] *Diccionario Catalán-Castellano-Latino*. Por D. Joaquín Esteve, D. Joseph Belvitges y D. Antonio Juglà y Font. Barcelona, 1803.

[2] See my article "A l'entorn del Nou Testament en Català imprès a Londres l'any 1832" in *Bulletin of Spanish Studies*, vol. XX, N.º 80, 1943.

year 1833 is usually taken as the starting point of the *Renaixença* or Renaissance. For during this year Bonaventura Aribau published in a Barcelona newspaper called *El Vapor* his now famous *Oda,* written in Catalan. It was an inspiration as well as a challenge — and the challenge was answered. Shortly afterwards Joaquim Rubió i Ors contributed Catalan poems regularly to the *Diario de Barcelona;* he is now considered the patriarch of the *Renaixença.* The first of his poems appeared in 1839, and later a collection of his work was published.[1] His example was immediately copied throughout the country. In Valencia the romantic impulse found its expression in the vernacular with Tomàs Villaroya, Constantí Llombart, and particularly Teodor Llorente, as the leaders of the movement. The impulse was just as strong in Mallorca, where it was headed by Marià Aguiló and Pons i Gallarza. The reinstatement of the *Jocs Florals* in 1859 assured a regular production of poetry, which was published in annual volumes, and the provisional fixing of orthographical rules by the erudite Manuel Milà i Fontanals helped to unify the language.

The production of Catalan works increased as time passed. Prose made its appearance after the lyric impulse, and a number of works were written on the grammar and history of the language and literature; also historical novels, inspired by the work of Sir Walter Scott; and ancient texts were brought to light again. Antoni Bofarull, keeper of the *Arxiu de la Corona d'Aragó,* and Manuel Milà i Fontanals were the most active in this respect.

Jacint Verdaguer (1845-1902) became the greatest figure of the *Renaixença.* To a still undefined language he brought a richness of vocabulary and an assurance without which it might never have reached its present position. He was essentially a lyric poet, but is best known for his two epic poems, *L'Atlàntida*

---

[1] *Lo Gayter del Llobregat.* Poesias de D. Joaquim Rubió y Ors. Barcelona, 1841. And *Roudor del Llobregat,* o sia Los Catalans en Grècia. Poema èpich en tres cants. Per D. Joaquim Rubió y Ors. Barcelona, 1842.

BRIEF OUTLINE OF THE LANGUAGE AND LITERATURE   101

(1877) and *Canigó* (1886), soon translated into several languages.

A contemporary of Verdaguer, the dramatist Angel Guimerà (1847-1924), a poet of genius, lifted the theatre from the perhaps too popular level introduced by Frederic Soler (1839-1895). *Terra baixa,* a rural drama, is his best known work. He, as well as Verdaguer, freed the *Renaixença* of its conventionality, and approached his subjects with sincerity and real feeling. There followed some important playrights: Santiago Rusiñol (1861-1931), Ignasi Iglésies (1871-1928), J. Pous i Pagès (b. 1873), and J. M. de Sagarra (1894-1961), who was also a notable poet.

At the end of the century begins what might be called the modern period, with such eminent names as Joan Maragall (1860-1911), already a classic, and one of the greatest Catalan poets, who brought to the renascent Catalan poetry European influences, yet possessed a very individual Catalan idiom. The poets writing in Majorca were led by M. Costa i Llobera (1854-1922), Joan Alcover (1854-1926), and Gabriel Alomar (1873-1941). In the field of narrative prose, Emili Vilanova (1840-1905), Narcís Oller (1846-1930), Marian Vayreda (d. 1903), and Víctor Català (1873-1966) produced novels and short-stories of intense realism. This type of literature was later carried to perfection by Joaquim Ruyra (1858-1939), a distinguished craftsman of Catalan prose.

The creation of the *Institut d'Estudis Catalans* in 1907, by Prat de la Riba, opened new horizons when the language was becoming the means of expression for all branches of learning. The philological section of the *Institut,* under the expert direction of Pompeu Fabra, issued rules of orthography in 1913, and later an orthographical dictionary, which carried the standardization of the language to a very high degree of perfection.

The poets, no less than the philologists, have been responsible for giving the language its present agility. Most important among these have been Josep Carner (b. 1884) and Carles Riba (1897-1959), both poets of international renown, and under whose influence have come most of the younger poets. Similarly, J. Bofill i Mates ("Guerau de Liost"), J. M. López-Picó, Joaquim Folguera, Clementina Arderiu, Ventura Gassol, J. M. de Sagarra, Joan Salvat-Papasseit, J. V. Foix, Marià Manent, Tomàs Garcés, etc., have contributed with their varied work to the placing of Catalan poetry on a level with the best contemporary European work. The post-war generation has already produced poets of distinction, such as Salvador Espriu, Agustí Bartra, Rosa Leveroni, Joan Oliver ("Pere Quart"), Joan Teixidor, Bartomeu Rosselló-Pòrcel, Marius Torres, Joan Triadú, Francesc Vallverdú, Josep Palau i Fabre, Xavier Casp, Albert Manent, Gabriel Ferrater, and many others.

A significant result of the maturity reached by Catalan poetry is the work of writers on the other side of the Pyrenees, such as Josep S. Pons, and those from Valencia and Majorca, all contributing to the linguistic unity of Catalan.

Among contemporary prose writers special mention should be made of Joan Santamaria, Pere Coromines, J. Puig i Ferreter, Prudenci Bertrana, Carles Soldevila, Miquel Llor, and Josep Pla. Since the war the following have already established themselves: Manuel Pedrolo, Pere Calders, Joan Perucho, Rafael Tasis, Joan Fuster, R. Folch i Camarasa, who is also a playright, and several others. In the field of learning, science and the fine arts, there is a considerable output in Catalan, which includes a number of world-wide reputations, but a consideration of this would be out of place here.

The work done by Catalan translators is outstanding enough to need special mention. In particular the translations from Greek and Latin classics carried out under the *Fundació Bernat Metge* are of an unusually high standard. It is not an exaggeration to say that translators such as Carles Cardó, Josep M.ª Llovera, Joan Creixells, Carles Riba, and Llorenç Ribé, among others, have made some of the best translations of the classics in any modern language. An almost equally high standard has been maintained with poetry and fiction, which now includes translations from most of the well-known writers of the world.

For further reading, the following histories of literature are recommended:

RIQUER (M. de) & COMAS (A.). *Història de la literatura catalana.* Barcelona, 1964-6. 4 volumes.

RUBIÓ I BALAGUER (J.). *Literatura catalana.* (In *Historia general de las literaturas hispánicas,* general editor, G. Díaz-Plaja, Barcelona, 1949-1957).

MOLAS (J.) & ROMEU (J.). *Literatura catalana antiga.* Barcelona, 1961. 4 volumes, in the *Col·lecció Popular Barcino.*

RUIZ CALONJA (J.). *Història de la literatura catalana.* Barcelona, 1954.

TRIADÚ (J.). *Anthology of Catalan Lyric Poetry.* With critical Introduction. Oxford, 1953.

SELECTIONS FROM CATALAN WRITERS

RAMON LLULL

(Mallorca, 1233?-1315?)

En qual manera Blanquerna, ermità, feu lo
"Llibre de amic e amat"

Estant Blanquerna en aquest pensament, en volentat li venc
que es donàs fortment a adorar e a contemplar Déu, per
tal que en la oració Déus li demostràs la manera e la matèria
de què ell feés lo llibre. Dementre que Blanquerna plorava e
adorava, e en la sobirana estremitat de ses forces havia pujada
Déus sa ànima, qui el contemplava, Blanquerna se sentí eixit
de manera, per la gran frevor e devoció en què era, e cogità
que força d'amor no segueix manera con l'amic ama molt
fortment son amat. On, per açò Blanquerna fo en volentat
que feés *Llibre d'amic e amat,* lo qual amic fos feel e devot
crestià, e l'amat fos Deu.

Demanà l'amic a son amat si havia en ell nulla cosa romasa
a amar; e l'amat respòs que ço per què la amor de l'amic
podia muntiplicar, era a amar.

Les carreres per les quals l'amic encerca son amat són
llongues, perilloses, poblades de consideracions, de sospirs e
de plors, e enluminades d'amors.

Dix l'amat a l'amic: —Saps, encara, què és amor?—. Res-
pòs: —Si no sabés què és amor, sabera què és treball, tristícia
e dolor.—

—Digues, aucell qui cantes: est-te mes en guarda de mon
amat, per ço que et defena de desamor e que muntiplic en

---

venc] vingué   feés] fes   frevor] fervor   con] quan   açò] això
    fo] fou   feel] fidel   nulla] cap   muntiplicar] multiplicar
carreres] camins   llongues] llargues   enluminades] il·luminades
    Dix] digué   defena] defensi

tu amor?— Respòs l'aucell: —E qui em fa cantar, mas tan solament lo senyor d'amor, qui es té a deshonor desamor?—

Venc l'amic beure a la font on hom qui no ama s'enamora con beu en la font, e doblaren sos llanguiments. E venc l'amat beure a la font, per ço que sobredoblament doblàs a son amic ses amors, en les quals li doblàs llangors.

Cantaven los aucells l'alba, e despertà's l'amic, qui és l'alba; e los aucells feniren llur cant, e l'amic morí per l'amat, en l'alba.

Cantava l'aucell en lo verger de l'amat, e venc l'amic, qui dix a l'aucell; —Si no ens entenem per llenguatge, entenam-nos per amor; car en lo teu cant se representa a mos ulls mon amat.

Consirós anava l'amic en les carreres de son amat, e ense-pegà e caec enfre espines, les quals li foren semblants que fossen flors, e que son llit fos d'amors.

Estava l'amic tot sol, sots la ombra de un bell arbre. Pas-saren hòmens per aquell lloc, e demanaren-li per què estava sol. E l'amic respòs que sol fo quan los hac vists e oïts, e que d'abans era en companyia de son amat.

Cantava l'aucell en un ram de fulles e de flors, e lo vent menava les fulles e aportava odors de les flors. Demanava l'amic a l'aucell què significava lo moviment de les fulles ni la odor de les flors. Respós: —Les fulles signifiquen, en llur moviment, obediència; e la odor, sofrir e malanança.

—Digues foll, quina cosa és meravella?— Respòs: —Amar més les coses absents que les presents; e amar més les coses vesibles, corruptibles, que les invisibles, incorruptibles.—

Amor és mar tribulada d'ondes e de vents, que no ha port ni ribatge. Pereix l'amic en la mar, e en son perill pereixen sos turments e neixen sos compliments.

Ixen amors d'amors, e pensaments de llanguiments, e plors de llanguiments, e entren amors en amors, e pensaments en plors, e llanguiments en sospirs. E l'amat esguarda's son amic, qui ha per sa amor totes aquestes tribulacions.

---

feniren] acabaren   caec] caigué   enfre] entre   vesibles] visibles
                          ondes] ones

Anava l'amic per munts e per plans, e no podia atrobar
portal per on pogués eixir del carçre d'amor qui llongament
havia tengut en presó son cos, e sos pensaments, desirers e
plaers.

(Llibre d'Amic e Amat)

JAUME I

(Montpeller, 1208-1276)

E veus lo començament que nós faem de passar a Mallor-
ques. E empresem dia que a mitjant maig fóssem tuit a
Salou. E ab aitant partí's la cort, e cada un pensà's d'apa-
rellar-s'hi. E fo pres sagrament de tos los nobles que el
primer dia de maig, fossen a Salou, tots ab tot llur aparella-
ment, per passar a Mallorques, e que no hi fallissen. E aquell
dia fom-hi nós; e estiguem aquí entrò a entrada de setembre
en aguiar lo passatge, e esperant naus e llenys e galees que
ens venien; e per ço esperàvem tant, que l'estol fos complit.
E hac una partida de l'estol de Cambrils, e la major partida,
on nós érem fo en Tarragona, car eren d'aquell lloc. E la
quantitat de l'estol fo aital que hi hac vint-e-cinc naus com-
plides, e divuit tarides, e dotze galees, e entre buces e galiots
cent.
... ...

E moguem lo dimecres, matí, de Salou ab l'oratge de la
terra, car per l'estatge llong que havíem feit, tot vent nos era
bo sol que moure nos pogués de la terra. E quan viren los de
Tarragona e els de Cambrils que l'estol movia de Salou, feren
vela. E faïa-ho bell veer, a aquells que romanien en terra e a
nós: que tota la mar semblava blanca de les veles: tan era
gran l'estol!

(Crònica, § 55-56)

---

carçre] presó   desirer] desitjós   nós] *we*   faem] férem
empresem] fixàrem   tuit] tots   sagrament] jurament
fom-hi] hi fórem   entrò] fins   aguiar] preparar   complit] complert
hac] tingué   feit] fet   sol] sols   viren] veieren   veer] veure

Altra vegada la companya de l'arquebisbe de Narbona hagueren torneig ab los de dins e no sabien la costuma dels sarraïns, que los sarraïns los fugien per tal que els poguessen tirar prop de la vila. E nós veem que la companya de peu s'anagava per ço quan ells fugien; e enviam-los missatge que no els encalçassen, que, si no, los sarraïns los farien gran dan. E ells no se'n volgueren estar per nostre missatge, e ab temor que nós haguem dels qui n'hi moriren —de trenta en sus— can los sarraïns los brocassen, acostam-nos a ells en un cavall que cavalcàvem, e faem-los tirar.

E nós, que ens en tornàvem ab los hòmens, volvem-nos contra la vila a esguardar los sarraïns que havia la companya gran, de fora. Un ballester tirà'ns e, de part lo capell del sol e el batut, donà'ns en lo cap ab lo cairell, del front. E, Déus que ho volc, no traspassà lo test, e eixí'ns bé a la meitat de la testa la punta de la sageta: e nós, ab ira que n'haguem, donam tal de la mà en la sageta, que trencam-la; e eixia'ns la sang per la cara a enjús, e ab lo mantell de cendat que nós aduíem, torcàvem-nos la sang, e veníem rient per tal que la host no se n'esmaiàs.

E entram-nos-en en un reial en què nos posàvem, e en-grossà'ns tota la cara e els ulls, sí que de l'ull, de la part en què nos érem ferit, no poguem veer per quatre o per cinc dies. E quan la cara nos fo deiximflada, cavalcam per tota la host per tal que la gent no fos tota desconortada.

(Cronica, § 266)

---

companya] companyia   costuma] costum   tirar] atraure
veem] veiérem   s'anagava] s'animava   dan] dany
moriren] moririen   en sus] en amunt   can] quan
brocassen] envestissin   volvem-nos] tornàrem-nos
de part] del costat   batut] capell   cairell] *Moorish dart,* sageta
test] testa   cendat] *silk cloth*   aduíem] dúiem
deiximflada] desinflada

RAMON MUNTANER

(Perelada, 1265-1336)

CERTS siats que els bons senyors ajuden als vasalls llurs a fer bons; e sobre tots senyors ho han aquells del casal d'Aragó, que no us diré que sien senyors a llurs vassalls, que ans los són companyons. Que qui pensa los altres reis del món com estan cars e cruus a llurs vassalls, e es pensa hom los senyors del casal d'Aragó quantes gràcies fan a llurs sotmesos, la terra deurien besar que calciguen.

E si negun me demana: "En Muntaner, quines gràcies coneixets vós que fan més los senyors del casal d'Aragó a llurs sotmesos que altres?", io us ho diré:

La primera gràcia és que tenen llurs rics-hòmens, prelats, cavallers, e ciutadans, e hòmens de viles e de mases, mills en veritat e en dretura que neguns altres senyors del món.

D'altra part, que tostemps los donen e els fan moltes gràcies.

D'altra part, que cascun se pot fer major ric-hom que no és, que no ha paor que contra raó e justícia sia a negun res demanat ne llevat; ço que no és així dels altres senyors del món. Per què les gents de Catalunya e d'Aragó viuen pus alts de cor, com se veen així poblats a llur guisa; e null hom no pot ésser bo d'armes, si no és alt de cor.

E, així mateix, encara han ab ells aquest avantatge: que cascun pot parlar ab ells aitant com se meta en cor que parlar hi vulla, e aitantes hores ell escoltarà graciosament, e pus graciosa li respondrà.

E d'altra part que si un ric-hom, cavaller, ciutadà o hom de vila, qui honrat sia, vol maridar sa filla e requer a ells que li facen honor, que hi iran e li faran honor a l'esgleia e lla

---

siats] siguen   ho han] ho fan   estan] són   negun] algú
mills] millor   cascun] cadascú   paor] por   ab] amb
veen] veuen   se meta en cor] desitgi   vulla] vulgui
requer] requereix

on los plàcia. E aital mateix se fan si alcun mor o d'alcun volen fer aniversari, que així hi iran com farien a llurs contirals; e d'açò no façats compte d'altres senyors del món.

D'altra part, a les grans festes, que faran convit a tota bona gent, e menjaran en la presència de tuit e lla on tots aquells que hauran convidats menjaran; ço que los altres senyors del món no fan.

D'altra part, que si ric hom, cavaller, prelat, ciutadà, hom de vila, pagès ne altre natural, lo los tramet fruita o vi o altres coses, que sens tot dubte ho menjaran; e encara pendran en llurs castells, viles, llocs, alqueries, llurs convits, e menjaran de tot ço que els facen aparellar, e dormiran en les cambres que li hauran endreçades.

E d'altra part, que cavalquen tots dies per les ciutats, viles e llocs, e es mostren a llurs pobles. E si un bon hom o fembra pobra los crida: "Senyor, mercè!", que tiraran la regna, e oir-los han, e els daran tantost consell a llur necessitat.

Què us diré? Que tant són bons e graciosos a llurs sotsmesos que llonga cosa seria d'escriure. E per ço los llurs sotsmesos són enflamats de llur amor, que no temen mort per exalçar llur honor e senyoria, ans en res no guarden pont ne palanca, ne en temen a soferir fred ne calor ne nu'll perill. Per què Deus creix e millora en tots feits ells e llurs pobles, e los dòna victòria, e farà d'aquí avant, si a Deu plau, sobre tots llurs enemics.

(Crònica, chapter 20)

Negú no es pens que en Catalunya sia poca província, ans vull que sàpia tothom que en Catalunya ha comunament pus ric poble qu negú poble que io sàpia ne haja vist de neguna província, si bé les gents del món, la major part los fan pobres. Ver és que en Catalunya no ha aquelles gran riquees de moneda de certs hòmens senyalats, que ha en altres terres; mas la comunitat del poble és lo pus benanant que poble del

---

alcun] algú   contirals] iguals   façats] feu   tuit] tothom
ne] ni   sàpia] sàpiga   alberg] casa   io] jo

món, e qui viuen mills e pus ordonadament en llur alberg ab llurs mullers e llurs fills, que poble qui e'l món sia.

D'altra part, vos diré cosa de què us meravellarets, emperò si bé ho encercats, així ho trobarets: que d'un llenguatge solament, de negunes gents no són tantes com catalans. Que si volets dir castellans, la dreta de Castella poc dura e poca és: que en Castella ha moltes províncies qui cascun parla són llenguatge, qui són així departits com catalans d'aragonesos; e si ben catalans e aragonesos són d'un senyor, la llengua llur no és una, ans és molt departida.

... ...

E així io us he dita cosa dels catalans que és vera veritat. E seran molts qui se'n meravellaran e ho tendran en faula, però què es vullen se'n diguen, que així és la veritat.

(*Crònica*, chapter 29)

BERNAT DESCLOT

(XIIIth century)

SENYOR —ço dix En Roger—: saul la vostra honor, io no són pas mal ne esquiu, mas dic-vos encara ço que ja us he dit: que no vull haver treves ab lo rei de França. E quan deits que gran astre he hagut sobre mar un temps, io ho agraesc a Déu, que el m'ha donat; e he esperança que el me darà encara, a defendre lo dret de mon senyor lo rei d'Aragó e de Secília, e carvendre lo tort que pren no degudament. E no em fets reguard quan deits que el rei de França l'altre any armarà tres-cents cos de galeres. Io creu bé que ells les porà armar, aqueixes e més encara; e io, a honor de monsenyor lo rei d'Aragó e de Secília, si el rei de França n'arma tres-centes, io n'armaré cent, sens pus. E quan aquelles cent haja armades, pens-ne d'armar lo rei tres-centes o deu mília si es vol, que no

---

meravellarets] meravellareu   encercats] cerqueu
saul] salvant, respectant   deits] dieu   porà] podrà
sens pus] sens més   mília] mil

[113]

8

em tem que es gosen amb mi atrobar en nenguna part; ne sol
no em pens que galera ne altre veixell gos anar sobre mar
menys de guiatge del rei d'Aragó; ne encara no solament galera
ne lleny, mas no creu que nengun peix se gos alçar sobre mar
si no porta un escut o senyal del rei d'Aragó en la coa, per
mostrar guiatge d'aquell noble senyor lo rei d'Aragó e de
Secília.—

(Crònica del Rei En Pere, chapter 166)

Quan lo rei hac estat tres jorns ab la reina e ab sos enfants
en la ciutat de Messina, despús que la reina fo venguda, e hac
establits sos batllius e sos vicaris per tota la Sicília, sí llur
fou manament que tots faessen lo comandament de la reina e
de son fill en Jacme, així com per ell, e comanà la reina
als hòmens de Messina, e sos enfants. E puis pres comiat de
la reina e de sos enfants e de la gent de Messina, e partíse'n
molt cuitosament, e venc-se'n a Tràpena on eren totes les
sues naus que l'esperaven. E quan fo a Tràpena, ab gran re
de sos barons recolliren-se en les naus, e faeren vela, e tengren
llur via vers Catalunya.

Mas quan foren partits de Tràpena e hagren anat ab llur
bon vent, que foren venguts prop de la illa de Sardenya a
cinquanta milles, sí llur donà lo vent denant a l'encontre,
a que no podien anar a avant en llur dreta via, e era molt fort
temps; sí que el rei ne fo molt irat, per ço cor lo terme era
molt breu, que no havia a anar tro al jorn de la batalla que
devia fer ab lo rei Carles en la ciutat de Bordell, mas de
vint-e-uit jorns. E el rei dix an Ramon Marquet, qui era
capitani de son navili, que li faés venir dues galees, que mester
era que se n'anàs per força de rems, pus lo vent li era en
contra. —Sènyer —ço dix En Ramon Marquet—, què volets
vós fer? Que el temps és molt fort e greu e no és temps per
anar en galees; encara més, que tota la Sardenya és plena de

---

gos] gosi   coa] cua   comanà] encomanà   puis] després
cuitosament] amb pressa   re] nombre   tengren] tingueren
hagren] hagueren   cor] com   tro] fins   galees] galeres
mester] menester   pus] ja que

llenys armats e de males gents; per què io no us consell que us metats a tañ gran aventura—. —Certes —ço dix lo rei— així cové que sia, que ja és escrit ço que en dou ésser, e altre no en serà; ne per res que io pusca fer no romandrà que io no sia al jorn de la batalla—.

(Crònica, chapter 104)

CRÒNICA DE PERE III

(1369-1388)

Nós haguem de consell, de mossèn Bernat de Cabrera, que ens en anàssem secretament e que lleixàssem encórrer les rehenes, que faéssem compte que en batalla los havíem perduts; e en açò acordam. E, per inspiració de Déu, e que trobam de consell que, encorrent les rehenes, seria gran mal, e mal eximpli, que en fe nostra morissen, trobam de consell que molt més valia atorgar tot quant ells volien, que no si les lleixàvem encórrer, pus que per via d'armes ho enteníem defendre. E finalment així es féu: que els atorgam tot quant ells volien. E com ells ho hagueren per atorgat, llicenciam les Corts, e tantost partim-nos-en per anar en Catalunya e per haver gents de cavall e de peu per combatre'ns ab ells. Però, ans que partíssem de Saragossa, les dites rehenes foren lliurades e tornades en nostre poder.

E així mateix, un dia abans que partíssem, requerim los consellers que ens havien donats per la Unió, que ens seguissen, e ells no ens volgueren seguir, dient entre si mateixos, que si ens seguien, com los haguéssem vers Lleida, que matar-los hiem; e per açò no ens seguiren.

E nós partim-nos-en e tenguem nostre camí per anarnos-en en Catalunya. E mentre que fom cavalcats, tots los de la Unió e molts d'altres foren vers nós cavalcants, volents ells delliurar

---

metats] posen   cové] convé   dou] deu   altre] altra cosa
encórrer] perdre   pus que] ja que   eximpli] exemple
delliurar] despatxar, resoldre

ab nós llurs afers. E nós diguem-los: —Vuit mesos ha que som ací, e no ens havets volgut res dir, ni delliurar vostres afers, e ara, com nos en anam, volets delliurar vostres afers; certes, no us poríem ara delliurar—. E, cavalcant, acompanyaren-nos tro a la barca de Gàllego, e allí volien-nos preixivolar. E nós descavalcam e passam la barca, e no esperam lo mul. E com fom passats no esperam lo mul, ans nos en anam a neu tro a la torre del Penyés; e com fom allí, venc-nos lo mul, e cavalcam e tenguem nostre camí. E ells, que ens veren passats, tornaren-se'n, que no hi passà nengú.

E aquell dia mateix nos en anam jaure a Pina; e en l'endemà nos en anam jaure a Campdàsens; e en l'altre dia següent anam-nos-en jaure a Fraga.

E com fom en vista de Fraga, mossèn Bernat de Cabrera nos dix: —Senyor, veets aquell lloc?— E nós li diguem: —Hoc—. —Doncs, de Catalunya és—. E nós en aquella hora diguem: —O terra beneita, poblada de lleialtat! Beneït sia nostre senyor Déus, qui ens ha lleixat exir de la terra rebel e malvada! Maleït sia qui hi mir mal, car així mateix era poblada de lleials persones! Mas bé havem fe en nostre senyor Déu que la tornarem a son estament e punirem aquells qui hi miren mal—.

E com fom en Fraga, allí dormim aquella nit, e l'endemà anam-nos-en a jaure a Lleida. E allí acordam de tenir Corts als catalans, e açò per cor de satisfer-los a tots greuges, e d'acostar-los-nos, per ço que ab l'ajuda llur nós poguéssem destrouir los malvats rebelles de la Unió. E per ço com l'infant En Jacme era poblat allí, tements que alguns de la ciutat, per favor sua, no ens torbassen les Corts, o algun avalot no s'hi mogués, acordam de tener les dites Corts en Barcinona; e així es féu.

E com fom en Barcinona, que començam a tenir les dites Corts, aprés poc temps, venc allí lo dit infant En Jacme, fort mal aparellat de malaltia, en tant que com nós li isquem a

---

preixivolar]importunar   barca de Gàllego]*the Gàllego river ferry-boat*
tro] fins   nengú] ningú   dix] digué   veets] veieu   hoc] si
beneita] beneïda   Barcinona] Barcelona   venc] vingué

rebre'l, com entràvem en la ciutat un hom faïa jocs per ale-
gria, que passava e anava de part a part del carrer per un
fil prim. E nós li diguem: —Frare, veets aquests jocs?— E
ell dix: —Senyor, no veig res—. E tantost com fo en la posa-
da sua gità's en son llit; e a cap d'alguns jorns retè l'ànima
a nostre senyor Déu.

(*Crònica*, book 4)

FRANCESC EIXIMENIS

(Girona, 1340?-1409)

UN gran e famós metge de Papa Innocent moria quaix en
Avinyó, e ell mateix ne negun dels altres metges no hi
sabien dar remei, e donaren-lo tots per mort. E un pescater,
son veí, de nits entrà-se'n per casa del dit metge malalt, qui
era així gros com una bóta de vi. E dix a la muller:

—Pus que tots los metges donen per mort vostre marit, e
ell mateix, volríets que io el guarís?—

Dix la dona que hoc, mas que hom ne demanàs a ell. E
com lo-hi demanassen, dix que li plàia, e que li faés ço que
es volgués. E lo pescater, de nits, trac-lo tot nu.a la serena de
l'aire, e lligà'l en un pilar bé estret, e faïa gran fred; e aquí
ab un manat de vergues primes ell lo baté tant e tant, fins
que lo dit metge, per la congoixa del fred e del batiment, se
soltà tot e gità tota la greixea e tota quanta malanança tenia
al cos. E açò fet, feu-lo posar al llit, e donà-li a beure brou
de gallines velles, e féu-lo menjar, e après dormir; e l'endemà
lo dit metge, tot delgat e prim e guarit, anà per casa.

E vinents los altres metges e veent-lo guarit, meravellaren-se
d'ell, creent que ell mateix se fos guarit ab qualque alta medi-
cina. E ell dix així als altres metges:

---

faïa] feia   fom] fórem   quaix] quasi   ne] ni   negun] ningú
pus] puix   volríets] voldríeu   io] jo   hoc] sí   faés] fes
gità] llença   après] després   delgat] prim

—A la mia fe, companyons, que pleguem d'aquí avant nostres llibres, car tota nostra art no val un diner; e sien nostres mestres les velles e els pagesos e els pescaters, car jo, ab gros ret que he pres, só porgat e guarit de ma malaltia.—

E com los hagués contat lo procés que li havia tengut lo pescater, foren fort meravellats, dient:

—Déus nos enseny medicina, pus que nostra art no pot!—

(Dotzè llibre del *Crestià*)

BERNAT METGE

(Barcelona, 1350?-1413)

E<small>N</small> lo pus alt lloc d'una gran muntanya plena de selves, sobre lo mar, ha una gran obertura, que a tothom mostra ample camí. L'entrada no és escura ne clara de tot; aprés de la qual troba hom gran espai, apte a resebre tot l'humanal llinatge. L'entrar no és de treball, més l'eixir és impossible sinó a aquells que Déu ordona que n'isquen, segons que per avant oiràs dir.

En una part separada d'infern ha un lloc fort tenebrós, ab calija espessa, d'on neix un riu apellat Aqueront, e d'aquest neix un estany d'aiga, apellat Estix; los quals guarda Caront, fort vell, ab los pels blancs, llargs e no pentinats, ab los ulls flamejants, abrigat d'un mantell fort sutze e romput. Lo qual ab una petita barca passa les ànimes de l'altra part, metent aquelles dins la dita barca per força, e cridant: "Passats, ànimes, a les tenebres infernals, on soferrets fred e calor inestimable; e no hajats esperança de veure jamai lo cel". E apenes n'ha passada una barcada, lleixa-la a la riba entre molta sutzura; e encontinent torna per altra, e jamés no cessa. Prop la dita riba ha una molt gran caverna, la porta de la qual guarda

---

escura] obscura   resebre] rebre   isquen] surtin
per avant] més endavant   apellat] anomenat   aiga] aigua
sutze] brut   meteent] ficant   soferrets] sofrireu
hajats] tingueu   leixa-la] deixa-la   jamés] jamai

Cèrberus, qui ha tres caps de ca e ab grans lladraments espanta, tormenta e devora tot ço que devant li ve.
... ...

Aquí estan semblantment aquells qui han traïda la pàtria, e l'han subjugada a tirans, o per pecúnia han ordonades e retractades lleis, ordinacions e estatuts no degudament, e qui han jagut carnalment ab llurs filles e cosines. Altres meten contínuament aiga en veixells qui no han fons, e cuiden-los omplir, e treballen en va e no poden, per tal com han desitjat mort d'altre e anhelat a aquella, jatsia no hagen pogut llur desig complir. Altres van com a orats e furiosos, corrent e cridant contínuament, per tal com per complir llur foll voler mataren llurs fills. Altres són cecs e sens ulls e tenen devant taules ben parades, ab molta bona vianda, e venen arpies, qui són ocells ab cares de donzelles e ab peus de gall, que los lleven les viandes devant, e puis ensutzen-los les taules, per tal com vivent eixorbaren e maltractaren llurs fills, per complaure a llurs mullers, madrastres d'aquells.

(*Lo somni,* llibre III)

JOAN MARTORELL

(XVth century)

EN la fèrtil, rica e delitosa illa d'Anglaterra habitava un cavaller valentíssim, noble de llinatge e molt més de virtuts, lo qual per la sua gran saviesa e alt enginy havia servit per llong temps l'art de cavalleria amb grandíssima honor, la fama del qual en lo món triomfava, nomenat lo comte Guillem de Varoic. Aquest era un cavaller fortíssim qui en sa viril joventut havia experimentada molt la sua noble persona en l'exercici de les armes, seguint guerres així en mar com en terra, e havia

---

puis] després   eixorbaren] llevaren els ulls   llong] llarg
Varoic] Warwick

portades moltes batalles a fi. Aquest s'era trobat en set batalles campals on hi havia rei o fill de rei, e una de deu mília combatents ensús, e era entrat en cinc llices de camp clos, u per u, e de tots havia obtesa victòria gloriosa.

... ...

Tirant, aprés que fon partit de la ciutat de Londres ab sos companyons, fon en record de la promesa que havia feta al pare ermità, e essent prop d'aquella part on ell habitava, dix a sos companyons:

—Senyors germans, a mi és forçat de passar per lo pare ermità.—

E tots los de la companyia lo pregaren que poguessen anar ab ell, perquè tenien molt desig d'haver notícia de la santedat de l'ermità, e Tirant fon molt content e tots prengueren lo llur camí devers l'ermita e en aquella hora que ells venien l'ermità estava davall l'arbre dient ses hores.

Com l'ermità veu tanta gent venir estigué admirat quina gent podia ésser. Tirant se fon mès primer de tots los altres e com fon prop d'ell descavalcà, e tots los altres ab ell, e acostaren-se ab humilitat profunda a l'ermità, fent-li gran reverència de genoll, fent-li l'honor que mereixedor era, e Tirant li volgué besar la mà e tots los altres, e ell no ho volgué comportar.

E l'ermità, així com aquell qui era molt pràctic e cortesà, los féu molta honor, abraçant-los a tots, e prega'ls per gentilesa se volguessen seure en l'herba prop d'ell; e ells respongueren que ell se volgués seure, que ells tots estarien de peus, mas lo valerós senyor no ho volgué consentir ans los féu seure a tots prop d'ell. Com tots foren asseguts estigueren tots esperant que l'ermità parlàs. L'ermità, coneixent l'honor que li feien, féu principi a tal parlar.

(*Tirant lo Blanc*)

---

mília] mil   ensús] en amunt   fon] fou   més] meté, ficà   parlàs] parlés

"CURIAL E GÜELFA"

A mesquina e desventurada Enveja! A, vella, falsa e sens
algun bé! Com vens, ab la cara magra, tota rugada, los
ulls lagrimosos e lo cap tremolós, a metre't dins los ossos
d'aquests dos vells? E què t'ha fet aquell valent cavaller, o
quina rahó has de maltractar-lo? Vejam quin profit te ve
d'aquesta tua dampnada e avorrible condició. Com no penses
que encara que Curial caigués del estat en què és, tu no te'n
milloraries de una agulla, car les virtuts sues no es mudarien
en tu, ne li series successora en los béns ne en les victòries?

O, bé és mesquina e cativa condició la tua, que no apro-
fites a tu, ne a altre, e tots temps treballes sens profit! Dius
que t'alegras e has plaer en haver nogut a aquell? No pots
pensar que per ventura serà pus odiós a tu son successor, en
manera que tu no guarescas d'aquexa avorrible malaltia, ans
tots temps de mal en pijor vages? Respon-me: quin bé se seguí
a tu en fer lançar los àngels del cel, en fer pecar lo primer
pare, e tants altres e tan grans mals com per causa tua se són
seguits?

(Curial e Güelfa, llibre II; anonymous romance of
Chivalry, XVth Century)

JOAN MARGARIT

Cardinal and Bishop of Girona
(1421-1484)

*Speech delivered in the Parliament of Barcelona,
6th October 1454*

S ENYOR molt alt e molt excel·lent.
Llegim en los llibres de *Esdre, Neomias,* estant davant
lo rei Arfaxat, ésser trist e plorós; interrogat per lo rei per

---
lagrimosos] llagrimosos   rahò] raó   vejam] vegem
sues] seves   cativa] pobre   tua] teva
nogut] perjudicat   guarescas] guareixis   pijor] pitjor
lançar] llançar

[121]

quina causa estava així, com no fos malalt, dix no ésser sens
causa, com grans dies e anys hagués plorada la desolació de
la sua gent e de la terra on sos pares havien sepultura. Així,
senyor, aquest poble de Catalunya, estant davant la vostra
majestat trist e quasi plorós, espera oir de vós què és aquesta
tristor. E respondrà-us que no és sens causa, car diu que
aquesta és ja benaventurada, gloriosa e fidelíssima nació de
Catalunya, qui per lo passat era temuda per les terres e les
mars: aquella qui ab sa feel e valent espasa ha dilatat l'imperi
e senyoria de la casa d'Aragó; aquella conquistadora de les
illes Balears e regnes de Mallorques e de València, llançats los
enamics de la fe cristiana; aquella Catalunya qui ha con-
quistades aquelles grans illes de Itàlia, Sicília e Sardenya, les
quals los romans en llurs primeres batalles ab los cartaginesos
tan trigaren conquistar e en les quals arbitraven estar gran e
la major part de llur estat; aquella qui aquelles vetustíssima
e famosíssima Atenes, d'on és eixida tota elegància, eloqüèn-
cia e doctrina dels grecs, e aquella Neopàtria, havia conver-
tides en sa llengua catalana; aquella Catalunya qui diversos
reis veïns, de França e Espanya, e altres, ha tots fugats e per-
seguits e mesos a total extermini; aquella Catalunya qui sots lo
rei en Pere, llavors regnant, s'és defesa contra tots los prínceps
del món, cristians e moros, los quals tots li foren enamics.
Per los quals e altres singulars mèrits, que comptar seria su-
perfluïtat, aquell bon rei en Martí, en la cort de Barcelona coro-
nà la dita nació e li apropià per les sues singulars fidelitats
aquell dit del psalmista: *Gloriosa dicta sunt de te, Catalònia.*

Ara, senyor molt excel·lent, se veu totalment roïnada e
perduda per la l'absència del seu gloriós príncep e senyor, lo
senyor rei.

... ...

E creu, senyor, aquesta quasi vídua nació de Catalunya
que per la sua innada fidelitat meresca de vostra majestat e
de tot altre senyor ésser ben tractada. Ni es deu algú mera-
vellar si aquesta dita fael nació, ultra totes altres, crida la

_____

feel] fidel   enamics] enemics   defesa] defensada

[122]

conservació de sos privilegis, així com aquella qui els ha guanyat ab sa fidelíssima aspersió de sang e en aquesta sua inmaculada fidelitat; no havent por de què, ultra los altres innumerables mèrits, se us diga nació alguna de Asia, Africa, ne Europa, vint e tres anys pogués per una dona, sens força d'armes ne munició de castells, ésser estada així inmaculadament e pacífica governada.

EPISTOLARY

Letter written by Pere Bou to Narcís Gili, a Barcelona notary, dated 10th June 1476

Cosí: Moltes voltes vos he escrit e no m'haveu respost: bé és ver que lletra mia e altra vostra se són perdudes per lo camí, e així vos dic, com vos escrivia, que he molt desig de veure-us e parlar de profits e bé de cascú. Io us volia trametre alguns draps e per dubte de lladres no he gosat.

Item com crec sabeu, en P. o Gaspar Anglada, de Sant Joan les Abadesses, vos devia dar dos draps o més per mi; no sé si els haveu rebuts, per què vos prec m'escriscau què n'és.

Si Déu nos dava pau e treva, io us iria veure. Recomanau-me a la mare, sor e oncle, e escriviu-me prest per dues o tres lletres, e rebré'n qualcuna. E sia Jesús ab tots. Escrita en Perpinyà, a deu de juny, setanta sis.

Fifteenth century love letter, anonymous

No m'ha volgut consentir la voluntat sinó que us declaràs quant vos ame; e pus que no puc per mi, faç-ho per aquest escrit, per lo qual vos certific sou aquella per la cual só vençut en aquesta terra. E bé trobara plaer de no haver-vos coneguda per vós tanta pena donar-me.

---

escriscau] escrigueu   sor] germana   prest] prestament
qualcuna] alguna

Si fos la mia ventura que en aqueixa casa no estiguésseu, hauria plaer de parlar-vos, mas pus no puc, hauré-us a molta gràcia de saber la vostra voluntat per vostra lletra. E no us excuseu de tan poc fer per lo meu, pus que per vós faré tot lo possible. E comanme en vostra mercè.

Del que està en pena mortal esperant vostra resposta, A.

De l'apassionat e mort si doncs no el socorreu, A.

AUSIÀS MARCH

(València, 1397?-1459)

PREN-ME'N així com al patró que en plaja
té sa gran nau, e pensa haver castell,
veent lo cel ésser molt clar e bell
creu fermament d'una àncora assats haja,
e sent venir sobtós un temporal
de tempestat e temps incomportable,
fa son juí que si molt és durable,
cercar los ports, més que aturar li val.

Mes a les veus és lo vent fortunal,
tant que no pot sortir sens lo contrari,
e cella clau qui ens tanca dins l'armari
no pot obrir aquell mateix portal.
Així m'ha pres, trobant-me enamorat
per sobresalt qui em ve de vós, ma aimia:
del no amar desalt ne té la via,
mas un sol pas meu no hi serà trobat.

Menys que lo peix és en lo bosc trobat
e los lleons dins l'aigua han llur sojorn,
la mia amor per null temps pendrà torn,
sol coneixent que de mi us doneu grat:
e fiu de vós que em sabreu bé conèixer,

---

mas] mes   comanme] encomaneu-me   pren-me'n] em passa, m'esdevé
veent] veient   assats haja] prou hagi   cella] aquella   desalt] disgust

e conegut no em serà mal graïda,
tota dolor havent per vós sentida,
lladoncs veureu les flames d'amor crèixer.

Si mon voler he dat mal aparèixer,
creeu de cert que ver Amor no em lluny,
pus que lo sol és cald al mes de juny,
ard mon cor flac sens algun grat merèixer.
Altre sens mi d'açò mereix la colpa:
vullau-li mal, com tan humil servent
vos té secret per son defalliment:
Cest és Amor que mi amant encolpa!

Ma Volentat ab la Raó s'encolpa
e fan acord, la qualitat seguint,
tals actes fent que el cos es defallint
en poc de temps una gran part de polpa.
Lo poc dormir magresa al cos m'acosta,
dobla'm l'enginy per contemplar Amor.
Lo cos molt gras trobant-se dormidor
no pot dar pas en aquesta aspra costa.

Plena de seny, donau-me una crosta
del vostre pa qui em lleve l'amargor;
de tot menjar m'ha pres gran desabor,
sinó d'aquell qui molta amor me costa.

JAUME ROIG

(València, 1401-1478)

Eⁿ aquell any
    mossèn Company,
valent confrare,
ell e lo pare
d'en Remolins

eren veïns,
antic prevere.
La de sant Pere
missa oïda,
un jorn me crida,

---

lladocs] llavors   ard] crema   colpa] culpa   graïda] agraïda
                cest] ell

dix-me: —Monssènyer,
jo us vull bé strènyer,
mas perdonau,
No ignorau
que'l casament
és sagrament
per Déu manat
e ordenat
dins Paraís.
Per ço us avís
per caritat.
Ja la mitat
teniu del temps;
a veles, rems,
vos ve vellea;
dot ni riquea
no us deu torbar;
jo us vull trobar
muller barbuda,
una tenguda
en gran estima.
Hui és la cima
entr'enviudades,
lo món ausades
cercar poríeu,
no trobaríeu
més fes per vós;
ha trenta-e-dos
anys temps complit,
d'altre marit
és ja usada,
dona trencada
amb mi's confessa,
jo sé s'andreça.

Es guanyadora,
gran manadora,
tot ho sap dir;
no vol cosir
car prest exorba,
perquè'l cap torba,
ni debanar;
per no sullar
mans de saliva,
filosa esquiva;
mas tix bé vetes
de seda estretes
e té hi gran pressa:
cert una peça
tix cascun mes;
poa dinés,
mai s'envernissa.
Ou sovint missa;
és en la Séu.
Sabeu on seu?
Davall la trona.
Es cosa bona.
Voleu-la veure?
No'n podeu beure
en carabassa.
Aquesta abraça
hui los majós;
dels regidós
sereu parent,
en regiment
de fet caureu,
per ell'haureu
tots los oficis
e beneficis

---

molt prestament.
De cert no us ment;
jur-vos per Déu,
qui vist haveu
hui en mes mans,
com bons germans
abdós viureu.
Anem, veureu,
creu-me, veniu. —
De fet la viu
prou rebedora
e passadora;

fui-ne calent,
semblant, valent,
e fet per mi.
Tantost fermí
lo maridatge.
Aquest potatge
lo capellà
lo tornellà.
Fon socarrat;
ell enganat
me enganà.

(*Llibre de les dones,* segon llibre, tercera part)

JORDI DE SANT JORDI

(València, early XVth century)

Comiat de Mossèn Jordi, cavaller

Sovint, sospir, dona, per vós de lluny,
e sospirant va creixent ma follia
de vostra amor que així fort me puny
e em gira gauig en gran malencolia.
Can me recort del vostre departir
cessar me ve de vostra bella vista,
e del comiat que prendrai al partir,
tant que tristor m'assauta i em conquista.

Certes, bé sai que em valgra més morir
—com fec sant Péire o sant Joan Baptista—
a crusel mort, que en aicest punt venir
de veure tal cerimònia trista.
Que del pensar-ne perd sauber e seny,

---

tornellà] lligà   socarrat] cremat   gauig] goig   can] quan
prendrai] prendré   sai] sé   valgra] valgui   crusel] cruel
aicest] aquest

[127]

e vau com folls, parlant en oradura
ab mi meseis, e si algú diu que em seny
eu li respon rasó fora mesura.

Mas fina amor eres tan fort m'estreny,
ans del partir no vull en tal pressura
metre mos ulls, car no em valdria seny,
arts ne saber; mas pus que és ma ventura
que així forçat m'hau de vós allunyar,
lo comiat prenc eu per tota vegada
del vostre cors, bell e linde sens par,
e llais mon cor en la vostra posada.

Oh Déu! e com porai de mort campar
can me veurai sols, ab pensa torbada,
en un vaixell de fust llai en la mar,
absent de vós, llunyats d'esta contrada.
Si recordeu que em serai tan llunyats
del país dolç on votre cors habita,
lladoncs morís si com desesperats
malesint mi, fortuna e mala dita.

A Déu coman, bella, vostres beutats,
vostre capteny que tots mals foragita;
A Déu coman, a vós que el món honrats,
que al mig del cor portats honor escrita;
a Déu coman vostre amorós esguard
ab què em trasqués lo cor d'on se devisa;
a Déu vos don, eres, puix que eu m'apart
de la mellor que mai vestís camisa.

---

meseis] mateix   eu] jo   rasó] raó   cors] cos   porai] podré
malesint] maleïnt

PERE SERAFÍ

(Barcelona, XVIth century)

Cançó

SI em lleví de bon matí
  i aní-me'n tota soleta
i entri-men'n dins mon jardí
de matinet,
l'aire dolcet, la fa rira riret
per collir la violeta:
ai lasseta, què faré
ni què diré?
Valga'm Déu que estic dolenta
l'Amor és que m'aturmenta.

A mon dolç amat trobí
adormit sobre l'herbeta,
despertà's dient així,
de matinet
l'aire dolcet, la fa rira riret,
si vull ésser sa 'mieta:
ai lasseta, què faré
ni què diré?
Valga'm Déu que estic dolenta,
l'Amor és que m'aturmenta.

Jo li en respunguí que sí,
mas que no fos sentideta,
ai que tant pler mai prengui
de matinet,
l'aire dolcet, la fa rira riret,
que restí consoladeta:
ai lasseta, què faré
ni què diré?
Valga'm Déu que estic dolenta,
l'Amor és que m'aturmenta.

[129]

9

Cançó del comte l'Arnau

Tota sola feu la vetlla,   muller lleial?
    Tota sola feu la vetlla,   viudeta igual?
—No la faig jo tota sola,   comte l'Arnau;
no la faig jo tota sola,   valga'm Déu, val.
—Qui teniu per companyia,   muller lleial!
Qui teniu per companyia,   viudeta igual?
—Déu i la Verge Maria,   comte l'Arnau;
Déu i la Verge Maria,   valga'm Déu, val.
—On teniu les vostres filles,   muller lleial?
On teniu les vostres filles,   viudeta igual?
—A la cambra són, que broden,   comte l'Arnau;
a la cambra són que broden,   seda i estam.
—Me les deixaríeu veure,   muller lleial?
Me les deixaríeu veure,   viudeta igual?
—Massa les espantaríeu,   comte l'Arnau;
massa les espantaríeu,   valga'm Déu val.
—On teniu els vostres mossos,   muller lleial?
On teniu els vostres mossos,   viudeta igual?
—A la pallissa que dormen,   comte l'Arnau;
a la pallissa que dormen,   valga'm Déu, val.
—Pagueu-los bé la soldada,   muller lleial;
ja veieu les meves penes,   viudeta igual.
—Així que l'hauran guanyada,   comte l'Arnau;
així que l'hauran guanyada,   valga'm Déu val.
—Per on heu entrat vós ara,   comte l'Arnau?
Per on heu entrat vós ara,   valga'm Déu val?
—Per la finestra enreixada,   muller lleial;
per la finestra enreixada,   viudeta igual.
—Ai, que me l'haureu cremada,   comte l'Arnau!
Ai, que me l'haureu cremada, valga'm Déu, val!
—Ni tan sols us l'he tocada,   muller lleial;
ni tan sols us l'he tocada, viudeta igual.
—Què és això que us surt del cap,   comte l'Arnau?
Què és això que us surt del cap,   valga'm Déu, val?

—Males coses que he pensades,   muller lleial;
males coses que he pensades,   viudeta igual.
—Què és això que us ix pels ulls,   comte l'Arnau?
Què és això que us ix pels ulls,   valga'm Déu, val?
—Són les males llambregades,   muller lleial;
són les males llambregades,   viudeta igual.
—Què és això que us ix pels nassos,   comte l'Arnau?
Què és això que us ix pels nassos,   valga'm Déu, val?
—Són les coses que he olorades,   muller lleial;
són les coses que he olorades,   viudeta igual.
—Què és això que us ix per la boca,   comte l'Arnau?
Què és això que us ix per la boca,   valga'm Déu, val?
—Són les males paraulades,   muller lleial;
són les males paraulades,   viudeta igual.
—Què us ix per les orelles,   comte l'Arnau?
Què us ix per les orelles,   valga'm Déu, val?
—Males coses que he escoltades,   muller lleial;
males coses que he escoltades,   viudeta igual.
—Què és això que us ix pels braços,   comte l'Arnau?
Què és això que us ix pels braços, valga'm Déu, val?
—Son les males abraçades,   muller lleial;
són les males abraçades,   viudeta igual.
—Què és el que us ix per les mans,   comte l'Arnau?
Què és el que us ix per les mans,   valga'm Déu, val?
—Males coses que he tocades,   muller lleial;
males coses que he tocades,   viudeta igual.
—Què és això que us ix pels peus,   comte l'Arnau?
Què és això que us ix pels peus,   valga'm Déu, val?
—Els mals passos que donava,   muller lleial;
Els mals passos que donava,   viudeta igual.
—Què és aquest soroll que sento,   comte l'Arnau?
Què és aquest soroll que sento,   que em dóna espant?
—Es el cavall que m'espera,   muller lleial;
és el cavall que m'espera,   viudeta igual.
—Baixeu-li grana i civada,   comte l'Arnau;
baixeu-li grana i civada,   valga'm Déu, val.
—No menja gra ni civada,   muller lleial;

sinó ànimes damnades,   si n'hi donau.
—On vos han donat posada,   comte l'Arnau?
On vos han donat posada,   valga'm Déu val?
—A l'infern me l'han donada,   muller lleial;
a l'infern me l'han donada,   viudeta igual.
—Per què allí us-e l'han donada,   comte l'Arnau?
Per què allí us-e l'han donada,   valga'm Déu val?
  Per soldades mal pagades   muller lleial·
i donzelles deshonrades,   viudeta igual.
—Cada dia us faig l'oferta,   comte l'Arnau;
cada dia us faig l'oferta,   valga'm Déu, val.
—Vos dic no em feu pas l'oferta,   muller lleial;
vos dic no em feu pas l'oferta,   viudeta igual;
que com més me feu l'oferta,   més pena em dau.
Feu-ne tancar aquella mina,   muller lleial,
feu-ne tancar aquella mina,   viudeta igual,
que dóna al convent de monges   de Sant Joan.
Quina hora és, que el gall ja canta,   muller lleial?
Quina hora és, que el gall ja canta,   viudeta igual?
—Les dotze hores són tocades,   comte l'Arnau;
les dotze hores són tocades,   valga'm Déu, val.
—Ara, per la despedida,   muller lleial;
ara, per la despedida,   dem-nos les mans.
—Massa me les cremaríeu,   comte l'Arnau;
massa me les cremaríeu,   valga'm Déu, val.—

La dama d'Aragó

A Aragó n'hi ha una dama
  que és bonica com un sol.
Té la cabellera rossa,
li arriba fins als talons.
    Anna Maria,
robadora de l'amor;
    ai de l'amor!
Sa mare la pentinava
amb una pinteta d'or.
Son germà se la mirava

amb un ull molt amorós.
Se la mira i se l'emporta
a la fira de Lió.
De tants anells que li compra,
li cauen del mocador.
—Germà germà, anem a missa,
anem a missa major.—
En prenent aigua beneita,
la pica es torna de flors.
Quan és al mig de l'església
els altars relluen tots.
Capellà que en diu la missa
n'ha perduda la lliçó;
escolà que l'ajudava
no li sap tornar raó.
De qui és aquella dama
que llança tant esplendor?
N'és filla del rei de França,
germana del d'Aragó;
i si a cas no em voleu creure
mireu-li lo sabató;
veureu les tres flors de lliri
i les armes d'Aragó.

BONAVENTURA CARLES ARIBAU

(Barcelona, 1798-1862)

A la pàtria

A DÉU-SIAU, turons, per sempre adéu-siau,
o serres desiguals que allí en la pàtria mia,
dels núvols e del cel de lluny vos distingia,
per lo repòs etern, per lo color més blau.
Adéu, tu, vell Montseny, que des ton alt palau,
com guarda vigilant, cobert de boira e neu,
guaites per un forat la tomba del jueu,
e al mig del mar immens la mallorquina nau.

Jo ton superbe front coneixia llavors,
com conèixer pogués lo front de mos parents;
coneixia també lo so de tos torrents,
com la veu de ma mare o de mon fill los plors.
Mes, arrencat després per fats perseguidors,
ja no conec ni sent com en millors vegades;
així d'arbre migrat a terres apartades,
son gust perden los fruits e son perfum les flors.

¿Què val que m'haja tret una enganyosa sort
a veure de més prop les torres de Castella,
si el cant del trobador no sent la mia orella,
ni desperta en mon pit un generós record?
En va a mon dolç país en ales jo em transport,
e veig del Llobregat la platja serpentina,
que, fora de cantar en llengua llemosina,
no em queda més plaer, no tinc altre conhort.

Plau-me encara parlar la llengua d'aquells savis
que ompliren l'univers de llurs costums e lleis,
la llengua d'aquells forts que acataren los reis,
defengueren llurs drets, venjaren llurs agravis.
¡Muira, muira l'ingrat que, al sonar en sos llavis
per estranya regió l'accent natiu, no plora,
que, al pensar en sos llars, no es consum ni s'enyora
ni cull del mur sagrat la lira dels seus avis!

En llemosí sonà lo meu primer vagit,
quan del mugró matern la dolça llet bevia;
en llemosí al Senyor pregava cada dia,
e càntics llemosins somiava cada nit.
Si, quan me trobo sol, parl' amb mon esperit,
en llemosí li parl' que llengua altra no sent,
e ma boca llavors no sap mentir ni ment,
puig surten mes raons del centre de mon pit.

Ix, doncs, per a expressar l'afecte més sagrat
que puga d'home en cor gravar la mà del cel,
oh llengua a mos sentits més dolça que la mel,

que em tornes les virtuts de ma innocenta edat.
Ix, e crida pel món que mai mon cor ingrat
cessarà de cantar de mon patró la glòria;
e pàssia per ta veu son nom e sa memòria
als propis, als estranys, i a la posteritat.

JOAQUIM RUBIÓ I ORS

(Barcelona, 1818-1899)

Lo gaiter del Llobregat

Si et donàs la sua corona
   un rei i el ceptre de plata,
i son mantell d'escarlata,
i son trono engalanat,
gentil gaiter, deixaries
per a ser rei tes balades,
tes muntanyes regalades
i ton joiós Llobregat?

Si et prometés un rei moro
perles riques i galanes,
i son bordell de sultanes,
i son palau encantat,
joiós gaiter, olvidaries
t'airosa i fresca cabanya,
ton llit de fulles que banya
lo caudalós Llobregat?

Si et regalés, gaiter, un màgic
sos castells de núvols blaus,
i sos follets i palaus
d'estrelletes esmaltats,
olvidaries per ells
les neus, les boires, los rius,
les fresques nits dels estius,
les nines del Llobregat?—

—No, nineta, pus més val
ma gaita de drap vermell
i mon capot, que el mantell
de un rei, de perles brodat:
pus més que els palaus moriscos
val ma cabanya enramada
ab les flors que ma estimada
roba, al matí, al Llobregat.

I més que los castells màgics
de núvols blaus, Montseny val
ab ses roques de coral,
i ab son front altiu nevat;
i molt més les nits de hivern
en que nos sorprén lo jorn
referint del foc entorn
històries del Llobregat.

Pus per més que li donàs
un rei son ceptre de plata,
i son mantell d'escarlata,
i son trono engalanat,
deixaria, hermosa nina,
de ser rei per ses balades
i muntanyes regalades
lo gaiter del Llobregat.—

TEODOR LLORENTE

(València, 1836-1911)

Vora el barranc dels Algadins

Vora el barranc dels Algadins
  hi ha uns tarongers de tan dolç flaire,
que, per omplir d'aroma l'aire,
no té lo món millors jardins.
Allí hi ha un mas, i el mas té dins
volguts records de ma infantesa;

per ells jo tinc l'ànima presa,
vora el barranc dels Algadins.

Vora el barranc dels Algadins
s'alcen al cel quatre palmeres;
lo vent, batent ales lleugeres,
mou son plomall i els seus troncs fins.
En ells, millars de teuladins,
fan un soroll que el cor encisa.
Qui ouir pogués sa xillerissa,
vora el barranc dels Algadins!

Vora el barranc dels Algadins
l'aigua corrent los camps anega;
en sos espills lo sol llampega,
i trau l'arròs verdosos brins.
Sona el tic-tac en los molins,
i, al caure el sol, caçadors destres
a joca van d'ànecs silvestres
vora el barranc dels Algadins.

Vora el barranc dels Algadins
mourà demà les palmes l'aire,
li donaran els horts son flaire
i sa cantúria els teuladins.
Lo mas demà guardarà dins
dolços records e imàgens belles;
jo no podré gojar ja d'elles
vora el barranc dels Algadins.

JACINT VERDAGUER

(Folgaroles, 1845-1902)

La mort de l'escolà

A Montserrat tot plora,
tot plora d'ahir ençà,
que allí a l'Escolania

s'és mort un escolà.
L'Escolania, oh Verge!,
n'és vostre colomar.
A aquell que ahir us cantava,
qui avui no el plorarà?

Dins una blanca caixa
mirau que hermós està;
n'upur un lliri d'aigua
que acaben de trencar.
Té el violí a l'esquerra
que solia tocar;
lo violí a l'esquerra,
l'arquet a l'altra mà.
Sos companyons de celda
lo duen a enterrar.
Lo rossinyol refila,
refila més enllà;
quan veu l'Escolania,
calla per escoltar.
Lo cant de les absoltes
lo venen d'assajar;
lo primer vers que canten,
del cel sembla vessar;
el segon vers que canten,
se posen a plorar.
Lo mestre de la cobla
los aconhorta en va,
les fonts tornen rieres,
les rieretes mar.
Los monjos també ploren,
sols canta un ermità,
sentint cantar los àngels
i amb ells lo nou germà,
aucell que obre les ales
i cap al cel s'en va.

Mentre ell canta pels aires,
son violí tocà.

Fulcite me floribus

COBRIU-ME de flors,
    que d'amor me moro;
cobriu-me de flors,
que'm moro d'amors.

Les flors que ací creixen,
mes ai! no'm goreixen,
que sols ho farien,
si per mi florien
les de l'estelada
que, en suau rosada,
damunt sa estimada
fa ploure l'Espòs.

Cobriu-me de flors,
que d'amors me moro;
cobriu-me de flors,
que'm moro d'amors.

La Rosa de Jericó

EN sa cambreta humil
    pregant està Maria,
Maria està pregant
mentre lo món dormia.
Lo sol a l'orient
per veure-la sortia,
Ella no el mira, no,
sol més bonic somnia,
lo sol que està esperant
mai més se li pondria.

En son clavelliner
un roseret tenia,
roser de Jericó
que poncellar volia.
Sola regor que beu
de sos ullets venia,

quan Ella mira el cel
de llum si en baixaria.

Un Àngel n'ha baixat
dient-li: —Ave Maria,
lo Senyor és amb Vós
i amb tots homes sia.—
La Verge li respon:
—Sa voluntat és mia;
sa esclava la té ací
que el cor li donaria.—

Sobre ella un blanc Colom
ses ales estenia,
amb la claror del Verb
la Verge resplendia.
Lo món s'omple de llum,
el cel de melodia,
i al test del finestró
la Rosa mig s'obria.

Desvetlla't oh Betlem,
enrama l'Establia,
guarneix-la com pitxer
amb or i pedreria,
que en tu Jericó
La Rosa floriria.

JOAN ALCOVER

(Palma de Mallorca, 1854-1926)

Desolació

Jo só l'esqueix d'un arbre, esponerós ahir,
  que als segadors feia ombra a l'hora de la sesta;
mes branques una a una va rompre la tempesta,
i el llamp fins a la terra ma soca migpartí.

Brots de migrades fulles coronen el bocí
obert i sense entranyes, que de la soca resta ;
cremar he vista ma llenya ; com fumerol de festa,
al cel he vist anar-se'n la millor part de mi.

I l'amargor de viure xucla ma rel esclava,
i sent brostar les fulles i sent pujar la saba,
i m'aida a esperar l'hora de caure un sol conhort.

Cada ferida mostra la pèrdua d'una branca ;
sens mi, res parlaria de la meitat que em manca ;
jo visc sols per a plànyer lo que de mi s'és mort.

MIQUEL COSTA I LLOBERA

(Pollença, 1854-1922)

El pi de Formentor

Mon cor estima un arbre ! Més vell que l'olivera,
més poderós que el roure, més verd que el taronger,
conserva de ses fulles l'eterna primavera,
i lluita amb les ventades que assalten la ribera,
        com un gegant guerrer.

No guaita per ses fulles la flor enamorada,
no va la fontanella ses ombres a besar ;
mes Déu ungí d'aroma sa testa consagrada
i li donà per terra l'esquerpa serralada,
        per font la inmensa mar.

Quan lluny, damunt les ones, renaix la llum divina,
no canta per ses branques l'aucell que encativam ;
el crit sublim escolta de l'àguila marina,
o del voltor que passa sent l'ala gegantina
        remoure son fullam.

Del llim d'aquesta terra sa vida no sustenta ;
revincla per les roques sa poderosa rel ;
té pluges i rosades i vents i llum ardenta ;

i, com un vell profeta, rep vida i s'alimenta
de les amors del cel.

Arbre sublim. Del geni n'és ell la viva imatge:
domina les muntanyes i aguaita l'infinit;
per ell la terra és dura, mes besa son ramatge
el cel que l'enamora, i té el llamp i l'oratge
per glòria i per delit.

Oh! sí: que quan a lloure bramulen les ventades
i sembla entre l'escuma que tombi el seu penyal,
llavors ell riu i canta més fort que les onades,
i, vencedor, espolsa damunt les nuvolades
sa cabellera real.

Arbre, mon cor t'enveja. Sobre la terra impura,
com a penyora santa duré jo el teu record.
Lluitar constant i vèncer, reinar sobre l'altura,
i alimentar-se i viure de cel i de llum pura...
Oh vida! Oh noble sort!

Amunt, ànima forta! Traspassa la boirada
i arrela dins l'altura com l'arbre dels penyals.
Veuràs caure a tes plantes la mar del món irada,
i tes cançons tranquiles 'niran per la ventada
com l'au dels temporals.

JOAQUIM RUYRA

(Girona, 1858-1939)

La lliçó d'En Prat de la Riba

Jo vaig conèixer l'egregi patrici en l'esclat de la seva joventut,
quan tot just acabava d'eixir de les aules universitàries. Ell
i dos altres joves, avui també il·lustres, em foren presentats a
can Verdaguer i Callí, on jo solia concórrer com a modest
col·laborador de l'antic setmanari "La Veu de Catalunya".
Allí vaig sentir-los i varen causar-me un efecte d'esverament;
car, parlaven de política pràctica i, pels plans gegantins que

es proposaven, van semblar-me els més iŀlusos somniadors que fins aleshores mai hagués escoltat. Volien crear un gran rotatiu, conquistar l'opinió catalana, organitzar políticament el nostre poble, envair els Ajuntaments i les Diputacions, fomentar la literatura, l'art i la riquesa material del nostre país, transformar, en una paraula, Catalunya; i això de pressa, de pressa, tot albirant-la mentrestant al lluny del temps com una futura Bèlgica mediterrània. Un somni! Un bell somni! Però ells el creien realitzable; i un hom no podia menys d'admirar i aplaudir aquell optimisme. Un optimisme és sempre un geni beneficiós, dotat d'una jovenesa comunicativa, seductora, irrebutjable. Com negar-li el cor que se n'escalfa, encara que la freda ment no hi cregui?

... ...

En Prat de la Riba amava totes les característiques catalanes: la nostra llengua, les nostres idiosincràsies racials, els nostres prestigis, la nostra riquesa, la nostra història, els nostres monuments i les nostres esperances. No mirava sols vers la política, mirava vers l'engrandiment de Catalunya. A la seva manera de veure, que jo entenc que és la bona, treballava per la causa de la nació catalana el que en el nostre país convertia un erm en una vinya, el que hi establia un regadiu nou, el que hi bastia un edifici, el que hi creava riquesa o llum d'honor en qualsevol ordre: el literat amb els seus llibres, l'home d'enginy amb els seus invents, el de ciència amb els seus descobriments i teories lluminosos, el sacerdot moralitzant, el polític combatent les tiranies, el sociòleg preocupant-se de la justícia i aspirant al millor benestar del major nombre possible de gents, l'obrer amb el seu esforç, el vell amb els seus consells, el jove amb els seus entusiasmes. Certament tots aquests, àdhuc sense adonar-se'n, treballen per la nació catalana; però, que bonic fora que ho fessin conscientment. Quin nou goig d'amor, quina nova força fecundadora n'haurien!

(*Obres completes,* pp. 946-8.)

JOAN MARAGALL

(Barcelona, 1860-1911)

La vaca cega

Topant de cap en una i altra soca,
avançant d'esma pel camí de l'aigua
s'en ve la vaca tota sola. És cega.
D'un cop de roc llançat amb massa traça,
el vailet va buidar-li un ull, i en l'altre
se li ha posat un tel: la vaca és cega.
Ve a abeurar-se a la font com ans solia,
mes no amb el ferm posat d'altres vegades
ni amb ses companyes, no: ve tota sola.
Ses companyes, pels cingles, per les comes,
pel silenci dels prats i en la ribera,
fan dringar l'esquellot, mentres pasturen
l'herba fresca a l'atzar... Ella cauria.
Topa de morro en l'esmolada pica
i recula afrontada; però torna,
i abaixa el cap a l'aigua i beu calmosa.
Beu poc, sens gaire set. Després aixeca
al cel, enorme, l'embanyada testa
amb un gran gesto tràgic; parpelleja
damunt les mortes nines, i se'n torna
orfa de llum sota del sol que crema,
vacil·lant pels camins inoblidables,
brandant llànguidament la llarga cua.

Romança sense paraules

En la pica de la font
neda una rosa vermella:
acotada al raig del broc
hi beu una joveneta.
Per la barba i coll avall
li regala l'aigua fresca:

els germanets més petits
riu que riu de la mullena.
Ella riu i beu ensems
i al capdavall s'ennuega ...
Tots se posen a xisclar,
s'esvaloten i s'alegren;
i el més petitet de tots,
en bressol dins la caseta,
al sentir aquell brogit
tot nuet riu i perneja
i es posa a cantar tot sol
una romança sens lletra.

Cant espiritual

SI el món ja és tan formós, Senyor, si es mira
amb la pau vostra a dintre de l'ull nostre,
què més ens podeu dar en una altra vida?

Perxò estic tan gelós dels ulls, i el rostre,
i el cos que m'heu donat, Senyor, i el cor
que s'hi mou sempre... i temo tant la mort!

Amb quins altres sentits me'l fareu veure
aquest cel blau damunt de les muntanyes,
i el mar immens i el sol que pertot brilla?
Deu-me en aquests sentits l'eterna pau
i no voldré més cel que aquest cel blau.
Aquell que a cap moment li digué: — Atura't —,
sinó al mateix que li dugué la mort,
jo no l'entenc, Senyor; jo, que voldria
aturar tants moments de cada dia
per fê'ls eterns a dintre del meu cor! ...
O és que aquest "fê etern" és ja la mort?
Mes llavores, la vida què seria?
Fóra l'ombra només del temps que passa,
la il·lusió del lluny i de l'aprop,
i el compte de lo molt i el poc i el massa,
enganyador, perquè ja tot ho és tot?

[145]

Tant se val! Aquest món, sia com sia,
tan divers, tan extens, tan temporal;
aquesta terra, amb tot lo que s'hi cria,
és ma pàtria, Senyor; i no podria
ésser també una pàtria celestial?
Home só i és humana ma mesura
per tot quant puga creure i esperar:
si ma fe i ma esperança aquí s'atura,
me'n fareu una culpa més enllà?
Més enllà veig el cel i les estrelles,
i encara allí voldria ésser-hi hom:
si heu fet les coses a mos ulls tan belles,
si heu fet mos ulls i mos sentits per elles,
per què aclucâ'ls cercant un altre com?
Si per mi com aquest no n'hi haurà cap!
Ja ho sé que sou, Senyor; prô on sou, qui ho sap?
Tot lo que veig se vos assembla en mi...
Deixeu-me creure, doncs, que sou aquí.
I quan vinga aquella hora de temença
en què s'acluquin aquests ulls humans,
obriu-me'n, Senyor, uns altres de més grans
per contemplar la vostra faç immensa.
Sia'm la mort una major naixença!

ENRIC PRAT DE LA RIBA

(1870-1917)

La Nacionalitat Catalana

CADA any la natura ens dóna una imatge viva del que és el renaixement d'un poble. Cada any l'hivern estronca la circulació de la vida, deixa nues de verdor les branques, cobreix la terra de neus i de gebrades.

Mes la mort és aparent. Les neus de les muntanyes es fonen, engruixint els rius que porten a la plana la força acumulada de geleres i congestes; la terra sent penetrar, per totes les seves molècules, la humitat amorosa de l'aigua que fecunda;

sota la crosta de les glaçades o el gruix protector de neu i gebre, les llavors tremolen i es clivellen, obrint-se per a donar pas a la vida que revé; les velles soques dels arbres senten l'estremitud, l'esgarrifança, que anuncia la nova pujada de la saba. Després el sol allarga els dies i entebiona l'aire, reculen les neus als bacs de les altes serres; l'oreig gronxa els sembrats i les branques grosses, a punt de brotonar; creix l'esclat de moviment, de vibració, d'activitat per tota la natura; i les seves innombrables remors canten altra vegada l'himne etern a la vida renovada.

... ...

La terra és el nom de la Pàtria, la terra catalana és la Pàtria Catalana: totes les generacions ho han sentit, totes les generacions ho han consagrat. La terra dels pares que guarda les despulles dels nostres morts i guardarà les nostres i les dels nostres fills, és la terra viva de les generacions que són, el pit mai no assecat que nodrirà les generacions vinents com ha nodrit les passades.

Quan Catalunya va restar pobra i subjecta, quan va esdevenir província, l'esperit català, foragitat de les altures, va esperar colgat en les classes terrassanes que tornés el bon temps de germinar, créixer, florir i treure ufana. Les gents encastades a la terra per tradició, per amor, per necessitat de viure, van ser la claustra materna on l'esperit català va arredossar-se, on va sentir el primer impuls de grillar i créixer.

... ...

L'esperit nacional no existiria, no s'hauria format, si l'estructura o la situació del territori no hagués sotmès els seus pobladors a les mateixes influències, si una barreja de les races no hagués engendrat certs tipus físics mitjans o bé fet prevaler una raça determinada sobre les altres, si la unitat de la llengua no hagués buidat en un motllo únic el pensament nacional. Però un cop constituït, només la destrucció del poble pot anihilar-lo: caurà el Dret, emmudirà la llengua, s'esborrarà fins el record de la seva existència, mes per dessota de les ruïnes seguirà bategant l'esperit del poble presoner del Dret i de la llengua i el poder d'un altre poble, però lluitant sempre i espiant l'hora de fer sortir altre cop a la llum del dia la seva personalitat característica.

GUERAU DE LIOST (Josep Bofill i Mates)
(Olot, 1878-1933)

Pomera

L'HERBA dallada novament rebrota
els prats vestint d'una altra primavera.
Carregada de fruita, la pomera
s'hi aixeca al mig, esquarterant-se tota.
Com prolífica mare, consumida,
d'aspres en forca se repenja lassa,
en fruites prodigant la vida escassa
amb una hermosa profusió de vida.
I la corona el devessall de pomes,
impregnant-la de rústiques aromes,
i criden per ses branques els ocells
disputant-se les fruites ja madures,
i somniant maternitats futures
mor la pomera quan la deixen ells.

La muntanya magnética

MUNTANYA, terra vella i sempre nova,
mà que hi sent, que es rabeja en l'infinit:
la terra plana, que amb el cel no es troba,
el retroba en la punta de ton dit.

Ai d'aquell home que et trepitja nua!
L'ànima el deixa, tel·lúric anhel.
Si una sirena té, d'esquer, la cua,
tu el jugues en el dit, cèlica arrel.

I tremoles, compacta i fugitiva.
Si l'home et toca d'una aresta viva,
tombaria llampat de ton senyal.

Pres en ta mà, que el projectava enlaire,
es dissoldria en tu, com el cantaire
d'un vívid cementiri vertical.

A. ROVIRA I VIRGILI

(Tarragona, 1882-1949)

Les llunyanies de Nadal

SABEU quina és, per a mi, la qualitat més forta i més adorable de la festa nadalenca?

—La intimitat, potser?

—Bella i forta cosa és la intimitat de Nadal. Però jo encara estimo més una altra virtut que té aquest dia: la de donar-vos una suavíssima sensació de llunyania. Records llunyans se'm fan present en la memòria; persones absents apareixen en la nostra imaginació; la remor vaga de veus i músiques de fora arriba fins a nosaltres. Tot, dins nostre i al nostre voltant, es fa una mica llunyà. Per això sentim enyorança. L'enyorança és el sentiment de la llunyania. Per Nadal ens enyorem. Enyorem la nostra vida passada, els ésser estimats que ja no hi són, els avantpassats que no hem conegut. Enyorem els nostres amors esvaïts, les nostres ambicions no assolides, els nostres desigs que no han tingut realització... L'enyorança de Nadal no és punyent. Hi ha una boira prima davant d'aquestes llunyanies. I ens sembla que el nostre cos humà es fa fonedís, i que la nostra ànima s'allunya de nosaltres mateixos i esdevé tènue com la boira.

—Això és una visió literària de Nadal.

—Literària? Si voleu dir que és una composició artificial, us equivoqueu. No imagino ara una impressió de Nadal. M'esforço a descriure la impressió que a mi em fa i que segurament també fa a molts altres.

—Poesia, amic meu, poesia...

—Però és que la poesia no és una fatalitat? Si no fos una viva realitat, la poesia no seria tan persistent ni tan profunda en l'ànima humana. Tot el que la poesia veu, existeix en el món de l'esperit. Les llunyanies de Nadal són, per a mi, l'essència de la festa. De torrons en podem menjar tot l'any. La més gustosa i autèntica sabor de Nadal no és la de les abundants viandes: és la sabor fina i agredolça d'aquest enyorament difús.

JOSEP CARNER

(Barcelona, 1884)

Canticel

Per una vela en el mar blau
    daria un ceptre;
per una vela en el mar blau,
      ceptre i palau.

Per l'ala lleu d'una virtut
      mon goig daria,
i el tros que em resta, mig romput,
      de joventut.

Per una flor de romaní
      l'amor daria;
per una flor de romaní
      l'amor doní.

Cançó d'un doble amor

L'amiga blanca m'ha encisat,
    també la bruna;
jo só una mica enamorat
    de cadascuna.

Estimo l'una, oh gai atzar!
Estimo l'altra, oh meravella!
Bella com l'una no m'apar,
fora de l'altra, cap donzella.

L'amiga blanca m'ha encisat,
        també la bruna;
jo só una mica enamorat
        de cadascuna.

Quan una amiga em plau besar
els meus dos braços estenia;
l'un va per'cí, l'altre per'llà;
i cadascun porta una aimia.

L'amiga blanca m'ha encisat,
        també la bruna;
jo só una mica enamorat
        de cadascuna.

I quan ja són aprop de mi
i ja mos dits les agombolen,
sota les túniques de lli
hi ha dues vides que tremolen.

L'amiga blanca m'ha encisat,
        també la bruna;
jo só una mica enamorat
        de cadascuna.

Nabí (fragment)

HE caminat com en follia,
    m'han pres com una febre les vanes lluïssors;
i obre mos ulls aquell parlar raspós
i entenc de mon poder irat la llebrosia.
I em tornen les tenebres i el pensament amarg
i aquella pietat, que creia d'esma esclava,
de quan infant, per primer cop, amb el meu arc
vaig aterrar l'ocell que per la llum volava.
Oh Déu, dóna'm consol!
De la ciutat en runes, poblada d'invisibles,
del bosc incendiat, del molí que no mol,
del camp on ja no van del riu les fresques fibles,

de guerra i pau horribles
sota tos ulls em dol.
Davant tes nacions esquarterades
em vinc a penedir,
de tantes d'esperances violades
i del gemec d'il·lusions mai congriades,
mortes en l'altri del matí;
dels closos i marjades
que ja cap home no veurà florir.

JOSEP-SEBASTIÀ PONS

(Illa del Riberal, 1886-1962)

L'àvia

OH vós que éreu tan bona, ma pobra àvia estimada,
d'ulls de flor de muntanya i de posat discret,
us veig encara, us veig, llesta, viva, endreçada,
perquè m'heu donat pinyes, quan era petitet.

Mon pare vos recorda, passant davant l'església,
i a penes si respon quan li parla la gent,
i mira el lledoner de la seua infantesa,
que en el seu clar fullatge serva un enyorament.

És com abans el poble; s'acoten les teulades,
floreixen clavellines; hi ha velles assentades;
i amb l'albarda les burres van i venen dels horts.

És aquesta la casa on ella feinejava;
la parra su'l llindar rebrota com brotava,
i aquells pinyers de l'àvia son pas encara morts.

JOSEP M. LÓPEZ-PICÓ
(Barcelona, 1886-1959)

Cançó marinera

COMPANYIA de la mar,
fidelitat de la platja:
totes les coses que saps
totes les coses que calles.

Reserva sense secret,
sadollament de la sorra:
totes les coses que sents,
totes les coses que escoltes.

Al davant de l'horitzó,
una mirada que espera:
tots el camins del retorn,
tots els oblits sense deixa.

Epíleg de la Nit de Reis

INCENDIS crepitants d'il·lusió.
glorifiquen el cel de banda a banda.
Per cada estel s'eixampla l'horitzó,
i dins els somnis és Festa Major
amb porxos de mimoses en garlanda.

CARLES RIBA
(Barcelona, 1893-1959)

Elegies de Bierville
III

Per a Joan i Elizabeth

ERA tan trist l'amor a l'ombrosa vora enllaçada
dels records adormits, tan solitari en la nit
dels rossinyols—ah dolcíssima cosa certa, certa,

[153]

cant absolut, per damunt l'alba que et trenca!—era tan
pàl·lid dins la profunda rodona dels tells—cristal·lina
de primavera, però sols en l'altura—que el mar
ens ha obsedit, perquè fos l'estrella més pura, si hi era,
i ens acuités el Temps, i el pensament, exaltat
sobre l'escuma errabunda, engendrés ocells sense nombre
que el seguissin, oh blancs, gais cavallers del seu vent!
Fins que ens ha pres una illa més verda enllà de les illes,
verda com si tot el que dins terra és impuls
dolç i obstinat de pujar per ser llum amb la llum contra l'ombra,
triomfés allí ona per ona, en l'espai
indecís—i en els ulls i en l'ànima : oh més intensa
suavitat abans d'un occident més secret ;
oh cant líric que es dreça a l'extrem abrupte del somni,
veu i món acabant junts sobre el buit inhumà!
Torna a tenir-me el vell parc ; al llarg dels meus versos les aigües
llisquen monòtonament com un destí presoner.
Ja no el recordo de vist, sinó com el preveia,
canvi més ric i més pur de l'alegria del mar,
l'últim flotó maragdí del rumb nocturn. Però encara
més innocentment tantes imatges i tant
ai! d'impensable sentit se m'han canviat i es contenten
en el fervor dels dos enamorats juvenils
que al bell cor de la inmensa ciutat fumosa ens obriren
llur paradís ple de llum, de voluptat i de risc.
I m'és dolç de comprendre que, dels feliços, agraden
únicament als déus els que han volgut, com els déus,
sota el llit amorós l'onada inestable, i bevent-los
les rialles, els vents que han mesurat el gran freu.

Estances, Llibre segon

6

FELIÇ qui ha viscut dessota un cel estrany
i la seva pau no es mudava ;
i qui d'uns ulls d'amor sotjant la gorga brava
no hi ha vist terrejar l'engany.

I qui els seus dies l'un per la vàlua de l'altre
    estima, com les parts iguals
d'un tresor mesurat; i qui no va a l'encalç
    del record que fuig per un altre.

Feliç és qui no mira enrera, on el passat,
    insaciable que és, ens lleva
fins l'esperança, casta penyora de la treva
    que la Mort havia atorgat.

Qui tampoc endavant el seu desig no mena:
    que deixa els rems i, ajagut
dins la frèvola barca, de cara als núvols, mut,
    s'abandona a una aigua serena.

CLEMENTINA ARDERIU

(Barcelona, 1893)

Camino ara...

CAMINO ara interrogant mos passos:
    potser la terra em podrà dir el meu fat,
i només dintre un vent de tempestat
el doble abraç de tots els membres lassos
serà per mi com un retrobament.
I no cercaré més per l'esvaïda
ruta dels somnis, cara a sol ponent.
Com la terra he donat la meva flor;
mes puc sentir-me encara percudida
per la vareta que em desperti el so.

Comanda a un argenter

AI rosa, la meva rosa
        amb el pinyol corallí!
Passeu, les roses discretes,
avui no sóc com ahir.
Que jo vull aquella rosa

que no és en mon jardí:
vull la rosa cisellada
amb el pinyol coraŀlí
flairós encara de platja
i de besar submarí.
Rosa pomposa de plata,
tota estriada d'or fi!
Unica rosa que serves
caliu de mà i de burí
i una mica la mirada
que creava el teu destí!
Per la teva humana força
si vinguessis cap a mi,
oh rosa, la meva rosa
amb el pinyol coraŀlí!

J. V. FOIX

(Sarrià, 1894)

*Miràvem el cel tot estrenyent damunt nostre les
vísceres càlides d'un corder sacrificat*

Erem mil, érem deu mil, érem cent mil;
avançàvem lents per carreres nocturnes
amb un sol mot als llavis que no podíem dir.
Aixecàvem els braços sense força,
reculàvem davant el misteri profund de les cantonades.
La por ens feia mirar el cel, la por ens feia mirar el mar,
la por obria ferides a les nostres mirades.
On són els cirrus fosforescents que ens guiaven adés per la
    selva de tiges sagnants i el cristall flotant de les esferes?
On són les veus secretes que ens badaven dolçament les mans
    ufanoses i ens cobrien la faç d'embriagants rosades?
On són els pous de sutge, la riba incandescent,
les ramades ofertes en dòcils sacrificis,
la pedra escrita de la llei,
el dolmen on vessàvem les llets tot just munyides?

Fluctuen les ciutats per les flonjors dels núvols,
encallen els navilis en platges desolades.
Sóc sol entre cent mil, cadascun de vosaltres és sol entre tots;
la meva boca clou la vostra, el vostre braç atura els meus.
Les portes seculars són closes per sempre com els cors ofegats
   per les molses de les vesprades pirinenques.

Sol, i de dol

No cerc ni am aquell qui, vagarós,
   per llacs esquerps o desertes guixeres,
cobert de pols, per les amples carreres,
clama febrós: "On vaig". I amb vers plorós

nega la llar dels seus i les fumeres
de llur destí. I es fa miseriós
d'un Més Enllà sense forma i colors,
o pelegrí d'impossibles tresqueres.

Mes cerc i am aquell que diu: "Jo só",
i té una llar, té pàtria i mester,
i se'n fa un tot, i acata lleis severes.

I a sol llevat, i en un propi horitzó
alça el punyal i defensa el seu bé,
mestre segur d'enyorades banderes.

* * *

Les mans en creu i el front signat amb cendra
davall, de nit, als infèrtils ribatges
on tantes veus fan cor, i vull comprendre,
i on rocs i munts aparenten imatges.

Oesc la mar pels calancs, i els oratges,
i en antre obscur que la ment vol defendre,
m'escolt a mi. I per cingles salvatges
amb un sol crit la Nit i el Cel vull fendre!

Tot és confús, Senyor Déu. I el meu nom,
que em dic a mi, tot alt, en cala morta,
em torna estrany. I tantes veus no entenc.

I si pels cims alimares encenc,
tot és més fosc. Senyor: feu aspra i forta
l'Única Veu, la Imatge i el Seu Nom!

JOAN SALVAT-PAPASSEIT

(Barcelona, 1894-1924)

Nocturn per a acordió

Heus aquí: jo he guardat fusta al moll.
Vosaltres no sabeu
                què és
                        guardar fusta al moll:
però jo he vist la pluja
a barrals
sobre els bots,
i dessota els taulons arraulir-se el preu fet de l'angoixa;
sota els flandes
i els melis
sota els cedres sagrats.
Quan els mossos d'esquadra espiaven la nit
i la volta del cel era una foradada
sense llums als vagons:
i he fet un foc d'estelles dins la gola de llop.
Vosaltres no sabeu
                què és
                        guardar fusta al moll:
però totes les mans de tots els trinxeraires
com una farandola
feien un jurament al redós del meu foc.
I era com un miracle
que estirava les mans que eren balbes.
I en la boira es perdia el trepig.
Vosaltres no sabeu
                què és
                        guardar fusta al moll.

Ni sabeu l'oració dels fanals del vaixells
—que són de tants colors
com la mar sota el sol:
que no li calen veles.

El somni

GUARDEU la terra els pagesos germans,
guardeu—beseu-la amb delit, pam a pam:
ara amb nosaltres marins i gojats,
per Catalunya, els vaixells salparan.
Guardeu la terra els pagesos germans.

De cara al món altra volta, i firam!
Les gestes nostres no temin la mar:
—qui duu senyera els dofins li fan pas.
Per Catalunya un bell nom voleiant
de cara al món altra volta, i firam!

Fornits atletes, a proa s'hi cap;
deixeu l'Estadi pels fadrins que es fan.
Preneu els estris de viure en combat.
Per Catalunya: una passa endavant!
Fornits atletes, a proa s'hi cap.

Vosaltres, dones, heroiques com mai,
sigueu valentes, que l'empresa és gran:
les nostres filles que aprenguin l'afany.
Per Catalunya reseu català,
vosaltres, dones, heroiques com mai.

Fendim les ones, tal guerrers d'abans!
De nou la història que ens vegi avançant.
Vulguem ésser-hi entre els pobles més grans.
Per Catalunya, els fanals ben endalt;
fendim les ones, tal guerrers d'abans!

Cançó de traginers

AMB la clenxa ben partida,
i un clavell vermell al trau,
i sec per tota la vida
que de negre sembla blau,
me'n vaig a la rectoria,
les campanes van tocant,
però jo no les sentia.
  Arri, Joan!
La núvia s'està esperant.

El sogre me la portava
amb arracadetes d'or;
la sogra se la mirava
i té un cobriment de cor.
Abans de seure a la taula
ens deixen sols un instant
i no ens diem cap paraula.
  Arri, Joan!
Que l'arròs s'està covant!

Quina nina tens més blava,
ai Maria del Roser,
i al meu braç s'abandonava
el seu cos prim i lleuger.
Ja la lluna que ens espia
ha desvetllat l'aviram
i el gall em dóna el bon dia.
  Arri, Joan!
Que les vaques tenen fam.

A la primera mesada
m'escudella de mal grat;
a la segona mesada
ja em té el cor enverinat.

Jo em llevo amb l'avemaria;
les figues van madurant
i el moscatell s'engroguia.
            Arri, Joan!
Que el bou negre va al davant.

Un vespre trobo tancada
la porta del dormidor;
jo que sento una besada
que em fa tremolar de por...
La meva mà no hi arriba
al ganivet més tallant,
i arrenco llàgrima viva.
            Arri, arri, Joan!

JOSEP PLA

(Palafrugell, 1895)

Bodegó amb peixos: Un viatge frustrat

DIA 28. Escric, com ahir, a la llum del fanal de bord, i sempre a la platja de Sa Riera. Al matí, no hem pogut pas salpar. Ha plogut tot el dia —fins a les quatre de la tarda— una aigua vagabunda i grisa.

En treure el cap del coi he vist Hermós que plomava un pollastre sota la tenda. Al seu costat hi havia un gat negre i vell, esquàlid i famolenc. Un gat del país.

Ha fet escudella i carn d'olla. Ha tingut el fogó encès, sota la tenda, durant tot el dia. De vegades s'hi ha concentrat un fumerol espès. El soroll de la pluja sobre la vela molla, el monòton xipolleig del gotejar sobre el mar, donava com un ensopiment. M'he passat el dia fumant i veient ploure. A Sa Riera hi ha hagut molt poc moviment. Deuen haver dormit la mona d'ahir.

Ha estat un dia deliciós, d'una vagarositat esponjosa, d'un silenci de merevella. De tant en tant, he tret el cap a fora. Tot era gris i somort; si de cas el cel s'obria, tot semblava

[161]

tocat d'un color d'estany oxidat, lleugerament blavís. Com ahir, la mar ha semblat tot el dia adormida en la seva eterna indiferència. Els pins regalimaven aigua: de vegades el seu brancatge era tan verd que semblaven perdre's en el color pur de perla de les aigües de la cala, com l'aire opalí. Dins l'aire somnolent, les roques treien els sucs minerals; la platja semblava un desmai de carmí. El silenci era dens: com si portéssiu cotó fluix a les orelles. El pas d'uns cíclops, el plor llunyà d'una criatura invisible, semblen temptatives de rompre'l, fallides.

Hermós ha enraonat relativament. Té por que aquesta vida no em fatigui. De vegades l'he sorprès donant unes llambregades furioses al cel baix i a la pluja sinistra. No pot imaginar-se que em puguin agradar dies així. Ell és un home solar, d'ensiamada de pebrot i tomàquet permanent. Jo sóc més feble. La plujosa atonia d'avui, no podria pas canviar-la pel vociferant xivarri d'ahir.

—Demà salparem a primera hora! em diu imperiós, en el moment d'agafar el matalàs.

A la vaga resplendor del fanal, el veig enfundat en els seus calçotets de guerrer, d'una blancor fantasmal i clownesca.

MARIÀ MANENT

(Barcelona, 1898)

L'ombra

TRISTESA perfumada, rossinyol de la nit:
   amb sospirs al meu son vas fent una corona.
El coixí feia olor de taronger florit,
   oh rossinyol, colgat d'estrelles i d'aromes!

Però, si em desvetllava, he vist que era de neu
el jardí, i aquella ombra hi venia, daurada:
i es glaçava un somriure entre sa boca lleu,
com l'aigua de la nit dins una rosa amarga.

Noia russa al Montseny

VESTIT florit, cara bruna i salvatge:
  el teu perfum feréstec de l'estepa i del vent
omple aquestes col·lines i el caminet rellent
  i el núvol que viatja.

Vestit de margarides i d'estrelles de mar:
entremig de les flors ta brunesa traspua.
Clavellets de pastor tremolen a l'atzar,
  vora la teva cama nua.

I et fonies, suau, en la pau del paisatge,
els ulls grisos de somnis i del gust de morir;
  o fugies rient pel camí—
rossinyol trist i tórtora salvatge.

JOAN OLIVER
(Sabadell, 1899)

Fumar

EN sentit intransitiu —el més pur— fumar vol dir fer fum, no empassar-se'l. ¿Quina necessitat hi ha d'empassar-se fum? No ignoro que abunden els fumadors 'virils' que menyspreen els simples fumejadors. Crec que van errats. El fum malmet les vies respiratòries; el fum, d'altra banda, no és cap aliment. El tabac s'assaboreix i es flaira, no es menja. I ni les glàndules gustatives ni les de l'olfacte no es troben, que jo sàpiga, a la faringe ni a l'esòfag, i menys als pulmons. Si no ens empassem el fum, fumarem més; vull dir que viurem més anys, la qual cosa té un cert interés.

Avui el fumar és un fet de dimensions planetàries. Els qui hem adquirit l'hàbit del tabac no ens preguntem pas perquè fumem. Penso que no cal esbrinar-ho. El cigarret, el cigar o la pipa formen part de la nostra vida; això és tot. Comencem a fumar per fer l'home, per instint d'imitació; cal vèncer el fàstic i el mareig. El tabac esdevé de seguida una necessitat, una altra entre tantes. Tenir necessitats és un signe d'esclavitud i de misèria, ja ho sabem. Crear-se'n de noves sembla absurd o estúpid, però les coses són així.

Hi ha treballs manuals que són incompatibles amb l'acte de fumar: mala sort. Però les tasques intel·lectuals el permeten, i jo diria que —al punt on han arribat les coses— l'exigeixen. Com també sembla exigir-lo l'oci. Encara queden alguns benemèrits artesans del fumar; són els qui es fan el cigarret Em semblen admirables i els envejo, però em manca tremp per a imitar-los. Es tracta gairebé sempre de gent plàcida i modesta, sense inquietuds, resignada, una espècie de persones que es troba en vies d'extinció.

Els fumadors de cigarrets fets tenen nom de legió. Tabac ros, o més o menys nord-americà; o tabac negre, canari o indígena. L'un i l'altre molt ben presentat. Un negoci enorme, una indústria formidable, objecte de monopolis fabulosos. Una potència mundial. L'home d'avui cerca la facilitat, els serveis ràpids. El cigarret ros és elegant, es consumeix amb una regularitat perfecta, el seu sabor i el seu olor tenen un punt d'excitant i de pecaminós, que l'emparenten vagament amb les 'drogues heroiques'... El cigarret ros atorga patent de cosmopolitisme, ah!

Les dones s'hi han tirat de cap. Moltes d'elles a contracor, per por del ridícul: tant se val. En principi el cigarret ros constitueix un signe de distinció; però és el que passa amb totes les modes: hom les adopta per tal de singularitzar-se, d'individuar-se, i el resultat és exactament el contrari: la caiguda, per mimetisme, en la uniformitat universal. Calar foc a un cigarret ha passat a ésser un gest tan natural i tan freqüent com saludar un amic amb el braç o ficar-se la mà a la butxaca. La frase 'encengué una cigarreta' figura vuitanta set vegades en una novel·la catalana moderna que no arriba a les tres-centes pàgines; vaig tenir la paciència de comptar-les. I no parlem del lloc i de l'espai que els cigarrets ocupen a les pel·lícules.

D'uns quants anys ençà, diaris, metges que no fumen, higienistes, ens recorden periòdicament els terribles perills del tabac. Tothom en va ple: el càncer del pulmó, o de gorja. Però, també de tant en tant, d'altres veus aparentment autoritzades ens adrecen paraules que contradiuen les primeres. Els fumadors fluctuen entre les dues opinions... i no deixen el 'vici'. Altrament, estan molt escamats: la humanitat viu sota el signe del dòlar, la veritable religió universal; els agents publicitaris són astuts i amatents. Els fabricants de goma de mastegar no dormen. I encara, en aquest respecte, hi ha un fet que em tranquillitza. Com puc creure —ni tan sols imaginar— que el tabac sigui un agent del càncer, si s'expèn i es propaga sota els colors nacionals, a través d'un monopoli de l'Estat, d'un Estat cristià que amb tant de rigor vigila la salut moral i física dels ciutadans?

TOMÀS GARCÉS

(Barcelona, 1901)

Rossinyol sobre el port

a J. M. López-Picó

El cel, d'un blau tan pàllid, t'enyorava potser
oh màgic de la nit, oh rossinyol en flama?
La lluna s'infla embriagadament,
hi ha el rou de l'endemà en el seu vel d'escata.
Les aigües són un bosc ombrívol: al bell mig
s'hi fa la clariana.

El cant del rossinyol, amb son alè,
les llums del moll abranda.
S'adormen els vaixells, desferres de la nit.
Trenca un silenci fràgil la sirena llunyana.
Prodigi de l'ocell:
el seu desig de cel la mar eixampla.

El cor voldria perdre's, mariner enlluernat,
amb el cant de l'ocell, en la volada.
Per un instant, la lluna afluixa el seu timó
i neixen, mar endins, tornaveus inefables.

Cos nu vora la mar, cap núvol no l'ombreja.
Oh vent, mou ton llençol!
Ulls closos a l'ardent cavalcada del sol,
el cor s'oblida, l'esperit oneja.

Ulls closos, aigua tèbia que llisca front avall:
és la sang que amb la vida s'escola,
o el suc d'una magrana que s'esberla?

SALVADOR ESPRIU

(Santa Coloma de Farners, 1913)

Llibre de Sinera

XIII

Surt el vent de mar,
ara que vespreja,
cap a sardinals.

La fusa del vent
entelà de boires
tot l'esguard del cel.

Amb els primers grills
juguen a cucorna.
els ulls de la nit.

XIV

Pregunta el lent ric-ric:
"Si cegues mans et cerquen,
encara ets aquí?"

A les palpentes, nit.
Si et sents presa segura,
on fugir?

Quan t'assenyali el dit,
per endinsar-te en l'ombra,
digues que sí.

XV

Assentiré de grat, car només se'm donà
d'almoina la riquesa d'un instant.

Si poguessin, però, durar
la llum parada, l'ordre clar
dels xiprers, de les vinyes, dels sembrats,
la nostra llengua, el lent esguard
damunt de cada cosa que he estimat!

Voltats de por, enmig del glaç
de burles i rialles d'albardans,
hem dit els mots que són la sang
d'aquest vell poble que volem salvar.

No queden solcs en l'aigua, cap senyal
de la barca, de l'home, del seu pas.
L'estrany drapaire omplia el sac
de retalls de records i se'n va,
sota la fosca pluja, torb enllà,
pels llargs camins que s'esborren a mar.

PERE CALDERS

(Barcelona, 1912)

L'arbre domèstic

En aquesta vida he tingut molts secrets. Però un dels més
grossos, potser el que estava més en pugna amb la veritat ofi-
cial, és el que ara trobo oportú d'explicar.

Un matí, en llevar-me, vaig veure que en el menjador de
casa meva havia nascut un arbre. Però no us penseu: es trac-
tava d'un arbre de debò, amb arrels que clavaven a les rajoles
i unes branques que es premien contra el sostre.

Vaig veure de seguida que allò no podia ésser la broma de ningú, i, no tenint persona estimada a qui confiar certes coses, vaig anar a trobar la policia.

Em va rebre el capità, amb uns grans bigotis, com sempre, i duent un vestit l'elegància del qual no podria explicar, perquè el tapaven els galons. Vaig dir:

'Us vinc a fer saber que en el menjador de casa meva ha nascut un arbre de debò, al marge de la meva voluntat.'

L'home, vós direu, es va sorprendre. Em va mirar una bona estona i després digué:

'No pot ésser.'

'Sí, és clar. Aquestes coses no se sap mai com van. Però l'arbre és allí, prenent llum i fent-me nosa.'

Aquestes paraules meves van irritar al capità. Va donar un cop damunt la taula amb la mà plana, va alçar-se i m'agafà una solapa. (Allò que fa tanta ràbia.)

'No pot ésser, dic' repetí. 'Si fos possible això, seria possible qualsevol cosa. Enteneu? S'hauria de repassar tot el que han dit els nostres savis i perdríem més temps del que sembla a primer cop d'ull. Estaríem ben arreglats si en els menjadors de ciutadans qualssevol passessin coses tan extraordinàries! Els revolucionaris alçarien el cap, tornarien a discutir-nos la divinitat del rei, i qui sap si alguna potència, encuriosida, ens declararia la guerra. Ho compreneu?'

'Sí. Però, a despit de tot, he tocat l'arbre amb les meves mans.'

'Apa, apa, oblideu-ho. Compartiu amb mi, només, aquest secret, i l'Estat pagarà bé el vostre silenci.'

Ja anava a arreglar un xec quan es mobilitzà la meva consciència. Vaig preguntar:

'Que és d'interès nacional, això?'

'Tant!'

'Doncs no vull ni un cèntim. Jo per la pàtria tot, sabeu? Podeu manar.'

Al cap de quatre dies vaig rebre una carta del rei donant-me les gràcies. I qui, amb això, no es sentiria ben pagat?

CATALAN-ENGLISH VOCABULARY

ABBREVIATIONS:

adj. = adjective.	*conj.* = conjunction.	*naut.* = nautical.
adv. = adverb.	*f.* = feminine.	*pl.* = plural.
arch. = archaic.	*ichth.* = ichthyology.	*prep.* = preposition.
art. = article.	*int.* = interjection.	*pron.* = pronoun.
Cast. = Castilian.	*m.* = masculine.	*vi.* = intransitive verb.
coll. = colloquial.	*met.* = meteorology.	*vr.* = reflexive verb.
com. = common gender	*mil.* = military.	*vt.* = transitive verb.
(of adjectives).	*mus.* = music.	
comm. = commercial.	*n.* = noun.	

NOTE: When the masculine and feminine forms are given (e. g. **absurd, da**), they signify that the word is an adjective, unless they are followed by the abbreviation *n.*, which signifies that the word is a noun. Adjectives of common gender have the abbreviation *com.*; nouns of common gender have the abbreviations *m. & f.*

a, to, at, in, on.
abadessa, *f.,* abbess.
abaixar, to lower.
abandonar, to abandon, forsake; **-se a,** give oneself over to.
abans, *adv.,* before; first; formerly.
abans-d'ahir, *adv.,* before yesterday.
abast, *m.,* reach, scope; provisions.
abat, *m.,* abbot.
abatiment, *m.,* dejection.
abatre, to bring down.
abecedari, *m.,* alphabet, A. B. C.
abella, *f.,* bee.
abellir, to desire; to attract.
abeurar, to water.
abillar, to adorn; to prepare, make ready.
abisme, *m.,* abyss; hell.
abnegació, *f.,* self-denial, devotion.
abocar, to pour out; to upset (liquids).
abonar, to guarantee; to subscribe; to credit with.
abraçada, *f.* embrace.
abraçar, to embrace; to contain.
abrandar, to kindle.
abric, *m.,* shelter; overcoat.
abrigar, to cover; to shelter.
abril, *m.,* April.
abrupte, ta, abrupt; rough.
absoldre, to absolve.
absoltes, *f. pl.,* prayer for the dead.
absolut, ta, absolute.
abstenir-se, to abstain.

abstracte, ta, abstract.
absurd, da, absurd.
abundància, *f.,* abundance.
abundant, ta, abundant.
abusar, to abuse.
acabar, to finish, to end; — **de,** to have just.
acalorar, to warm; **-se,** to grow excited.
acariciar, to caress.
acatar, to respect, to obey.
accent, *m.,* accent.
acceptar, to accept.
acció, *f.,* action; gesture.
acer, *m.,* steel.
ací, *adv.,* here; **d' — d'allà,** from here to there.
aclaparar, to prostrate; to weaken.
aclarir, to explain, make clear.
aclucar, to close (the eyes).
açò, *pron.,* this.
acollir, to receive; to protect.
acompanyar, to accompany.
acomplir, to fulfil; to carry out.
aconhortar, to comfort; to encourage; to console.
aconseguir, to obtain; to reach.
aconsellar, to advise.
aconsolar, to console.
acontentar, to please; to satisfy.
acordar, to agree; to decide.
acordió, *m.,* accordion.
acostar, to bring near.

acostumar, to accustom; **-se,** to get used to.

acotar, to stoop.

acte, *m.,* act; action.

actitud, *f.,* attitude.

actiu, iva, active.

actor, actriu, *n.,* actor, actress.

actual, *com.,* present, existing.

actuar, to function.

acudir, to come; to attend; to flock to.

acudit, *m.,* jest, witty saying.

acuitar-se, to hurry.

acumular, to accumulate.

acusar, to accuse; to reveal.

adelitar-se, to delight in.

adés, *adv.,* lately; presently; **ara i —,** now and then.

adéu, adéu-siau, goodbye.

àdhuc, *adv.,* even, including.

adjectiu, iva, *n.,* adjective.

admetre, to let in; to receive.

admirar, to admire.

adobar, to mend; to dress, prepare.

adonar-se, to notice.

adormir, to lull to sleep; **-se,** to fall asleep.

adquirir, to acquire.

adreça, *f.,* address.

adreçar, to straighten; to address.

advertiment, *m.,* warning; notice.

advocat, *m.,* lawyer.

afaitar, to shave.

afalagar, to flatter.

afamat, ada, famished.

afany, *m.,* eagerness, anxiety.

afavorir, to favour; to help; to protect.

afeblir, to grow feeble.

afecció, *f.,* fondness; affection.

afectar, to affect, to move the feelings of.

afecte, *m.,* affection.

afecte, ta, devoted.

afectuós, osa, affectionate.

afegir, to add; to stick.

aferrar, to seize.

afirmar, to affirm.

afligir, to grieve; to afflict.

afluir, to flow; to flock to.

afluixar, to loosen; to relax.

afores, *m. pl.,* outskirts.

afront, *m.,* insult, ignominy.

agafar, to catch; to seize.

agenollar-se, to kneel down.

àgil, *com.,* agile.

agitar, to stir up.

agombolar, to caress.

agosarat, da, daring.

agost, *m.,* August.

agradable, *com.,* agreeable, pleasant.

agradar, to please; to like.

agrair, to be grateful for.

agre, ra, sour; rough.

agredir, to attack, assault.

agredolç, ça, bitter-sweet.

aguait, *m.,* spying upon; watch.

aguantar, to sustain; to suffer.

àguila, *f.,* eagle.

agulla, *f.,* needle; pin.

agut, da, sharp.

ahir, *adv.,* yesterday.

ai!, oh!, alas!

aidar = **ajudar.**

aigua (pl. **aigües**), *f.,* water.

aigua-marina, *f.,* aquamarine.

aimia, *f.* beloved.

aire, *m.,* air; breeze.

aitant, ta, (*arch.*), as much as.

aixafar, to crush.

aixecar, to lift; **-se,** to get up.

així, *adv.,* thus, so.

això, *pron.,* this.

ajaçar, to put to bed; **-se,** to lie down.

ajeure, to lay down; **'s,** to lie down.

ajudar, to help.

ajuntament, *m.,* Municipality.

ala, *f.,* wing.

alba, *f.,* dawn.

albarda, *f.,* pack-saddle.

albergar, to lodge; to give shelter.

albirar, to discern, perceive.

alçar, to raise, lift.

alè, *m.,* breath; courage.

alegrar-se, to rejoice.

alegre, *com.,* happy, merry.

alegria, *f.,* happiness, joy.

alemany, nya, *adj. & n.,* German.

aleshores, *adv.,* then, at that time.

algú, *pron.,* someone, somebody.

algun, na, any, some.

alhora, *adv.,* together, simultaneously.

alimara, *f.,* smoke-sign.

aliment, *m.,* food, nourishment.

alimentar, to feed.

all, *m.,* garlic.

allà, *adv.,* there.

allargar, to lengthen.

alliberar, to free.

allò, *pron.,* that.

allunyar, to withdraw; to move away.

almenys, at least.

almoina, *f.,* alms.

alt, ta, high, tall.

alterar, to alter.

altiu, iva, haughty.

alto, *int. & m.,* halt.

altre, ra, other, another.

altri, *pron.*, another person.
altura, *f.*, height.
alumne, na, *n.*, pupil.
alzina, *f.*, evergreen oak.
am (arch.) = amo, I love.
amabilitat, *f.*, kindness.
amable, *com.*, kind, amiable.
amagar, to hide, conceal.
amagatall, *m.*, hiding place.
amant, *adj.*, loving; *m. & f.*, lover.
amar, to love.
amarg, ga, bitter.
amargor, *f.*, bitterness.
amat, da, beloved.
amatent, *com.*, watchful.
amb, *prep.*, with.
ambdós, ambdues, *adj. & pron.*, both.
ambició, *f.*, ambition.
amenaçar, to threaten.
ametller, *m.*, almond-tree.
amic, ga, *n.*, friend; — de, fond of.
amistat, *f.*, friendship.
amo, *m.*, master; boss.
amo, pres. ind. of amar.
amor, *m. & f.*, love.
amorós, osa, loving.
ample, pla, wide, broad.
ampolla, *f.*, bottle.
amunt, *adv.*, above; high.
anar, to go; anar-se'n, to go away.
àncora, *f.*, anchor.
ancià, ana, old man (woman).
ànec, *m.*, duck.
anell, *m.*, ring.
àngel, *m.*, angel.
anglès, esa, English; *n.*, Englishman
   (-woman).
angoixa, *f.*, anguish, pang; heaviness.
angúnia, *f.*, anguish.
anhelar, to long for.
anihilar, to annihilate.
ànim, *m.*, courage; will.
ànima, *f.*, soul; substance, main
   point; person.
animar, to encourage.
anís, *m.*, aniseed; liqueur of aniseed.
anit, *adv.*, last night.
anomenada, *f.*, name, reputation.
ans, *adv. & conj.*, but; before.
ànsia, *f.*, eagerness.
anterior, *com.*, previous.
antic, ga, old, ancient.
anticipar, to anticipate.
antiguitat, *f.*, antiquity.
antipatia, *f.*, dislike.
antre, *m.*, den.
anual, *com.*, yearly.
any, *m.*, year.
apagar, to quench; to put out.

aparèixer, to appear.
aparell, *m.*, gear; preparation; ap-
   paratus.
aparença, *f.*, appearance.
aparent, a, seeming.
aparentar, to simulate.
apartar, to separate; to remove.
aplaudir, to praise; to clap.
aplegar, to assemble; to gather to-
   gether.
aplicar, to apply.
apotecari, *m.*, chemist.
apreciar, to appreciate.
aprés = després, *adv.*, after, after-
   wards.
aprendre, to learn.
aprimar, to grow thin.
aprofitar, to take advantage of.
apuntar, to aim; to point out; to
   note.
aqueix, a, *adj. & pron.*, that.
aquell, a, *adj. & pron.*, that.
aquest, a, *adj. & pron.*, this.
aquí, *adv.*, here; hither; d'aquí,
   from now on.
ara, *adv.*, now.
aranya, *f.*, spider; chandelier.
arbre, *m.*, tree.
arc, *m.*, arch; bow.
ardent, *com.*, ardent, burning.
ardor, *m. & f.*, fervour; heat.
arena, *f.*, sand.
aresta, *f.*, edge.
argent, *m.*, silver.
argenter, ra, *n.*, jeweller, silver-smith.
arma, *f.*, weapon, arm.
aroma, *f.*, fragrance.
arquebisbe, *m.*, archbishop.
arrabassar, to snatch; to carry off.
arracada, *f.*, ear-ring.
arran, *adv.*, nearly touching.
arraulir-se, to crouch.
arravatar, to carry away.
arreglar, to adjust; to arrange.
arrel, *f.*, root; origin.
arrencar, to pull out; to uproot; to
   depart.
arreplegar, to gather; to pick up;
   to retake.
arreu, *adv.*, everywhere; successively.
arri!, get on! gee up! (*int.*, used by
   drivers of horses).
arribar, to arrive; to come; to last.
arròs, *m.*, rice.
arrugat, ada, wrinkled.
arruïnat, ada, ruined.
art, *m. or f.*, art; *m.*, fishing net.
artesà, ana, *n.*, artisan.
arxiu, *m.*, archive.

ase, *m.,* ass.
aspersió, *f.,* shedding.
aspirar, to aspire.
aspre, ra, rough; sour.
assabentar, to inform.
assaborir, to savour; to enjoy.
assaig, *m.,* essay; test; trial; rehearsal.
assajar, to try; to rehearse.
assaltar, to assault.
assecar, to dry.
assegurar, to assure; to insure.
assentir, to assent.
assenyalar, to indicate.
asseure, to seat, **—'s,** to sit down.
assistir, to attend; to assist.
assolellar, to expose to the sun.
assolir, to attain.
assumpte, *m.,* subject, matter; affair.
astorament, *m.,* fright, trepidation.
astre, *m.,* celestial body.
astut, ta, astute.
atacar, to attack.
atemptat, *m.,* crime; offence.
atenció, *f.,* attention.
atendre, to attend; to pay attention.
atènyer, to reach, attain.
aterrar, to shoot down; to land.
aterrir, to terrify.
atipar, to satisfy, to satiate.
atleta, *m.* athlete.
atonia, *f.,* langour.
atorgar, to concede.
atractiu, va, attractive; *m.,* charm.
atreure, to attract.
atrevir-se, to dare.
atrevit, da, daring.
atribuir, to attribute.
aturar, to stop, detain.
atzavara, *f.,* agave.
atzar, *m.,* chance; accident.
au, *f.,* bird.
audaç, *com.,* bold.
augmentar, to increase.
aula, *f.,* lecture-hall.
automòvil, *m.,* motor car.
autor, *m.,* author.
autoritat, *f.,* authority.
auxiliar, to assist, help.
auxiliar, *com.,* auxiliary.
avall, *adv.,* below; down.
avalot, *m.,* disturbance.
avançar, to advance.
avantatge, *m.,* advantage; handicap.
avantpassat, *m.,* ancestor.
avemaria, *f.* Ave Maria; (*arch.*), angelus.
aventura, *f.,* adventure.

averany, *m.,* omen, prediction.
avergonyir, to shame.
avi, àvia, grandfather (-mother).
aviat, *adv.,* soon; early.
avinentesa, *f.,* opportunity.
avió, *m.,* aeroplane.
aviram, *m.,* poultry.
avisar, to inform; to warn.
avorrir, to hate, detest.
avui, adv., today.

B

bac, *m.,* shade.
badall, *m.,* yawn.
badar, to cleave, split open; to gaze.
badia, *f.,* bay.
bagatge, *m.,* baggage.
bagul, *m.,* trunk.
baix, *adv.,* below.
baix, xa, low; short; base; *adv.,* down; low.
baixar, to go down; to lower; to descend; to land.
baixesa, *f.,* meanness.
bala, *f.,* bullet; bale.
balada, *f.,* ballad.
baladrejar, to shout.
balança, *f.,* scales.
balb, ba, numb.
balcó, *m.,* balcony.
balder, ra, loose.
balena, *f.,* whale.
ball, *m.,* dance.
ballar, to dance.
balma, *f.,* hollow, cove.
banc, *m.,* bench; bank.
banda, *f.,* side; place; band; wide ribbon.
bandada, *f.,* flock.
bandarra, *m.* (*coll.*), scoundrel.
bandejar, to banish.
bandera *f.,* flag.
banquet, *m.,* banquet; little bench.
bany, *m.,* bath, bathing.
banya, *f.,* horn; antenna.
banyar, to bathe; to dip; **-se,** to take a bath, to bathe.
baralla, *f.,* dispute, quarrel.
barallar-se, to quarrel.
barba, *f.,* chin; beard.
bàrbar, ra, fierce; *adj. & n.,* barbarian.
barbaritat, *f.,* barbarity, cruelty; nonsense; rashness.
barbut, da, bearded.
barca, *f.,* boat.
barcada, *f.,* boatload.
barceloní, ina, of Barcelona.

barlovent, *m.*, (*Cast.*), windward.
barnús, *m.*, bathing robe.
barquejar, to go about in a boat.
barra, *f.*, bar, rod; impudence.
barraca, *f.*, hut; market stall.
barral, *m.*, barrel; ploure a bots i barrals, to rain heavily.
barranc, *m.*, gorge, ravine.
barrar, to close; to bar (a door).
barreig, *m.*, mixture, confusion.
barreja, *f.*, mixture.
barrejar, to mix, mingle; to blend.
barrera *f.*, barrier.
barret, *m.*, hat.
barretina, *f.*, typical cap or full beret worn by the Catalan peasant.
barri, *m.*, quarter of a town.
basarda, *f.*, fear, dread, fright.
bastant, *com.*, sufficient; enough; fairly.
bastar, to suffice.
bastir, to build, construct.
bastó, *m.*, stick.
bata, *f.*, dressing-gown.
batalla, *f.*, battle.
batec, *m.*, beat, throb.
bategar, to beat.
batejar, to baptize.
batibull, *m.*, confusion.
batiment, *m.*, beating.
batlle, *m.*, mayor.
batre, to beat, thrash; —'s, to fight.
batussa, *f.*, skirmish.
batzegada, *f.*, jerk, shaking.
be, *m.*, lamb, sheep.
bé, *m.*, good; *pl.*, property; *adv.*, well; right; happily; prosperously; ara —, now then; no —, no sooner than; per — que, even though; si —, while, though.
bec, *m.*, beak.
beguda, *f.*, drink.
bell, lla, beautiful; good; pleasant; al — mig, in the middle itself.
bellesa, *f.*, beauty.
bèl·lic, ca, warlike.
bellugar, to move.
ben, *adv.*, well; very.
benaurança, *f.*, bliss; prosperity.
benaurat, da, blessed; happy.
benaventurat, ada, blessed.
benedicció, *f.*, blessing.
benefici, *m.*, favour; benefit.
beneir, to bless.
beneit, ta, blessed; silly; — del cabàs, silly ass.
benemèrit, a, worthy.
benestar, *m.*, well-being.
benèvol, la, benevolent, kind.

benigne, na, affable; mild.
benvinguda, *f.*, welcome.
benvolgut, da, dear.
benzina, *m.*, petrol.
berenar, *m.*, a light meal between lunch and dinner = tea.
bes, *m.*, kiss.
besar, to kiss.
besllum, *f.*, light seen through a transparent body.
bessó, ona, *adj. & n.*, twin.
bèstia, *f.*, animal, beast.
bestiar, *m.*, live stock.
bestiesa, *f.*, stupidity, foolishness.
bestreta, *f.*, advance.
beure, to drink.
beutat, *f.*, beauty; belle.
biaix, *m.*, slant.
biblioteca, *f.*, library.
bigoti, *m.*, moustache.
bisbe, *m.*, bishop.
bistec, *m.*, beefsteak.
bisturí, *m.*, lancet.
bitllet, *m.*, ticket; — de banc, bank note.
bla, blana, soft, tender; mild.
blanc, ca, white; blank; — d'Espanya, *m.*, white lead, ceruse.
blancor, *f.*, whiteness.
blanquejar, to whitewash.
blasmar, to blame; to reprehend.
blat, *m.*, wheat; — de moro, maize.
blau, va, blue.
blavís, issa, bluish.
bo, (or bon), na, good; kind; suited; fit; healthy.
boca, *f.*, mouth.
bocí, *m.*, piece, bit; morsel.
boda, *f.*, wedding.
bodegó, *m.*, still life.
bogeria, *f.*, madness; folly.
boig, ja, mad, crazy.
boira, *f.*, mist, fog.
bola, *f.*, ball; globe.
bolcar, to upset, overturn.
bolet, *m.*, mushroom; slap (*coll.*).
bombó, *m.*, a sweet.
bonança, *f.*, fair weather; calm.
bondat, *f.*, goodness; kindness.
bonyegut, da, bumpy.
bonic, ca, pretty.
bord, *m.*, aboard.
bordada, *f.*, board, tack (*naut.*).
bordell, *m.*, brothel.
borratxo, xa, *n.*, drunkard.
bosc, m., wood, forest.
bossa, *f.*, purse; hold-all.
bot, *m.*, wine-skin, leather bottle; jump; boat.

bota, *f.,* boot.
bóta, *f.,* cask, barrel.
botella, *f.,* bottle.
boterut, da, chubby.
botifarra, *f.,* typical sausage of Catalonia.
botiga, *f.,* shop.
botó, *m.,* button.
botre, to jump; to bound.
bou, m., ox; bullock.
braç, *m.,* arm.
bracejar, to move the arms.
bramar, to roar, bellow.
bramular, to roar; to howl.
branca, *f.,* branch.
brancatge, *m.,* foliage.
brandar, to swing; to brandish.
brasa, *f.,* live coal.
brau, va, brave; wild; fierce.
bravada, *f.,* breath; odour.
bressar, to rock.
bressol, *m.,* cradel.
breu, *com.,* brief, short.
brevetat, *f.,* briefness.
bri, *m.,* blade; filament; fragment.
brillant, *com.,* shining, brilliant; *m.,* diamond.
brillar, to shine, glitter.
brindar, to offer; to toast.
brisa, *f.,* breeze.
britànic, ca, British.
broc, *m.,* beak.
brodar, to embroider.
brogit, *m.* noise; rumour.
brollar, to spring; to flow out.
broma, *f.,* mist; jest; noisy mirth.
brostar, to bud, to shoot forth.
brot, *m.,* bud.
brotar, to bud; to sprout.
brotonar = brotar.
brou, *m.,* broth.
bru, una, brown; *f.,* brunette.
bruixa, *f.,* witch.
bruixot, *m.,* sorcerer.
brunzir, to buzz, hum.
brusc, ca, brusque; sudden.
brut, ta, dirty; soiled; untidy; crude.
brutícia, *f.,* filth, dirt.
bufar, to blow.
bufetada, *f.,* slap in the face.
bufó, ona, pretty.
buidar, to empty.
buit, da, empty; hollow.
bullir, to boil.
burí, *m.,* burin.
burla, *f.,* mockery, sneer.
burlar-se, to mock, laugh at.
burro, rra, *n.,* ass.

burxar, to prick.
buscar, to look for.
butxaca, *f.,* pocket.

C

ca, *m.,* dog; *int.,* oh, no!
cabanya, *f.,* hut.
cabàs, *m.,* frail; beneit del —, silly fool.
cabdill, *m.,* leader.
cabell, *m.,* hair.
cabellera, *f.,* head of hair; mane.
cabra, *f.,* goat.
cabre, to contain; to have room.
cabuda, *f.,* capacity, space.
cabussar, to plunge.
cabussó, *m.,* plunge.
caçador, ra, hunter.
caçar, to hunt; to catch.
cada, *com.,* each, every.
cadascú, una, *pron.,* each one; everyone.
cadena, *f.,* chain.
cadira, *f.,* chair.
caducar, to lapse.
caient, *m.,* aspect, look; slope.
caiguda, *f.,* fall.
caire, *m.,* edge; aspect.
caixa, *f.,* box.
cal, *contraction of* ca (casa) *and* el, at the house of.
cala, *f.,* cove.
calaix, *m.,* drawer.
calanc, *m.,* cove.
calar, to lower; to catch; (*naut.*) to lower (the nets).
calavera, *f.,* skeleton; skull; *m.,* dissipated man.
calb, ba, bald.
calces, *f. pl.,* trousers.
calcigar, to tread.
calçar, to put shoes on (someone).
calçotets, *m. pl.,* under-pants.
calcular, to calculate.
cald, a, hot.
caldre, to be necessary.
calent, ta, hot, warm.
càlid, da, hot, warm.
calitja, *f.,* haze, light mist.
caliu, *m.,* ember; warmth.
callar, to be silent.
callat, da, silent; quiet.
calma, *f.,* tranquility; slowness.
calmar, to calm.
calor, *f.,* heat; warmth.
cama, *f.,* leg.
cambra, *f.,* room; chamber.

cambrer, ra, *n.,* waiter, waitress; valet, chamber-maid.

camí, *m.,* road; path; way; trip.

caminador, ra, *adj. & n.,* a good walker.

camnar, to walk; to go, move.

camisa, *f.,* shirt.

camp, *m.,* country; field.

campana, *f.,* bell.

campar, to spend (time); to live.

camperol, la, rural; *m. & f.,* countryman (-woman).

can, *contraction of* **ca** (**casa**) *and the article* **en,** at the house of.

canal, *m.,* canal; channel.

canari, *m.,* canary; —, **ària,** *adj. & n.,* from the Canary Islands.

cancel·lar, to cancel.

canceller, *m.,* chancellor.

cançó, *f.,* song.

cançoner, ra, slow, lazy; *m.,* collection of ballads.

canelobre, *m.,* candelabra.

canó, *m.,* cannon.

canonge, *m.,* canon.

cansar, to tire, weary; to bore.

cansat, da, tired, weary.

cant, *m.,* song; singing.

cantaire, *m. & f.,* singer.

cantar, to sing.

cantell, *m.,* edge.

càntic, *m.,* song.

càntir, *m.,* pitcher.

cantó, *m.,* corner; angle; end; place.

cantonada, *f.,* corner.

cantúria, *f.,* songs.

canvi, *m.,* change; exchange.

canviar, to change; to replace.

canya, *f.,* reed; straw.

cap, *adj., & pron.,* no, none; some, any; *prep.,* towards.

cap, *m.,* head; chief, leader; top.

capa, *f.,* cloak; layer.

capaç, *com.,* capacious; capable, able.

capbussar = **cabussar.**

al capdavall, at the end.

capell, *m.,* hat.

capella, *f.,* chapel.

capellà, *m.,* priest.

capficar, to preoccupy.

capgirar, to turn upside-down.

capir, to understand.

capità, *m.,* captain.

capítol, *m.,* chapter.

capot, *m.,* cape coat.

caprici, *m.,* whim.

capsa, *f.,* box.

captar, to beg; **-se,** to capture.

capteny, *m.,* demeanour.

captiu, va, *adj. & n.,* captive.

captivar, to charm.

capvespre, *m.,* dusk.

car, *conj.,* for.

car, ra, dear.

cara, *f.,* face; countenance.

caràcter, *m.,* character.

característic, ca, characteristic.

caram!, *int.,* good gracious!, confound it!

caramel, *m.,* candy, sweet.

carbassa, *f.,* pumpkin; rebuff (*coll.*).

carbó, *m.,* coal.

carboner, *m.,* coal miner; coal merchant.

càrcer, *m.,* (*arch.*), prison.

carena, *f.,* crest.

carestia, *f.,* scarcity.

cargol, *m.,* snail; screw.

cargolar, to screw; to roll.

carícia, *f.,* caress.

caritat, *f.,* charity.

carn, *f.,* flesh; meat; — **d'olla,** dish of boiled meat and vegetables.

carnús, *m.,* filth.

càrrec, *m.,* office, post; charge; obligation; cargo.

carregar, to load, burden; to charge; to attack.

carrer, *m.,* street.

carrera, *f.,* run; career.

carta, *f.,* letter; playing card.

carter, ra, *n.,* postman (-woman).

cartera, *f.,* wallet; portfolio.

carvendre, to sell dear.

cas, *m.,* case; event, occurrence; chance.

casa, *f.,* house; dwelling; home; firm.

casal, *m.,* house, mansion.

casament, *m.,* wedding.

casar, to marry; to match.

caserna, *f.,* barracks.

cassola, *f.,* earthen cooking-pan.

castanya, *f.,* chestnut.

castell, *m.,* castle.

càstig, *m.,* punishment.

castigar, to punish.

castís, issa, pure; of good descent.

casualitat, *f.,* chance; coincidence.

català, ana, *adj. & n.,* Catalan, Catalonian.

càtedra, *f.,* professorship; faculty.

catedral, *f.,* cathedral.

categoria, *f.,* category; quality.

catorze, *com.,* fourteen.

cau, *m.,* burrow; den; hiding place.

caudalós (*Cast.*) = **cabalós, osa,** carrying much water.

caure, to fall.

causa *f.,* cause; **a — de,** because of.

cautelós, osa, cautious.

cavalcar, to ride a horse.

cavall, *m.,* horse; **a — de,** riding on.

cavaller, *m.,* gentleman; horseman; knight.

cavalleria, *f.,* cavalry; chivalry.

cavar, to dig.

ceba, *f.,* onion; mania (*coll.*).

cec, ga, blind.

cedir, to yield; to cede.

cedre, *m.,* cedar.

cel, *m.,* sky; heaven.

celda (*Cast.*) = **cel·la,** *f.,* cell.

celebrar, to celebrate; to praise.

cèlebre, *com.,* famous.

celestial, *com.,* heavenly.

cèlic, a, celestial.

celístia, *f.,* star-light.

cella, *f.,* eyebrow.

celler, *m.,* cellar.

cementiri, *m.,* cemetery.

cendra, *f.,* ash.

censura, *f.,* censorship.

censurar, to judge; to censure.

cent, *com.,* hundred.

cenyir, to encircle; to hem in; **-se,** to confine or limit oneself.

ceptre, *m.,* sceptre.

cera, *f.,* wax.

cercar, to seek, look for.

cerimònia, *f.,* ceremony.

cerimoniós, osa, ceremonious.

cert, ta, certain; a certain.

certament, certainly.

certesa, *f.,* certainty.

certificar, to certify; to register (a letter).

certitud = **certesa.**

cervell, *m.,* brain; wise.

cervesa, *f.,* beer.

cessar, to cease.

ciència, *f.,* science; knowledge.

cigarret, *m.,* cigarette.

cigarreta, *f.* = **cigarret.**

cim, *m.,* summit; top.

cinc, *com.,* five.

cingle, *m.,* precipice.

cinquanta, *com.,* fifty.

cinta, *f.,* ribbon.

cintura, *f.,* waist.

circulació, *f.,* circulation; traffic.

cirera, *f.,* cherry.

cirurgià, ana, *n.,* surgeon.

cirrus, *m.* (*met.*), cirrus.

cisellar, to chisel.

cistell, *m.,* hand basket.

citar, to quote; to make an appointment.

ciutadà, ana, *n.,* citizen.

ciutat, *f.,* city.

civada, *f.,* oats.

civilització, *f.,* civilization.

clamar, to clamour.

clar, ra, clear; bright, light; transparent; evident; **és —,** of course.

claredat, *f.,* brightness; clarity.

clarejar, to dawn, to grow light; to be transparent.

clariana, *f.,* clearing.

claror, *f.,* light.

clatell, *m.,* nape of neck.

clau, *m.,* nail; *f.* key; clue.

claustre, *m.,* cloister.

clàusula, *f.,* clause.

clavar, to nail; to fix; to pierce.

clavell, *m.,* carnation.

clavelliner, *m.,* carnation plant.

clenxa, *f.,* parting of the hair.

clima, *m.,* climate.

clivella, *f.,* crevice, crack, cleft.

clos, sa, reserved; close.

clot, *m.,* hole; hollow.

cloure, to close, shut; to enclose.

ço = **açò,** this; **ço és,** that is.

cobejar, to covet.

cobert, *m.,* shed; dinner, table d'hôte.

cobla, *f.,* ballad, couplet; popular band.

cobrar, *vt.,* to receive; *vi.,* to recover.

cobriment, *m.,* covering; **— de cor,** swoon.

cobrir, to cover.

codony, *m.,* quince.

cofoi, ia, pleased; contented; proud.

cogitació, *f.,* cogitation, meditation.

cogitar, to cogitate, meditate.

cognom, *m.,* surname.

coi, *m., naut.,* hammock.

coincidir, to coincide.

coissor, *f.,* itch.

coix, xa, lame.

coixí, *m.,* pillow.

col, *f.,* cabbage.

còlera, *f.,* anger.

colgar, to cover; to bury.

coll, *m.,* neck; throat; collar; **a —,** on one's shoulders.

colla, *f.,* group; a collection.

collar, *m.,* necklace.

col·legi, *m.,* school.

collir, to gather; to pick up.

collita, *f.,* harvest.

col·locar, to place.

colom, *m.,* pigeon; dove.
colomar, *m.,* dovecote.
color, *m.,* colour.
colpir, to beat; to affect.
colrar, to tan.
coltell, *m.,* knife.
colze, *m.,* elbow; bend.
com, *adv.,* how; as; like; *conj.,* as.
comanar = encomanar.
comanda, *f.,* request; order.
comarca, *f.,* district.
combat, *m.,* battle; fight.
combatre, to fight; to attack.
començar, to begin.
comerç, *m.,* commerce.
comerciant, ta, *n.,* trader, merchant.
cometre, to commit.
comiat, *m.,* dismissal; farewell.
commoció, *f.,* commotion.
commoure, to affect, disturb.
còmode, da, comfortable.
compacte, a, compact.
compadir, to pity.
company, *m.,* companion, friend; fellow member.
companyia, *f.,* company.
companyó = company.
comparar, to compare.
comparèixer, to appear.
compartir, to share.
compassiu, va, compassionate.
compatrici, ícia, *n.,* fellow-countryman (-woman).
competir, to compete; to be incumbent on.
complaure, to please.
complet, ta, complete.
completar, to complete.
compliment, *m.,* fulfilment; courtesy.
complir, to execute; to obey; to attain.
compondre, to compose; to garnish.
comportar, to tolerate.
comprar, to buy.
comprendre, to include; to understand.
compromís, *m.,* pledge; embarrassment.
comprovar, to check, verify.
comptar, to reckon, count.
compte, *m.,* account; calculation; reason; care; *int.,* look out! ; **tenir en —,** to take into account.
comsevulla, anyhow, in any way.
comtat, *m.,* earldom; county.
comte, *m.,* count.
comtessa, *f.,* countess.
comú, una, common; usual; current; vulgar; *f.,* lavatory.

comunicar, to communicate.
comunicatiu, va, unreserved.
conca, *f.,* large bowl; basin of a river.
concebre, to conceive; to comprehend.
concedir, to grant; to allow.
concertar, to pact, agree; to put in order.
concloure, to conclude; to infer.
conclusió, *f.,* conclusion, end.
concordar, to accord; to agree.
concórrer, to attend; to concur; to coincide.
concret, ta, concrete.
condemnar, to condemn.
condició, *f.,* condition, state; nature.
conductor, ra, *n.,* driver; conductor.
conduir, to drive; to lead.
coneixement, *m.,* knowledge.
coneixença, *f.,* acquaintance; knowledge.
conèixer, to know; to perceive.
conferència, *f.,* lecture; conference.
confiança, *f.,* confidence, trust; familiarity.
confiar, to entrust; **— en,** to rely on; to trust in.
confitura, *f.,* jam.
conforme, *com.,* alike; acceptable.
congesta, *f.,* snow-drift.
congriar, to brew (a rebellion).
conhort, *m.,* comfort, consolation.
conill, *m.,* rabbit.
conjunt, ta, united; whole.
conquistador, ra, *n.,* conqueror.
conquistar, to conquer.
conrear, to till, cultivate.
consagrar, to consecrate.
consciència, *f.,* c o n s c i e n c e ; consciousness.
conscientment, consciously.
conseqüent, *com.,* c o n s e q u e n t ; **per —,** consequently.
consell, *m.,* counsel, advice; council; **— de ministres,** cabinet.
conseller, ra, *n.,* adviser; councillor.
consentir, to consent, allow; **-se,** to crack, begin to break.
conseqüència, *f.,* consequence.
conservador, ra, *n. & adj.,* conservative.
conservar, to conserve, keep; retain.
considerar, to consider; to reflect upon.
consirós, osa, pensive.
consolar, to console.
consolat, *m.,* consulate.

constar, to be certain, clear; **— de,** to consist of.

constipar, to constipate; **-se,** to catch cold.

constituir, to constitute.

construir, to construct.

consuetud, *f.,* habit, custom.

consultar, to consult.

consumir, to consume; to destroy.

contar, to tell, narrator.

conte, *m.,* tale, story.

contemplació, *f.,* contemplation.

contemplar, to contemplate.

contendre, to fight; to quarrel.

contenir, to contain.

content, ta, happy; satisfied.

contestar, to answer.

continuar, to continue.

contorn, *m.,* contour, outline.

contra, *prep.,* against; *m.,* opposite sense.

a contracor, reluctantly.

contracte, *m.,* contract, agreement.

contrada, *f.,* district.

contrari, ària, contrary; opposed; *m.,* opposite; **al —,** on the contrary.

contreure, to contract; to tighten.

contribuir, to contribute.

convèncer, to convince.

convenir, to agree; to suit.

convertir, to convert.

convidar, to invite.

convit, *m.,* invitation; feast.

cop, *m.,* blow; stroke, hit; shock; time; **— d'aigua,** violent shower; **— d'ull,** glimpse; **— de cap,** headshake; bump on the head; sudden decision; **de — i volta,** suddenly.

copa, *f.,* glass.

copiar, to copy.

copsar, to catch; to comprehend.

cor, *m.,* heart; core; middle; choir; chorus.

coral·lí, ina, of coral.

corbata, *f.,* tie.

corda, *f.,* string, rope; chord; **donar —,** to wind up.

corder, *m.,* lamb.

corn, *m.,* horn.

corona, *f.,* crown; garland.

coronar, to crown.

correcte, ta, correct.

corredor, ra, *n.,* runner; *m.,* corridor; *comm.,* traveller, broker.

corregir, to correct; to mend, reform; to temper.

correguda, *f.,* run, sprint.

corrent, *f.,* current; *adv., pl.,* quickly.

córrer, to run; to flow.

corresponent, *com.,* corresponding.

corresponsal, *m.,* correspondent.

correu, *m.,* post, mail.

corrompre, to corrupt.

cort, *f.,* court; *pl.,* House of Representatives, Parliament.

cortés, esa, polite, courteous.

cos, *m.,* body, matter.

cosa, *f.,* thing.

cosí, ina, *n.,* cousin.

cosir, to sew.

costa, *f.,* coast; slope.

costat, *m.,* side.

costum, *m.,* custom; habit; *pl.,* customs, ways.

cotitzar, to quote prices.

cotó, *m.,* cotton; **— fluix,** cotton-wool.

cotxe, *m.,* carriage, coach; car.

coure, *m.,* copper.

coure, to cook; to bake; to boil; to smart.

cova, *f.,* cave.

covar, to hatch; to overcook.

covard, da, cowardly; *m.,* coward.

cranc, *m.,* crab.

creador, ra, *n.,* creator.

crear, to create.

creient, *com.,* believing; obedient.

créixer, to grow.

crema, *f.,* burning; custard; cream.

cremallera, *f.,* rack; zip-fastener; rack; railroad.

cremar, to burn.

crepitar, to crackle.

cresta, *f.,* comb (of a bird); top; summit.

crètua, *f.,* crevice, crack.

creu, *f.,* cross.

creuar, to cross.

creure, to believe; to obey.

criar, to rear, raise.

criat, da, *n.,* servant.

criatura, *f.,* creature; infant.

cridar, to call; to shout.

crim, *m.,* crime.

cristall, *m.,* crystal.

cristal·lí, ina, crystalline, clear.

cristià, ana, *n. & adj.,* christian.

crit, *m.,* cry, shriek.

criticar, to criticise.

crònica, *f.,* chronicle.

cronista, *m.,* chronicler.

crosta, *f.,* crust.

cru, a, crude; raw; unripe.

cruel, *com.,* cruel.

crueltat, *f.,* cruelty.

cruixir, to overtire; to creak; to crack.
cua, *f.,* tail; queue.
cuc, *m.,* worm.
cucorna, *f.,* blind-man's-buff.
cuina, *f.,* kitchen; cuisine.
cuixa, *f.,* thigh; leg.
cul, *m.,* buttock; bottom.
cullera, *f.,* spoon.
culpa, *f.,* fault; sin; guilt.
culpable, *com.,* guilty.
culte, *m.,* cult; worship.
culte, ta, cultured.
cultivar, to cultivate.
cultura, *f.,* culture; cultivation.
cúpula, *f.,* dome.
cura, *f.,* care, solicitude; cure.
curar, to cure, heal; to recover from sickness.
curiós, osa, curious.
curs, *m.,* course; term.
curt, ta, short; dull.
curull, lla, filled, full.

D

dada, *m.,* datum.
daler. See **deler.**
dallar, to cut.
dalt, *adv.,* above, high.
daltabaix, *m.,* catastrophe; tumult; *adv.,* down.
dama, *f.,* lady.
damnar, to damn.
damunt, *m.,* top; *adv.,* above; on; at the top.
dansar, to dance.
danyar, to hurt; to harm.
darrer, ra, last, latest.
darrera, *adv. & prep.,* behind, after.
data, *f.,* date.
daurar, to gild.
davall, *adv. & prep.,* beneath, under.
davallar, to descend.
davant, *adv. & prep.,* before; in front.
davantal, *m.,* apron.
de, *prep.,* of; from; by; in.
debanar, to reel.
debades, in vain.
debatre, to argue, discuss.
dèbil, *com.,* weak; feeble.
decantar, to lean, incline; to decant.
decidir, to decide.
decidit, da, decided; bold.
declarar, to declare.
declinar, to refuse.
decret, *m.,* decree.
dedicar, to dedicate.
deduir, to deduct; to deduce.

defalliment, *m.,* langour.
defallir, to swoon.
defendre, to defend; to prohibit.
defensa, *f.,* defence.
definir, to define.
definitiu, va, final.
degudament, justly, duly.
deixar, to leave; to omit; to lend; to allow.
deixeble, bla, *n.,* pupil.
deixondir, to rouse, wake.
dejorn, early.
dejú, una, fasting.
deler, *m.,* eagerness.
deliberar, to ponder.
delicat, da, delicate; gentle.
deliciós, osa, delicious.
delit, *m.,* courage; vigour; enterprise.
delitós, osa, delectable.
demà, tomorrow.
demanar, to ask; to demand.
demés, *conj.,* moreover.
demora, *f.,* delay.
demostrar, to demonstrate.
dempeus, *adv.,* standing.
departir, to separate, split.
dens, sa, dense, thick.
dent, *f.,* tooth.
dentadura, *f.,* set of teeth.
denúncia, *f.,* accusation.
dependent, ta, *n.,* clerk.
dependre, to depend.
deportar, to exile.
deprimir, to depress.
dèria, *f.,* mania.
derrocar, to knock down; to demolish.
derrota, *f.,* defeat.
des de, *prep.,* since, from; after.
desabor, *m. (arch.),* distaste.
desafiar, to challenge.
desaforadament, excessively.
desagradar, to displease.
desallotjar, to dislodge; to move out.
desamor, *m. & f.,* disaffection.
desanimar, to dishearten.
desanimació, *f.,* lack of animation.
desaparèixer, to disappear.
desar, to hide; to put away; to keep.
desastre, *m.,* disaster.
desbaratar, to smash; to upset.
desbordar, to overflow.
descalç, ça, barefoot.
descans, *m.,* rest; support.
descansar, to rest.
descanviar, to change.
descarregar, to unload.
desclavar, to unstick; to unnail.

descobriment, *m.,* discovery.
descobrir, to discover; to reveal.
desconcertar, to disturb; to battle.
desconèixer, to fail to recognize; to ignore.
desconfiar, to mistrust.
desconhort, *m.,* affliction.
descriure, to describe.
descuit, *m.,* forgetfulness.
desdejuni, *m.,* breakfast.
desdeny, *m.,* scorn, contempt.
desembarcar, *vi.,* to land; *vt.,* to put ashore.
desembre, *m.* December.
desempallegar-se, to rid oneself of.
desemparar, to abandon.
desencadenar, *vt.,* to unchain; **-se,** to break loose (storm).
desengany, *m.,* disillusion.
desenrotllar, to develop; to unroll.
desert, ta, deserted.
desertar, to desert.
desesperar, *vi.,* to despair; *vi. & vt.,* to fret.
desesperat, da, desperate.
desfer, to undo; to destroy; to make melt; **-se de,** to get rid of.
desferres, *m. pl.,* débris.
desfet, ta, violent; *f.,* riot.
desfici, *m.,* restlessness.
desfilar, to file out; to march.
desfogar, *vt.,* to relieve; to vent; **-se,** to give vent to.
desgràcia, *f.,* misfortune; bad luck.
desgraciat, ada, unfortunate; wretched.
desig, *m.,* desire, wish; whim.
desinflar, to deflate.
desitjar, to desire, wish.
deshonor, *m. & f.,* dishonour.
desmai, *m.,* swoon.
desmaiar, to discourage; **-se,** to faint.
desmentir, to contradict; to give the lie to.
desolat, ada, desolate.
despatx, *m.,* office; dispatch.
despatxar, to dispatch; to dismiss.
despedida, (*Cast.*) = **comiat,** *m.,* farewell.
despertar, to awake; to enliven.
despit, *m.,* spite; rage.
desplegar, to unfold, display.
desprendre, to detach.
després, *adv.,* after, afterwards; then; later.
despullar, *vt. & vr.,* to undress.
dessota, *adv.,* underneath.
destacar, to detach; **-se,** to stand out.
destí, *m.,* fate.
destinació, *f.,* destination.

destre, tra, dexterous, able.
destrossar, to destroy; to shatter.
destruir, to destroy, demolish.
desventurat, da = **desgraciat.**
desvetllar, to awake; **-se,** to be sleepless.
detall, *m.,* detail.
detenir, to stop; to arrest.
determinar, to determine.
doig com., tori, *fg.* upring, fountain.
déu, *m.,* god; **Déu,** *m.,* God.
Déu vos guard! God be with you!
deure, to owe; *m.,* duty.
deute, *m.,* debt.
devers, *prep.,* towards.
devesall, *m.,* flood.
devoció, *f.,* devotion, piety.
devot, ta, devout, pious.
devorar, to devour.
dia, *m.,* day; **de —,** by day.
diable, *m.,* devil.
diada, *f.,* festivity.
diari, ària, daily; *m.,* newspaper.
dibuix, *m.,* drawing.
dibuixar, to draw; to depict.
dic, *m.,* dike; dock.
dida, *f.,* wet nurse.
diferència, *f.,* difference.
dificultat, *f.,* difficulty.
difondre, to diffuse; to divulge.
difunt, ta, deceased.
difús, usa, diffuse.
digerir, to digest.
dignar-se, to condescend.
digne, na, worthy.
dijous, *m.,* Thursday.
dilatar, to dilate.
dilecte, ta, loved, beloved.
dilluns, *m.,* Monday.
diluvi, *m.,* deluge.
dimecres, *m.,* Wednesday.
dinar, to have lunch; *m.,* lunch.
diner, *m.,* money; coin; currency; fortune.
dinou, *com.,* nineteen.
dins, *prep. & adv.,* within, inside.
dintre = **dins.**
dipositar, to deposit.
diputació, *f.,* deputation; corporation of deputies.
diputat, *m.,* deputy; **— a corts,** congressman.
dir, to say, tell; to name, call; **to** indicate.
direcció, *f.,* direction.
directe, ta, direct, straight.
dirigir, to direct.
disbarat, *m.,* blunder; nonsense.
discòrdia, *f.,* discord, disagreement.

discórrer, to invent; to discourse on.
discret, ta, discreet.
disculpar, to excuse.
discurs, *m.*, discourse, speech.
discutir, to discuss.
disparar, to fire, shoot.
dispesa, *f.*, lodging, board.
disposar, to dispose; to prepare.
disputar, to dispute.
dissabte, *m.*, Saturday.
disset, *com.*, seventeen.
dissimular, to feign, pretend.
dissoldre, *vt. & vr.*, to dissolve.
dissort, *f.*, misfortune.
distància, *f.*, distance.
distingir, to distinguish.
distint, ta, different.
distreure, to distract; to amuse.
dit, *m.*, finger.
dita, *f.*, saying, proverb.
diumenge, *m.*, Sunday.
divagar, to roam; to digress.
divendres, *m.*, Friday.
divers, sa, diverse; *pl.*, several.
divertir, to divert; to amuse.
dividir, to divide.
divisa, *f.*, badge; *pl.* currency.
divuit, *com.*, eighteen.
doblar, to fold; to double.
doble, *com.*, double; thick.
dòcil, *com.*, docile.
docte, ta, learned.
dofí, *m.*, dolphin.
a dojo, copiously.
dol, *m.*, sorrow; mourning.
dolç, ça, sweet; pleasant; *m.*, sweet-meat.
dolçor, *f.*, sweetness.
doldre, to be regretful; —'s, to regret.
dolent, ta, bad; wicked.
doler = doldre.
doll, *m.*, jet, spurt.
dolmen, *m.*, dolmen.
dolor, *m.*, pain; sorrow; regret.
dominar, to dominate; to master; -se, to control oneself.
dona, *f.*, woman.
donar, to give; to confer; to grant; to yield.
doncs, *conj.*, then; since.
donzella, *f.*, maiden.
dormir, to sleep.
dormidor, *m.*, bedroom.
dos, dues, two.
dot, *m.*, dowry; gift.
dotat, ada, endowed.
dotze, *com.*, twelve.
dotzena, *f.*, dozen.

drap, *m.*, cloth.
drapaire, *m. & f.*, rag-picker.
drassana, *f.*, arsenal.
dreçar, to straighten; to lift.
drecera, *f.*, short cut.
dret, ta, straight; right; standing; *m.*, law; right.
dreta, *f.*, right hand.
dretura, *f.*, righteousness.
dringar, to clink, jingle.
duana, *f.*, custom-house.
dubtar, to doubt.
dubte, *m.*, doubt.
dubtós, osa, doubtful.
duc, *m.*, duke.
duquessa, *f.*, duchess.
dur, to carry; to bring; to wear; to lead.
dur, ra, hard; harsh; cruel; obstinate; crude.
durant, *prep.*, during.
durar, to last.

E

ebenista, *m.*, cabinet maker.
economia, *f.*, economy.
edat, *f.*, age; epoch.
edició, *f.*, edition, issue.
edificar, to build; to edify.
edifici, *m.*, building.
editar, to publish.
editor, ra, *n.*, publisher.
educar, to educate.
efecte, *m.*, effect; purpose; *pl.*, assets; goods.
efectiu, va, effective; *m.*, cash.
efectuar, to effect.
efusió, *f.*, effusion; warmth of feeling.
egoisme, *m.*, egotism; egoism.
egregi, ègia, eminent.
eina, *f.*, tool.
eix, eixa, that.
eix, *m.*, axis; axel.
eixam, *m.*, swarm.
eixamplar, to widen, enlarge.
eixerit, da, smart, clever.
eixir, to go out; to depart.
eixordar, to deafen.
eixugar, to dry.
el, *m. art.*, the; *pers. pron.*, him, it.
elegir, to choose; to elect.
elevar, to elevate; to raise.
eliminar, to eliminate.
ell, ella, *pron.*, he, him; she, her.
elogiar, to praise.
els, *pl. m. art.*, the; *pron.*, them.
eludir, to evade.

em, me, *first person pron., dative, accusative and reflexive case of* jo, me, to me.

embadalir, to fascinate.

embalar, to pack; to accelerate.

embanyat, ada, with horns.

embarcació, *f.,* vessel, ship.

embarcar, to embark.

embolicar, to wrap; to entangle.

embranzida, *f.,* impulse.

embriac, ga, drunk.

embriagar, to intoxicate.

embrutar, to soil, stain; to foul.

embull, *m.,* tangle.

embús, *m.,* obstruction.

emetre, to emit.

emissora, *f.,* transmitting station.

emmalaltir, to fall ill.

emmirallar, to reflect.

emmudir, to be silent.

emoció, *f.,* emotion.

empaitar, to pursue.

emparar, to shelter, protect.

emparentar, to relate.

empassar-se, to swallow.

empenta, *f.,* push, shove.

empènyer, to push.

emperò = **però.**

empescar-se, to invent.

empipar, to bother, vex.

empordanès, esa, from Empordà.

emportar-se, to take away.

emprar, to use; to employ.

emprendre, to undertake.

empresa, *f.,* enterprise.

empresonar, to imprison.

empudegar, *vt.,* to stink.

en, *prep.,* in, to, at, on.

en, *adv. & pron.,* it.

En, old title for the kings and noblemen of Catalonia, now used before christian names and surnames. Equivalent to the English Mr. or Esq.

enamorar, to inspire love; **-se,** to fall in love.

enamorat, da, in love; *n.,* lover.

enardir, to inflame.

enbà, *m.,* partition wall.

ençà, *adv.,* here, hither; **d' —,** since.

encaixar, to fit; to shake hands.

encalçar, to pursue.

encallar, to run aground.

encaminar-se, to go to.

encantar, to enchant.

encara, *adv.,* still; yet; even.

encarar, to face.

encàrrec, *m.,* charge, commission.

encarregar, to entrust; **-se,** to take charge.

encastar, to attach.

encativar, to capture.

encauar, to put in a hiding place.

encegar, to blind.

encendre, to light; to inflame.

encercar, to search; to investigate.

encertar, to hit the mark; to succeed.

encès, esa, burning (cheeks).

enciam, *m.,* lettuce.

enciamada, *f.,* salad.

encís, *m.,* fascination.

encisar, to fascinate, to bewitch.

encomanar, to commend; to infect.

encongir-se, to contract, shrink.

encontinent, immediately.

encontrada, *f.,* district.

encontre, *m.,* encounter.

encoratjar, to encourage.

endalt, above.

endarrera, behind, after; backwards.

endavant, ahead; forwards.

endemà, *m.,* the day after.

endevinar, to foretell; to guess.

endins, inwards.

endinsar, to penetrate.

endolcir, to sweeten.

endreçar, to arrange, put in order.

enemic, ga, *adj. & n.,* enemy.

enfadar, to anger; **-se,** to get angry.

enfonsar, *vt. & vr.* to sink.

enfront, *adv.,* opposite; *m.,* forepart, in front.

enfundar, to sheathe.

engalanar, to adorn.

enganxar, to hook; to stick.

engany, *m.,* deceit, fraud.

enganyar, to deceive.

enganyat, da, deceived.

engegar, to start; to throw.

engendrar, to generate.

enginy, *m.,* talent; skill.

engrandiment, *m.,* aggrandizement.

engreixar, to fatten.

engroguir, to turn yellow.

engruixir, to swell.

enjús, *adv.,* down.

enlairar, to raise, lift.

enllà, *adv.,* there; beyond.

enllaçar, to bind.

enllacada, *f.,* silt.

enllestir, to finish; **-se,** to hasten.

enlloc, *adv.,* nowhere.

enlluernar, to dazzle.

enmig de, *adv.,* in the midst of.

enneguitar, to worry.

ennuegar-se, to choke.

enorme, *com.,* enormous.
enraonar, to talk; to discuss.
enredar, to deceive; to entangle.
enreixat, ada, grilled (window).
enrenou, *m.,* bustle, noise.
enrera, *adv.,* backwards.
enrunar, to demolish.
ens, *pron.,* us, to us.
ensems, together; at the same time.
ensenyar, to teach; to show.
ensopegar, to stumble.
ensopiment, *m.,* drowsiness.
ensutzar = embrutar.
entebionar, to warm.
entelar, to blur.
entendre, to understand.
enteniment, *m.,* intellect, mind; judgment.
enter, ra, whole; constant.
enterrar, to bury.
entorn, *adv. & prep.,* about, around.
entrada, *f.,* entrance.
entranyes, *f. pl.,* heart, core.
entrar, to enter.
entre, *prep.,* between, among.
entremaliat, da, mischievous; lively.
entremig, in between.
entretenir, to amuse, to entertain.
entusiasme, *m.,* enthusiasm.
enuig, *m.,* anger.
enutjar, to anger; to bother.
envair, to invade.
enveja, *f.,* envy.
envejar, to envy.
envejós, osa, envious.
envellir, *vt., vi. & vr.,* to age.
enverinar, to poison.
envernissar-se, to make oneself up (*arch.* in this sense).
envers, *prep.,* towards.
envestir, to rush against.
enviar, to send.
enviduar, to become a widower or widow.
envolt, ta, wrapped.
enyorament, *m.,* nostalgia.
enyorança, *f.,* nostalgia.
enyorar-se, to be home-sick.
època, *f.,* epoch; age; time.
equip, *m.,* equipment; team; gear.
equipatje, *m.,* luggage.
equivocació, *f.,* mistake.
equivocar-se, to be mistaken.
era, *f.,* era; threshing-floor.
erigir, to erect, build.
erm, ma, barren, desert.
ermità, *m.,* hermit.
errada, *f.,* mistake.
errabund, da = errant.

errant *com.,* wandering.
errar, *vi.,* to err; to wander; *vt.,* to make a mistake; *vr.,* to be mistaken.
ert, ta, stiff, rigid.
es, *pron.,* himself, oneself, herself, itself, themselves; one.
esbandir, to rinse.
esberlar, to break open.
esblanqueir, to whiten.
esborrar, to efface; to cross out.
esborronar, to terrify.
esbrinar, to enquire into.
escaient, *com.,* fit, fitting.
escala, *f.,* staircase; ladder; scale; port of call.
escàlam, *m.,* thole (*naut.*).
escalfar, to warm, heat.
escamat, ada, on one's guard.
escamot, *m.,* platoon.
escampar, to scatter, spread.
escandalitzar, to scandalize.
escanyar, to strangle; to choke.
escapar, *vi. & vr.,* to escape.
escarlata, *com.,* scarlet.
escarmentar, *vt.,* to correct severely; *vi.,* to take warning.
escàs, assa, short; scarce.
escata, *f.,* fish scale.
escaure, to suit, fit; to happen, occur.
esclafar, to crush; to flatten.
esclarir, to lighten; to elucidate.
esclat, *m.,* explosion; brilliancy.
esclatar, *vi.,* to explode, burst.
esclau, va, *n.,* slave.
escletxa, *f.,* crack, split.
esclop, *m.,* clog.
escola, *f.,* school.
escolà, *m.,* acolyte; choir-boy.
escolania, *f.,* choir of boys.
escolar-se, to flow.
escollir, to choose.
escoltar, to listen.
escombra, *f.,* broom.
escometre, to assault.
escopeta, *m.,* gun.
escopir, to spit.
escriptor, ra, *n.,* writer.
escriptori, *m.,* writing-desk.
escrit, *m.,* writing.
escriure, to write.
escudella, *f.,* bowl; Catalan minestrone soup.
escull, *m.,* reef; danger.
escuma, *f.,* foam.
esdevenir, to become; to happen.
esfera, *f.,* sphere.
esfereir, to frighten.

esflorar, to deflower.
esforç, m., effort.
esforçar-se, to strive.
esgarrifança, f. shiver.
esglaiar, to startle, frighten.
església, f., church.
esgotar, to exhaust.
esguard, m., look.
esllanguit, da, slim; thin.
d'esma, mechanically, limply.
esmalt, m., enamel.
esmenar, to amend.
esment, m., knowledge; mention;
  parar —, to pay attention.
esmolat, ada, smooth.
esmorzar, m., breakfast.
esmunyir-se, to slip through.
esòfag, m., œsophagus.
espai, m., space.
espaiós, osa, spacious.
espant, m., fright.
espantar, to frighten.
espardenya, f., hemp-sandal.
espasa, f., sword.
espatlla, f., shoulder.
espècie, f., kind of.
espellifat, ada, shabby.
esperança, f., hope.
esperar, to await; to hope.
esperit, m., spirit; soul.
esperó, m., spur.
espès, essa, thick, dense.
espia, m., spy.
espiar, to watch.
espiga, f., ear of grain.
espígol, m., lavender.
espill, m., mirror.
espina, f., thorn; fishbone.
espolsar, to shake; to dust.
esponerós, osa, exuberant.
esponja, f., sponge.
esporuguir, to frighten.
espòs, osa, n., husband, wife.
espurna, f., spark.
esquàlid, ida, squalid.
esquarterar, to quarter.
esqueixar, to tear off.
esquellot, m., cattle bell.
esquer, m., bait.
esquerda, f., crack, cleft.
esquerp, pa, rough, intractable.
esquerra, f., left.
esquifit, da, short; narrow; stingy.
esquitxar, to splash, sprinkle.
esquiu, va, elusive; contemptuous.
essència, f., character.
ésser, to be; to exist; m., being.
est, m., east.

establia, f., manger.
establir, to establish.
estació, f., station, season.
estada, f., stay.
estadi, m., stadium.
estalviar, to save.
estam, m., woollen yarn.
estampar, to print.
estanc, m., shop which sells Go-
  vernment monopoly goods, espe-
  cially tobacco, stamps, etc.
estany, m., pond; lake; tin.
estar, to be; to live in; estar-se de,
  to deprive oneself of.
estaria = estada.
estat, m., state; condition; — ma-
  jor (mil.), general staff.
estàtua, f., statue.
estatut, m., statute, law.
estel, m., star.
estelada, f., stars in the sky.
estella, f., chip, splinter.
estenallat, da, stretched.
estendre, to extend; to stretch.
estil, m., style; manner.
estimar, to love; to value.
estirar, to pull; to stretch.
estiregassada, f., pull.
estiu, m., summer.
estol, m., (naut.) fleet; group, flock.
estona, f., short time, while.
estossec, m., cough.
estrabisme, m., squint.
estrall, m., havoc.
estranger, ra, foreign, alien; m. &
  f. foreigner; m., abroad.
estrany, nya, strange; unusual.
estranyar, to cause wonder.
estrella, f., star.
estremir-se, to shudder, shake.
estremitud, f. (arch.) = estremiment,
  m., shudder.
estrènyer, to tighten; to press.
estri, m., tool.
estripar, to tear.
estret, ta, narrow.
estriat, ada, fluted.
estroncar, to choke; to interrupt.
estudiant, ta, n., student.
esvair, to disappear.
esvalotar, to agitate, excite.
esverar, to frighten.
etern, na, eternal.
evadir-se, to escape.
evangeli, m., gospel.
evitar, to avoid; to shun.
exalçar, to exalt.
exaltar, to exalt, praise; -se, to be-
  come excited.

excedir, to exceed.
excel·lència, f., excellence; excellency.
exclamar, to exclaim.
excusar, to excuse; -se, to apologize.
exemplar, com., exemplary; m., copy of a work; specimen.
exercici, m., exercise.
exèrcit, m., army.
exigir, to require; to demand.
existència, f., existence.
existir, to exist.
èxit, m., issue, end; success.
explicar, to explain.
explotar, to exploit.
expressar, to express.
extens, a, extensive, vast.
extensió, f., extension; area.
exterior, com., external; foreign.
extern, na, external.
extraviar, to mislead; -se, to lose one's way; to go astray.
extrem, ma, extreme; utmost.
extreure, to extract.

F

fàbrica, f., factory.
fabricar, to fabricate; to manufacture.
faç, f., face, countenance.
façana, f., façade.
fàcil, com., easy.
facilitar, to facilitate.
factura, f., invoice.
facultat, f., faculty.
fadiga, f., fatigue.
fadrí, m., unmarried young man.
faig, m., beech tree.
faisó = manera.
faixa, f., sash; band.
falaguer, ra, promising, rosy.
falç, f., sickle.
falda, f., lap; skirt.
faldilles, f., pl., skirt.
fallar, to fail.
fallir, to become bankrupt; to fail.
fals, sa, false.
falta, f., fault; lack.
fam, f., hunger.
fama, f., fame.
famolenc, ca, starving.
famós, osa, famous.
fanal, m., lantern, light.
fang, m., mud.
fantasia, f., imagination.
fantasma, m., ghost.
farigola, f., thyme.
farina, f., flour.

farandola, f., farandole (a dance).
faringe, f., pharynx.
fàstic, m., nausea.
fat, m., fate.
fatalitat, f., fatality; inevitability.
fatiga, f., tiredness.
faula, f., fable.
fe, f., faith.
feble, com., weak.
febre, f., fever.
febrer, m., February.
febrós, osa, feverish.
fecundador, a, fertilizing.
fecundar, to fertilize.
feina, f., work.
feinejar, to work.
feixa, f., bank of earth.
feixina, f., faggot.
feixuc, ga, heavy; tedious.
feliç, com., happy.
felicitat, f., happiness.
fembra, f., woman.
femella, f., female.
fendre, to split.
fer, to make; to do; to be (see p. 61).
feresa, f., ferocity; terror.
ferèstec, ga, savage; wild.
ferida, f., wound.
ferir, to wound.
ferm, ma, firm, solid; constant.
fermar, to tie, bind; to settle.
ferreny, nya, grim, stern.
ferro, m., iron.
ferrocarril, m., railway.
fervor, m., fervour; intense heat.
fesol, m., bean.
festa, f., feast; holiday; — major, annual feast in honour of patron saint.
fet, ta, made; done; m., fact; act; event; de fet, in fact.
fetge, m., liver.
fi, f., end; conclusion; m., purpose, object.
fi, ina, fine; delicate; astute.
fibla, f., drainage.
ficar, to put in; -se, to intrude; to meddle.
fidel, com., faithful.
fidelitat, f., fidelity.
figa, f., fig.
figuera, f., fig-tree.
figurar, to shape; to feign; to be conspicuous; -se, to imagine.
fil, m., thread; linen.
fila, f., row.
filar, to spin.
filat, m., yarn; net.
fill, lla, n., son, daughter.

filosa, *f.* distaff.
fitar, to stare.
finestra, *f.*, window.
fingir, to feign.
finor, *f.*, fineness; politeness.
fira, *f.*, market.
firam!, war cry of the almogàvers, medieval shock troops of Catalonia.
firma, *f.* signature.
físic, a, physical; *f.*, physics.
fitar, to stare.
fixar, to fix, to fasten; to determine; -se, to pay attention to.
fixesa, *f.*, firmness.
flac, ca, thin, lean.
flairar, to smell, scent.
flama, *f.*, flame.
flamejant, *com.*, flaming.
flandes, *m.*, kind of wood.
flaquejar, to weaken.
flauta, *f.*, flute.
fletxa, *f.*, arrow.
flonjor, *f.*, softness.
flor, *f.*, flower.
florir, to flower.
florit, da, flowery.
flota, *f.*, fleet.
flotar, to float.
flotó, *m.*, group; mass.
fluctuar, to fluctuate.
foc, *m.*, fire.
fogó, *m.*, cooking-stove.
foll, lla, mad, crazy.
follia, *f.*, madness.
fomentar, to foment.
fonament, *m.*, foundation.
fondejar, to cast anchor.
fondre, to melt.
fonedís, issa, disappearing.
fons, *m.*, bottom; depth; background; *pl.*, funds.
font, *f.*, fountain, spring, source.
fontanella, *f.*, little fountain.
fora, *adv.*, out, outside.
foradada, *f.*, tunnel.
foradar, to pierce, perforate.
foragitar, to expel, eject.
foraster, ra, *n.*, foreign; stranger.
forat, *m.*, hole.
força, *f.*, strength; force; violence; vigour.
forçar, to force.
forjar, to forge; to conceive; -se, to invent.
formar, to shape, to form.
formatge, *m.*, cheese.
formiga, *f.*, ant.

formigó, *m.*, concrete; — armat, reinforced concrete.
formós, sa, beautiful.
forn, *m.*, oven; furnace.
fornir, to supply.
fornit, ida, robust.
forquilla, *f.*, fork.
fort, *adv.*, strongly, copiously.
fort, ta, strong; powerful; firm; robust; *m.*, fortress.
fortunal, *com.*, tempestuous.
fosc, ca, dark; obscure.
fra, *m.*, contraction of frare, friar.
fracàs, *m.*, failure.
fracció, *f.*, fraction.
fràgil, *com.*, fragile.
franc, ca, frank, open; free; de franc, gratis.
franquesa, *f.*, frankness.
frare, *m.*, friar.
fre, *m.*, bridle; brake; restraint.
a frec, close to.
fred, da, cold; indifferent.
fregar, to rub; to scrub.
fregir, to fry; -se, to fret (*coll.*).
frenètic, ca, frantic; mad.
freqüent, *com.*, frequent.
fresc, ca, fresh; cool.
frescor, *f.*, freshness.
fressa, *f.*, noise, murmur.
freu, *m.*, strait, channel.
frèvol, la, frail.
frisança, *f.*, impatience; restlesness.
front, *m.*, forehead; (*mil.*) front; fore part, face.
frontera, *f.*, frontier.
fruir, to enjoy.
fruit, *m.*, fruit; result.
fruita, *f.*, edible fruit.
frustrar, to frustrate.
fuga, *f.*, flight; fugue.
fugir, *vi.*, to flee, escape.
fugitiu, iva, fugitive.
full, *m.*, leaf (of paper); sheet of paper.
fulla, *f.*, leaf (of a plant).
fullam, *m.*, foliage.
fullatge, *m.*, foliage.
fum, *m.*, smoke; vapour; steam; fume.
fumar, to smoke.
fumera, *f.*, smoke cloud.
fumerol, *m.*, wisp of smoke.
funció, *f.*, function; show.
fundar, to found; to establish.
fur, *m.*, compilation of laws; privilege.
furgar, to stir, poke.
fúria, *f.*, fury.

furiós, osa, furious.
furt, m., theft.
furtiu, va, furtive.
fusa, f., impuls.
fusell, m., rifle.
fusta, f., wood; timber.
fuster, m., carpenter.
futilesa, f., triviality.
futur, ra, future; m., time to come.

G

gàbia, f., bird cage.
gai, a, happy; gai saber, the art of
poetry.
gaiato, m., crook.
gaire, adv. & com., much, many.
gairebé, adv., nearly, almost.
de gairell, sideways.
gaita, f., bagpipe.
gaiter, m., piper.
galà, ana, beautiful.
galania, f., gracefulness, elegance.
galant, com., gallant; m., lover.
galera, f. (naut.), galley; wagon.
galiot, m. (naut.), galliot.
gall, m., cock; — dindi, turkey.
gallard, da, brave; graceful.
gallina, f., hen; — coward (coll.).
galó, m. braid; (mil.) stripe; gallon.
galta, f., cheek.
galvana, f., laziness.
gambejar, to stride.
gana, f., appetite, hunger; desire; de
bona —, willingly.
gandul, la, idler, lazy.
ganivet, m., knife.
ganxo, m., hook.
garantir, to guarantee.
garbí, m., southwest wind.
gargamella, f., throat.
garlanda, f., garland.
garrotxa, m., rough ground.
gastar, to use; to consume; to spend.
gat, a, n., cat.
gatosa, f., gorse.
gatzara, f., merry din.
gaudir, to enjoy, possess; to rejoice
in.
gavina, f., sea gull.
gebre, m., white frost.
gec, m., jacket, coat.
gegant, com., giant.
gel, m., ice.
gelar, to freeze.
gelera, f., glacier.
gelós, osa, jealous; zealous.
gemec, m., moan.
gendre, m., son-in-law.

gener, m., January.
generalitat, f., majority; — de Ca-
talunya, Catalan Government.
gènere, m., kind, class; stuff; gen-
der.
generós, osa, generous.
geni, m., temperament; genius.
genoll, m., knee.
gens, adv., a little; any.
gent, f., people; nation.
gentada, f., crowd.
gentil, com., graceful, charming; pa-
gan.
gentilesa, f., courtesy.
geperut, da, humpback.
germà, ana, n., brother, sister.
germanor, f., brotherhood.
germinar, to germinate.
gest, m., gesture.
gesta, f., heroic deed.
girar, to turn; turn up; -se, to turn
round.
gitano, na, gipsy.
gitar, to throw; expel; -se, to lie
down.
glaçada, f., frost.
glaçar, vt. & vi., to freeze.
glándula, f., gland.
gleva, f., clod.
glop, m., sip; mouthful.
glòria, f., glory, fame, honour.
glorificar, to glorify.
goig, m., joy, pleasure; fer —, to look
beautiful.
gojar (Cast.) = gaudir.
gojat, m., youth.
gojós, osa, blissful.
gola, f., throat.
golfes, f. pl., attic.
goma, f., gum.
gorg, m., pool.
gorga, f. = gorg.
gorja, f., throat.
gorra, f., cap; de —, at another's
expense (coll.).
gos, ssa, n., dog.
gosadia, f., audacity.
gosar, to dare.
got, m., drinking glass.
gota, f., drop; bit.
gotejar, to drip; to drizzle.
gotim, m., bunch of grapes.
govern, m., government.
governar, to govern.
gra, m., grain; seed; pimple.
gràcia, f., grace; humour; pl. thanks;
fer —, to please.
graciós, osa, graceful; witty.
gran, com., great, big, large; eldest.

grana, *f.*, grain.

grandària, *f.*, bigness; size.

graó, *m.*, step.

grapa, *f.*, paw; large hand.

grapada, *f.*, clutching.

gras, ssa, fat; *m.*, fat.

grat, ta, pleasant; agreeable; de mal grat, unwillingly.

gratar, to scratch.

a gratcient, on purpose.

grau, *m.*, degree.

gravar, to engrave; to tax.

gravetat, *f.*, gravity.

gregal, *m.*, northeast wind.

greix, *m.*, fat.

gremi, *m.*, guild.

gresca, *f.*, merriness; tumult.

greu, *com.*, grave; *m.*, regret, sorrow; saber —, to regret.

grill, *m.*, cricket.

grillar, to bud.

gris, sa, grey.

grisenc, ca, greyish.

groc, ga, yellow; pale.

groguejar, to turn yellow.

groller, ra, coarse.

gronxar, to rock, swing.

gros, ossa, thick; corpulent; *m.*, main part.

grotesc, ca, grotesque.

gruix, *m.*, thickness.

gruixut, da, thick; corpulent.

grumeig, *m.*, bait.

grup, *m.*, group.

guaitar, to watch.

guant, *m.*, glove.

guany, *m.*, profit.

guanyar, to earn; to win.

guardar, to guard, keep; -se, to keep out of danger.

guàrdia, *m.*, policeman; *f.*, guard, custody.

guarir, to heal, cure.

guarnir, to decorate.

guerra, *f.*, war.

guerrer, *m.*, warrior.

guerxo, xa, cross-eyed.

guia, *f.*, guide; *m. & f.*, guide, cicerone.

guiar, to lead, guide; to drive.

guiatge, *n.*, leadership; safe-conduct.

guineu, *f.*, fox.

guisa, *f.*, way, manner.

guixera, *f.*, gypsum-pit.

gust, *m.*, taste; pleasure.

gustatiu, iva, gustatory.

gustós, osa, agreeable; palatable.

H

hàbil, *com.*, skilful, clever.

habit, *m.*, habit.

habitació, *f.*, dwelling; room.

habitant, *m.*, inhabitant.

habitar, to live in.

habitud, *f.*, habit, custom.

ham, *m.*, fishhook.

haver, *vt. & aux.*, to have; — de, to have to.

haver, *vt.*, to get; to catch.

haver, *m.*, (*comm.*) credit.

hèlice, *f.*, screw propeller.

herba, *f.*, herb; grass.

herència, *f.*, heritage; inheritance.

heretgia, *f.*, heresy.

hereu, va, *n.*, heir, heiress.

heroi, ïna, *n.*, hero, heroine.

hi, *pron. & adv.*, there.

hidroplà, *m.*, seaplane.

himne, *m.*, hymn.

hipocresia, *f.*, hypocrisy.

hisenda, *f.*, landed property.

història, *f.*, history.

hivern, *m.*, winter.

ho, *pron.*, it.

hom, *pron.*, one (a person).

home, *m.*, man; husband.

honest, ta, honest; chaste; modest.

honor, *m.*, honour; fame.

honrar, to honour.

honrat, da, honest, honourable.

hora, *f.*, hour; time.

horitzó, *m.*, horizon.

hort, *m.*, orchard, vegetable garden.

hostal, *m.*, hostelry, inn.

hoste, essa, *n.*, guest; host.

humà, ana, human; humane.

humanitat, *f.*, humanity.

humil, *com.*, humble.

humiliar, to humble.

humit, da, damp, wet.

humor, *m.*, humour; temper.

I

idèntic, ca, identical.

idil·li, *m.*, idyll.

idioma, *m.*, language.

ignorància, *f.*, ignorance.

igual, *com.*, equal; level; uniform.

igualar, to equalize; to level.

illa, *f.*, island.

il·limitat, da, unlimited.

il·luminar, to ilumine; to give light; to illuminate.

il·lús, sa, dreamer, out of touch.

il·lusió, *f.*, illusion; thrill.
il·lustre, *com.*, illustrious.
imaginació, *f.*, imagination.
imaginar, to imagine.
imatge, *f.*, image.
imitar, to imitate.
immens, sa, immense.
impedir, to impede, hinder.
impensable, *com.*, unimaginable.
imperfet, ta, imperfect.
imperiós, osa, imperious.
imponent, *com.*, imposing.
importunar, to pester, importune.
impregnar, to impregnate.
impressió, *f.*, impression.
impressionar, to impress; to affect.
impressor, ra, *n.*, printer.
imprevisió, *f.*, lack of foresight.
imprimir, to print.
impropi, òpia, inappropriate; improper.
impuls, *m.*, impulse.
inaudit, ta, unheard of.
incandescent, *com.*, incandescent.
incapaç, *com.*, incapable.
incendi, *m.*, fire.
incendiar, to set alight.
incert, ta, uncertain.
inclinar, to incline; -se, to bow, to stoop.
incòlume, *com.*, safe, sound.
incomportable, *com.*, unbearable.
inconcebible, *com.*, inconceivable.
incursió, *f.*, incursion, raid.
indecís, isa, undecided, uncertain.
independència, *f.*, independence.
indicar, to indicate; to point out.
indiferència, *f.*, indifference.
indígena, *com.*, native.
indigent, *com.*, needy, poor.
indignar, to irritate, anger.
individu, ídua, indivisible; *m.*, person.
inèdit, ta, unpublished.
inefable, *com.*, ineffable.
inèpcia, *f.*, ineptitude.
inert, ta, inert; senseless.
inestable, *com.*, unstable.
inexacte, ta, inaccurate.
infanteria, *f.*, infantry.
infantesa, *f.*, childhood.
infantil, *com.*, childish.
infecció, *f.*, infection.
infeliç, *com.*, unhappy.
infern, *m.*, hell.
infèrtil, *com.*, infertile.
ínfim, ma, lowest, least.
inflamar, to inflame; to excite.
inflar, to swell; to inflate.

infondre, to infuse; to instil.
informació, *f.*, information.
informe, *com.*, shapeless; *m.*, report.
infortuni, *m.*, misfortune.
ingenu, ènua, candid, ingenuous.
ingrat, a, ungrateful.
ingressar, to enter; to join.
inhumà, ana, inhuman.
innat, a, inborn.
innocència, *f.*, innocence.
innombrable *com.*, countless.
inoblidable, *com.*, unforgetful.
inquiet, ta, restless.
inquietar, to trouble, worry.
insaciable, *com.*, insatiable.
insensible, *com.*, insensible, senseless; heartless.
inspirar, to inspire; to inhale.
instància, *f.*, instancy; memorial petition.
instrucció, *f.*, instruction.
instruir, to instruct.
intel·ligència, *f.*, intelligence.
intenció, *f.*, intention.
interès, *m.*, interest.
interessant, *com.*, interesting.
intern, na, internal; resident.
interrogar, to question.
interrompre, to interrupt.
íntim, ma, intimate; deep, innermost.
intimitat, *f.*, intimacy.
intransitiu, iva, intransitive.
introduir, to introduce.
intrús, usa, intruder.
inútil, *com.*, useless.
invent, *m.*, invention, discovery.
inventar, to invent.
invers, sa, inverted.
invertir, to reverse; to invest.
invitar, to invite.
ira, *f.*, ire, wrath.
irlandés, esa, *adj. & n.*, Irish.
ironia, *f.*, irony.
irreal, *com.*, unreal.
irrebatible, *com.*, indisputable.
irrebutjable, *com.*, not refusable.
isard, *m.*, chamois.
ivori, *m.*, ivory.

J

ja, *adv.*, already, now.
jaç, *m.*, bed; couch.
jamai = mai, *adv.*, never.
jardí, *m.*, garden.
jeure, to lie, lie down.
jo, *pers. pron.*, I.
joc, *m.*, play, game; set.
joglar, *m.*, jester, buffoon.

joguina, *f.*, toy.
joia, *f.*, joy; jewel.
joiós, osa, happy.
joliu, ua, joyous.
jorn, *m.*, day.
de jorn, early in the day.
jornada, *f.*, journey; working day.
jornal, *m.*, day's wage or labour.
jou, *m.*, yoke.
jove, *com.*, young man or woman.
jovenívol, la, youthful.
joventut, *f.*, youth.
judici, *m.*, judgement; wisdom.
jueu, va, jewish; *m. & f.*, jew.
jugar, to play.
juí, *m.*, = judici.
juliol, *m.*, July.
julivert, *m.*, parsley.
junt, ta, united; *adv.*, together.
juny, *m.*, June.
jurament, *m.*, oath; swearing.
jurar, to swear.
jurat, *m.*, jury.
just, ta, just; exact.
justament, justly; precisely.
justícia, *f.*, justice.
justificar, to justify.
jutge, *m.*, judge.
jutjar, to judge.
juvenil, *com.*, youthful.

L

la, *f. sing.*, the; *pers. pron.*, her, it.
labor, *f.*, labour, work.
lamentar, to lament.
làmina, *f.*, plate; engraving.
lànguid, da, languid, weak.
lass, a, weary.
lector, ra, *n.*, reader.
lectura, *f.*, reading.
legació, *f.*, legation.
legítim, ma, legitimate.
lent, a, slow.
les, *fem. pl. art.*, the; *pron.*, them.
lícit, ta, lawful, licit.
límit, *m.*, limit; boundary.
limitar, to limit.
línia, *f.*, line.
lira, *f.*, lyre; (*fig.*) a poet's inspiration.
líric, ca, lyric, lyrical.
literat, a, literary; *m.*, writer.
litoral, *com.*, littoral; *m.*, coast.
lla = allà.
llac, *m.*, lake.
llaç, *m.*, tie, bond; bow.
lladrar, to bark.
lladre, *m. & f.*, thief.

llagosta, *f.*, locust; lobster.
llagostí, *m.*, sea crayfish.
llàgrima, *f.*, tear.
llagrimós, sa, tearful.
llagut, *m.*, catboat; fishing boat with lateen sail.
llambregar, to glance.
llaminadura, *f.*, sweetmeat.
llamp, *m.*, lightning.
llampant, *com.*, brand-new; bright.
llampat = ferit.
llampec, *m.*, flash of lightning.
llampegar, to flash.
llana, *f.*, wool.
llança, *f.*, lance, spear.
llançar, to throw, fling; to launch.
llangor, *f.*, langour.
llanguiment, *m.* = llangor.
llanguidament, languidly.
llanguir, to languish.
llanterna, *f.*, lantern; lamp.
llanxa, *f.*, small rowing boat.
llapis, *m.*, pencil.
llar, *m.*, hearth; home.
llarg, ga, long.
llargada, *f.*, length.
llàstima, *f.*, pity.
llaurar, to plough, to till.
llavi, *m.*, lip.
llavor, *f.*, seed.
llavors, *adv.*, then.
llebre, *f.*, hare.
llebrosia, *f.*, leprosy.
lledoner, *m.*, Indian nettle-tree.
llegir, to read.
llei, *f.*, law.
lleial, *com.*, loyal.
lleig, etja, ugly.
llemosí, na, Languedocian; *m.*, Langue d'oc (improperly used meaning Catalan).
llençol, *m.*, sheet.
llengotejar, to stick the tongue out.
llengua, *f.*, tongue; language.
llenguatge, *m.*, language.
lleny, *m.*, ship (*arch.*).
llenya, *f.*, firewood.
lleó, ona, lion, lioness.
llepar, to lick.
llesca, *f.*, slice of bread.
llest, ta, clever; quick; ready.
llet, *f.*, milk.
lletra, *f.*, letter.
lleu, *com.*, slight; light.
lleuger, ra, light; swift.
lleure, *m.*, leisure.
llevant, *m.*, east; east wind.
llevar, to take away, to take; to lift, to raise; -se, to get up.

lli, *m.*, flax; linen.
llibertat, *f.*, liberty.
llibre, *m.*, book.
llibrer, ra, *n.*, bookseller.
llibreria, *f.*, bookshop.
llibreter, ra = llibrer, ra.
llicència, *f.*, licence.
lliç, *f.*, jousting-field.
lliçó, *f.*, lesson.
lligar, to bind.
llimona, *f.*, lemon.
llinatge, *m.*, lineage; class.
llindar, *m.*, threshold.
lliri, *m.*, lily.
llis, isa, smooth.
lliscar, to slip, slide.
llista, *f.*, list.
llit, *m.*, bed.
lliura, *f.*, pound (measure, coinage).
lliurar, to deliver; to free; to issue;
   to engage; -se, to surrender.
lliure, *com.*, free.
lloar, to praise.
lloc, *m.*, place; space.
llogar, to hire; to let, rent.
llom, *m.*, loin.
llop, oba, *n.*, wolf.
llorer, *m.*, laurel; bay-tree.
a lloure, freely.
lluç, *m.*, hake (*ichth.*); stupid (*coll.*).
lluent, *com.*, shining.
lluir, *vi.*, to shine.
lluïssors, *f. pl.*, glitter.
lluitar, *vi.*, to fight, struggle.
llum, *f.*, light; *m.*, a light.
llumí, *m.*, match.
lluminós, sa, luminous.
lluna, *f.*, moon.
lluny, *adv.*, far.
llunyà, ana, distant, far.
llunyania, *f.*, distance.
llur, *com.*, their.
llustre, *m.*, gloss, glaze.
lo, *pron.*, it; *m. art.*, the (*arch.*).
longitud, *f.*, length.
los, *pron.*, them; *m. art.*, the (*arch.*).
luxe, *m.*, luxury.

M

ma, *f. adj.*, my.
mà (*pl.* mans), *f.*, hand.
madrastra, *f.*, stepmother.
maduixa, *f.*, strawberry.
madur, ra, ripe.
magrana, *f.*, pomegranate.
magre, a, lean.
maig, *m.*, May.

major, *com.*, greater; greatest; main.
majoria, *f.*, majority.
mal, *m.*, evil; harm; illness; pain;
   — de cap, headache.
mal, la, bad; *adv.*, ill, badly.
malaguanyat, da, wasted; premature-
   ly dead.
malalt, ta, ill.
malaltia, *f.*, illness.
malanança, *f.*, = malaurança.
malaurança, *f.*, misfortune.
fer malbé, to spoil, ruin.
maldar, to strive.
maldecap, *m.*, worry.
maleir, to damn, curse.
malenconia, *f.*, gloom, blues.
maleta, *f.*, suit-case.
malfiar-se, to distrust.
malgrat, in spite of.
mallorquí, ina, *n. & adj.*, Majorcan.
malmetre, to damage.
maltractar, to maltreat.
malviatge!, confound it!
manar, to command.
manat, *m.*, bunch.
manca, *f.*, lack.
mancar, *vi.*, to lack; *vt.*, to miss.
mandra, *m.*, idler; *f.*, laziness.
mànega, *f.*, hose; whirlwind.
màniga, *f.*, sleeve.
manera, *f.*, manner, way.
manifestar, to state, declare; to re-
   veal.
maniobra, *f.*, manoeuvre.
manllevar, to borrow.
mans, sa, tame; quiet.
mantega, *f.*, butter.
mantell, *m.*, cloak, mantle.
mantenir, to maintain.
manyoc, *m.*, lock of hair.
màquina, *f.*, machine, engine.
mar, *m. & f.*, sea.
maragdí, ina, emeraldine.
marbre, *m.*, marble.
març, *m.*, March.
marca, *f.*, mark; brand.
marcir, to wither.
mare, *f.*, mother; river-bed.
mareig, *m.*, seasickness.
maresma, *f.*, marsh.
margarida, *f.*, daisy.
marge, *m.*, border; margin.
marí, ina, marine; *m.*, seaman.
maridatge, *m.*, marriage.
marina, *f.*, sea coast; navy.
mariner, *m.*, sailor.
marit, *m.*, husband.
marjada, *f.*, bank, slope.
martell, *m.*, hammer.

marxa, *f.*, march; speed.
marxant, ta, *n.*, merchant.
mas, *m.*, farmhouse.
mascle, *m.*, male.
mascle, la, virile.
masia, *f.*, farm.
massa, *com. & adv.*, too; too much; excessive.
mata, *f.*, shrub.
matalàs, *m.*, mattress.
matar, to kill.
mateix, xa, same; -self.
matèria, *f.*, matter.
maternitat, *f.*, maternity.
matí, *m.*, morning.
matinada, *f.*, the hours 1-6 a. m.; dawn.
matiner, ra, early rising.
me, to me.
meditar, to meditate.
meitat, *f.*, half.
mel, *f.*, honey.
melangiós, osa, sad.
melis, *m.*, resinous wood.
meló, *m.*, melon.
melodia, *f.*, melody.
membre, *m.*, member.
memòria, *f.*, memory.
mena, *f.*, kind, sort.
menar, to lead; to look after.
menester, *m.*, necessity, need.
menjador, *m.*, dining-room.
menjar, to eat.
mensual, *adj.*, monthly.
ment, *f.*, mind.
mentida, *f.*, lie.
mentir, to lie.
mentre, *adv.*, while.
mentrestant, *adv.*, meanwhile.
menut, da, minute; *n.*, child.
menys, *adv. & adj.*, less.
menysprear, to disdain.
meravella, *f.*, marvel.
meravellar-se, to be struck with wonder.
mercader, ra, *n.*, merchant.
mercat, *m.*, market.
mercè, *f.*, favour, grace.
merèixer, to deserve.
mereixedor, ra, deserving.
merla, *f.*, blackbird.
mes, *m.*, month; *conj.*, but; *poss. adj. of 1st person plural, f.*, my.
més, *adv. & com.*, more, most; plus.
mesada, *f.*, month.
mesquí, ina, mean, petty.
mester, *m.*, craft, profession.
mestre, a, *n.*, teacher; master, mistress.

mesura, *f.*, measure.
mesurar, to measure.
metge, *m.*, doctor, physician.
mètode, *m.*, method.
metralla, *f.*, shrapnel.
metralladora, *f.*, machine-gun.
metre, *m.*, metre.
metre, to put in (*arch.*).
metzina, *f.*, poison.
meu meva my mine
mi, *pron.*, me.
mica, *f.*, little; bit.
mida, *f.*, measure; measurement; moderation.
mig, mitja, half; middle.
migdia, *m.*, midday; south.
migjorn, *m.*, south; south wind.
migrar, to migrate.
migrat, ada, scanty.
mil, *com.*, thousand.
miler, *m.*, thousand.
milió, *m.*, million.
militar, *com.*, military; *m.*, soldier.
millor, *com. & adv.*, better; best.
millorar, to improve.
mimetisme, *m.*, imitation.
mimosa, *f.*, mimosa.
mínim, ma, smallest; *m.*, minimum.
minoria, *f.*, minority.
minut, *m.*, minute.
minvar, to diminish.
minyó, ona, boy, girl; *f.*, servant girl.
mirada, *f.*, glance.
mirall, *m.*, mirror.
mirar, to look; to see.
míser, ra, miserable.
miseriós, osa, miserable.
missa, *f.*, mass; — del gall, midnight mass.
missatge, *m.*, message.
mitja, *f.*, stocking.
mitjà, ana, middle; medium.
mixt, ta, mixed.
mobilitzar, to mobilize.
mocador, *m.*, hankerchief.
molècula, *f.*, molecule.
molestar, to trouble.
molí, *m.*, mill.
molsa, *f.*, moss.
moll, lla, soft; wet; *m.*, wharf.
molsut, da, fleshy.
molt, ta, much, a lot; many.
món, *m.*, world.
mona, *f.*, intoxication; monkey.
moneda, *f.*, coin; money.
mongeta, *f.*, bean.
monjo, ja, *n.*, monk, nun.
monopoli, *m.*, monopoly.

monòtonament, monotonously.
monstruós, osa, monstrous.
moralitzar, to moralize.
morat, da, purple.
morbós, osa, morbid.
morir, to die.
mormolar, to murmur.
moro, ra, *adj. & n.,* Moor.
morro, *m.,* snout.
mort, *f.,* death.
mort, ta, dead.
mosca, *f.,* fly.
moscatell, *m.,* muscatel.
mossa, *f.,* girl, lass.
mossegar, to bite.
mossèn, *m.,* title given to clergymen.
mosso, *m.,* porter; waiter; lad.
— d'esquadra, *m.,* rural police-
man.
mostra, *f.,* sample; indication.
mostrar, to show.
mot, *m.,* word.
motiu, *m.,* motive; reason; motif.
motllo (*arch.*) = motlle, *m.,* mould.
moure, to move.
moviment, *m.,* movement.
mudar, to change.
mugró, *m.,* nipple.
mul, a, *n.,* mule.
mullar, to wet, drench.
mullena, *f.,* drenching.
muller, *f.,* wife.
munició, *f.,* munition.
munió, *f.,* multitude, crowd.
munt, *m.,* pile, heap; hill.
muntanya, *f.,* mountain.
munyir, to milk.
mur, *m.,* wall.
murmurar, to murmur.
murmuri, *m.,* murmur, rustle; whis-
per.
muscle, *m.,* shoulder.
musclo, *m.,* mussel.
música, *f.,* music.
múscul, *m.,* muscle.
mut, da, dumb; silent.

N

nació, *f.,* nation.
Nadal, *m.,* Christmas.
nadalenc, a, of Christmas.
nadiu, ua, native.
naixença, *f.,* birth.
narrar, to narrate.
nas, *m.,* nose.
nata, *f.,* cream.
natiu, iva, native.
natura, *f.,* nature.

natural, *com.,* natural; *m.,* native.
nau, *f.,* ship, vessel.
naufragar, to be shipwrecked.
navegar, to navigate, sail.
navili, *m.,* warship.
nebot, da, *n.,* nephew, niece.
necessari, ària, necessary.
necessitar, to need.
neci, nècia, stupid; foolish.
nedar, to swim.
nedador, ra, *n.,* swimmer.
negar, to deny; to refuse; to for-
bid; to drown.
negoci, *m.,* business; profit.
negre, gra, black; brown.
negror, *f.,* blackness.
neguit, *m.,* restlessness, anxiety; ex-
cessive desire.
néixer, to be born; to sprout; to
grow; to spring forth.
nen, na, *n.,* baby; child.
nervi, *m.,* nerve; vigour.
net, ta, clean; pure; clear.
nét, ta, *n.,* grandson (-daughter).
netejar, to clean.
neu, *f.,* snow.
nevar, to snow.
ni, *conj.,* nor, neither; not even.
nina, *f.,* doll; girl; pupil (of the
eye).
ningú, *pron.,* nobody.
nit, *f.,* night.
nivell, *m.,* level.
no, *adv.,* no, not, nay.
noble, *com.,* noble; *m.,* nobleman.
nocturn, a, nocturnal.
nodrir, to nourish.
noi, ia, *n.,* boy, girl.
nombre, *m.,* number.
només, only.
noranta, ninety.
nord, *m.,* north.
no-res, *m.,* nothingness.
nos, *acc. & dat. form of* nosaltres,
us, to us.
nós, *pron. pl.,* us; we (used by ro-
yal person).
nosa, *f.,* hindrance.
nosaltres, *pron.,* we; ourselves.
nostre, tra, our; ours.
notícia, *f.,* news; notice.
notificar, to notify.
nou, *f.,* walnut.
nou, *com.,* nine; *m.,* ninth.
nou, nova, new.
noure, to harm.
nova, *f.,* news.
novell, lla, new; inexperienced.
novel·la, *f.,* novel, fiction.

novembre, *m.,* November.
novetat, *f.,* novelty; latest news.
nu, nua, naked.
nul, nul·la, null, void; non-existent.
número, *m.,* number.
nus, *m.,* knot.
nuvi, núvia, *n.,* bridegroom, bride.
núvol, *com.,* cloudy; *m.,* cloud.

O

obediència, *f.,* obedience.
obeir, to obey; to respond.
obertura, *f.,* opening.
objecte, *m.,* object.
oblidar, to forget.
obligació, *f.,* obligation.
obligar, to oblige.
oblit, *m.,* forgetfulness.
obra, *f.,* work.
obrar, to act; to shape.
obrer, ra, *n.,* worker.
obrir, to open.
obscur, ra, dark; obscure.
obsedir, to obsess.
obsequiar, to treat, entertain; to present.
observació, *f.,* observation.
observar, to observe; to examine.
obstinat, ada, obstinate.
obtenir, to obtain.
obvi, òbvia, obvious.
ocasió, *f.,* occasion.
occident, *m.,* occident, west.
occir, to kill.
oceà, *m.,* ocean.
ocell, *m.,* bird.
oci, *m.,* leisure, idleness.
ocórrer, to occur, happen.
octau, *m.,* octavo.
octubre, *m.,* October.
ocult, ta, hidden, concealed; occult.
ocupar, to occupy; to employ.
odi, *m.,* hatred.
odiós, osa, odious, hateful.
oest, *m.,* west; west wind.
ofegar, to drown; to choke.
ofendre, to offend; to injure.
oferir, to offer.
ofici, *m.,* trade or business; occupation.
ofrena, *f.,* gift, offering.
oi, *int.,* isn't that so?; yes; oh!
oir, to hear; to listen; to attend.
olfacte, *m.,* sense of smell.
oli, *m.,* oil.
òliba, *f.,* owl.
olivera, *f.,* olive tree.

olla, *f.,* stewpot; pandemonium; dish of boiled meat and vegetables.
olor, *f.,* smell, fragrance.
olorar, to smell.
ombra, *f.,* shade; shadow; darkness; vestige.
ombrejar, to shade.
ombriu, va, gloomy, sombre; *m.,* shady place.
ombrívol, a, dark, shadowy.
ombrós, osa, shadowy.
omplir, to fill; -se, to fill up.
on, *adv.,* where.
ona, *f.,* wave.
onada, *f.,* big wave.
oncle, *m.,* uncle.
ondular, to wave, undulate.
onejar, to wave, flutter.
onze, *com.,* eleven; *m.,* eleventh.
onzè, ena, eleventh.
opac, ca, opaque.
opalí, ina, opaline.
operació, *f.,* operation.
operar, to operate on; to act.
opinió, *f.,* opinion.
oportú, una, opportune.
oprimir, to oppress; to weigh down.
optimisme, *m.,* optimism.
or, *m.,* gold.
oració, *f.,* oration; prayer; clause.
orada, *f.* (*ichth.*), gilthead.
oradura, *f.,* madness.
orar, to pray; to perorate.
oratge, *m.,* wind.
orb, ba, blind.
ordenadament, orderly.
ordenar, to arrange; to command.
ordi, *m.,* barley.
ordre, *m.,* order; *f.,* command.
oreig, *m.,* gentle breeze.
orella, *f.,* ear.
oreneta, *f.,* swallow.
orfe, òrfena, *adj. & n.,* orphan.
orfeó, *m.,* singing society.
organitzar, to organize.
orgue, *m.,* organ.
orgull, *m.,* pride; haughtiness.
orient, *m.,* east.
orla, *f.,* trimming, fringe; (*naut.*), rail.
os, *m.,* bone; stone.
ós, *m.,* bear.
ou, *m.,* egg.
ovella, *f.,* sheep.
oxidar, to oxidize.

P

pa, *m.,* bread.
paciència, *f.,* patience.

paella, *f.,* frying pan; Valencian dish of rice.

paga, *f.,* pay; payment.

pagà, ana, pagan.

pagar, to pay.

pagès, esa, rural; *n.,* countryman (-woman).

pàgina, *f.,* page.

pair, to digest.

país, *m.,* country, nation; region.

paisatge, *m.,* landscape.

pal, *m.,* stick; pole; mast.

palanca, *f.,* lever; bridge.

palau, *m.,* palace.

palla, *f.,* straw; padding.

paller, *m.,* haystack.

pàl·lid, da, pale.

pallissa, *f.,* barn; a thrashing.

palmera, *f.,* palm tree.

palpentes (a les), gropingly.

pam, *m.,* measure of length (8 inches).

pantalon, *m.* (*gen. pl.*), trouser.

panxa, *f.,* belly.

papallona, *f.,* butterfly.

paper, *m.,* paper; part; rôle.

paracaigudes, *m.,* parachute.

parada, *f.,* halt, stop; stall.

paradís, *m.,* paradise; heaven.

parany, *m.,* trap.

parar, to stop, detain; to take; to prepare; **-se,** to stop.

paratge, *m.,* place, spot.

paraula, *f.,* word; speech.

paraulada, *f.,* coarse expression.

pare, *m.,* father; *pl.,* parents.

parell, lla, equal; even number; *m.,* pair; *f.,* couple.

parent, ta, relative.

parer, *m.,* opinion.

paret, *f.,* wall.

parlament, *m.,* speech; parliament.

parlar, to speak.

parpella, *f.,* eyelid.

parpellejar, to wink.

parra, *f.,* grape-vine.

parrac, *m.,* rag, tatter.

part, *f.,* part; portion; place; rôle; party; **d'altra —,** on the other hand.

participar, to participate.

particular, *com.,* private; individual; peculiar; *m.,* private individual.

partida, *f.,* departure; game.

partir, to depart; to divide; **-se,** to break.

partit, *m.,* party; game; advantage.

pas, *m.,* step; pace; way; *adv.* (see p. 85).

pasqua, *f.,* Easter; *pl.,* Christmastide.

passador, ra, passable.

passar, to pass; to take across; to go through; to happen.

passat, *m.,* past; *pl.* ancestors.

passatge, *m.,* crossing; fare, passage.

passatger, ra, *adj. & n.,* passenger.

passeig, *m.,* walk; stroll.

passejar, to take a walk; to take out for a walk; to ride or sail for pleasure.

passiu, va, passive.

pastor, ra, *n.,* shepherd (-ess).

pasturar, to graze.

pati, *m.,* court-yard.

patir, to suffer.

pàtria, *f.,* native land.

patrici, *m.,* patrician.

patró, ona, *n.,* patron saint; patron (-ess); *m.,* master; pattern.

patrulla, *f.,* patrol.

pau, *f.,* peace; peacefulness.

pausa, *f.,* pause.

pebre, *m.,* pepper.

pebrot, *m.,* sweet pepper.

peça, *f.,* piece.

pecaminós, osa, sinful.

pecar, to sin.

pedaç, *m.,* patch.

pedra, *f.,* stone.

pedreria, *f.,* jewelry.

pedrís, *m.,* stone or brick bench.

pegar, to hit, beat.

peix, *m.,* fish.

pel, *contraction of* **per** *and* **el,** for, by.

pèl, *m.,* hair; fibre; hair's breadth.

pelegrí, ina, *n.,* pilgrim.

pellucar, to nibble.

pell, *m.,* skin; leather; fur.

pel·lícula, *f.,* film.

pellingot, *m.,* tatter, rag.

pelut, da, hairy.

pena, *f.,* penalty; punishment; grief; pain.

pendent, *com.,* pending; *m.,* slope.

penedir-se, to repent, regret.

penetrar, to penetrate.

penic, *m.,* penny.

penjar, *vt.,* to hang up; *vi.,* to hang, dangle.

pensa, *f.,* mind.

pensament, *m.,* thought.

pensar, to think.

pentinar, to comb.

penya, *f.,* rock, crag.

penyora, *f.,* pawn, pledge.

per, *prep.,* by; for; through; along.

pera, *f.*, pear.
percebre, to perceive.
percudir, to strike.
perdiu, *f.*, partridge.
perdó, *m.*, pardon.
perdonar, to pardon, forgive.
perdre, to lose.
pèrdua, *f.*, loss.
peresós, osa, lazy.
perfecte, ta, perfect.
perfil, *m.*, profile; outline.
perfumat, ada, perfumed.
pergamí, *m.*, parchment.
perill, *m.*, danger.
periodista, *m. & f.*, journalist.
perir, to perish.
perjudicar, to damage, injure.
perla, *f.*, pearl.
perllongar, to prolong.
permetre, to permit.
permís, *m.*, permission.
pernejar, to kick.
però, *conj.*, but, yet; *adv.*, however.
perquè, *conj.*, because, for, as; *m.*, why; per què?, why?
perseguidor, ra, pursuer.
perseguir, to pursue; to persecute.
persistent, *com.*, persistent.
persona, *f.*, person.
personalitat, *f.*, personality.
pertànyer, to belong.
pertocar, to appertain.
pertot, *adv.*, everywhere.
pes, *m.*, weight.
pesant, *com.*, heavy.
pesar, to weigh.
pesat, da, heavy; tiresome.
pescador, ra, *n.*, fisherman (-woman).
pescar, to fish; to catch.
pescater, ra, *n.*, fishmonger.
pestanya, *f.*, eyelash.
petar, *vt.*, to break; *vi.*, to crack.
petit, ta, small; little.
petó, *m.*, kiss.
petxina, *f.*, shell; clam.
peu, *m.*, foot; stand.
pi, *m.*, pine-tree.
piadós, osa, pious.
pica, *f.*, font; stone trough.
picar, to prick; to sting; to peck; to knock; to hammer.
pietat, *f.*, piety.
pila, *f.*, pile, heap.
pilar, *m.*, pillar, post.
pilota, *f.*, ball.
pinta, *f.*, comb; (*coll.*) appearance.
pintar, to paint; to describe.
pintor, ra, *n.*, painter.
pintura, *f.*, painting.

pinya, *f.*, pine cone.
pinyol, *m.*, fruit stone.
pinzell, *m.*, artist's brush.
pipa, *f.*, pipe.
pirinenc, ca, of the Pyrenees.
pista, *f.*, trail; track; trace.
pit, *m.*, breast; courage.
pitjor, *com. & adv.*, worse, worst.
pitxer, *m.*, vase.
pla, na, even; plain; level; easy.
plaça, *f.*, square; market; fortress.
plaent, *com.*, pleasant.
plaer, *m.*, pleasure.
plana, *f.*, plain.
planer, ra, smooth; easy; even; simple.
planxa, *f.*, plate, sheet; flat-iron.
planxar, to iron.
plany, *m.*, moan, lament.
plànyer, to lament.
plat, *m.*, plate; dish.
plata, *f.*, silver; dish.
platejat, da, silvered.
platja, *f.*, shore; beach.
plaure, to please.
ple, na, full.
plegar, to fold; to close down; to stop work.
pler, *m.*, = plaer.
a pleret, without hurry.
plet, *m.*, lawsuit.
plom, *m.*, lead.
ploma, *f.*, feather; pen.
plomall, *m.*, tuft of feathers.
plomar, to pluck.
plor, *m.*, weeping.
plorar, to weep.
plorós, osa, tearful.
ploure, to rain.
pluja, *f.*, rain.
plujós, osa, rainy.
poar, to draw water.
població, *f.*, population; city, town, village.
poblador, a, *n.*, inhabitant.
poblar, to populate.
poble, *m.*, nation; people; village.
pobre, bra, poor; wretched.
pobresa, *f.*, poverty.
poc, ca, little; scanty; few; *adv.*, little.
poca-solta, *m. & f.*, simpleton.
poca-vergonya, *m. & f.*, rascal; shameless person.
poder, to be able; can; may; *m.*, power.
poderós, osa, powerful.
poesia, *f.*, poetry.
policia, *f.*, police; *m.*, policeman.

polit, da, neat, tidy; clean.
polític, *m.,* politician.
pollanc, *m.,* poplar.
pollastre, *m.,* chicken.
polpa, *f.,* pulp, flesh.
pols, *m.,* pulse; temple; steadiness of the hand; *m. pl.,* face powder; *f.,* dust.
pólvora, *f.,* gunpowder.
polzada, *f.,* inch.
poma, *f.,* apple.
pomera, *f.,* apple-tree.
pompós, osa, magnificent.
poncella, *f.,* bud.
pondre, to lay (of birds); **'s,** to set (sun, etc.).
ponent, *m.,* west; west wind.
pont, *m.,* bridge.
pop, *m.,* octopus.
popa, *f.,* poop, stern.
por, *f.,* fear, dread, fright.
porc, ca, filthy; *m.,* hog.
porró, *m.,* wine bottle with long side spout.
porta, *f.,* door.
portaavions, *m.,* aircraft-carrrier.
portada, *f.,* title-page; front.
portal, *m.,* porch.
portar, to carry; to wear; to bring.
porxo, *m.,* porch.
posada, *f.,* dwelling; inn.
posar, to put.
posat, *m.,* posture.
posició, *f.,* position.
positiu, va, positive.
posseir, to possess.
posta, *f.,* act of putting; placing; **— de sol,** sunset.
postres, *f. pl.,* dessert.
pota, *f.,* foot (of an animal); leg (of a piece of furniture).
potatge, *m.,* hotch potch.
potència, *f.,* power.
potser, *adv.,* perhaps.
pou, *m.,* well.
pràctic, ca, practical; experienced; *m.,* harbour pilot.
prat, *m.,* meadow.
preciós, osa, precious; beautiful.
precís, isa, precise; necessary.
predicar, to preach.
preferir, to prefer.
pregar, to pray; to request.
preguntar, to ask.
prelat, *m.,* prelate.
prémer, to squeeze.
premi, *m.,* prize; reward.
premsa, *f.,* press; Press.
prendre, to take; to take away; to drink, eat.

preocupar-se, to o c c u p y oneself with, to worry.
preparar, to prepare.
presa, *f.,* catch, prey.
presència, *f.,* presence.
presentar, to present; to introduce.
presoner, ra, *n.,* prisoner.
pressa, *f.,* haste; urgency; **amb —,** in a hurry; **de —,** hurriedly.
préssec, *m.,* peach.
pressentir, to forebode.
pressió, *f.,* pressure.
prest, ta, ready; quick.
prestament, *adv.,* quickly.
prestar, to lend; **-se,** to offer or lend oneself or itself.
prestigi, *m.,* prestige.
pretendre, to pretend.
preu, *m.,* price.
prevaler, to prevail.
prevenir, to warn; to foresee.
prevere, *m.,* priest.
preveure, to foresee.
previ, èvia, previous.
prim, ma, thin; lean; slender.
primavera, *f.,* spring.
primer, ra, first.
primitiu, va, primitive.
príncep, *m.,* prince.
princesa, *f.,* princess.
principi, *m.,* beginning; principle.
privació, *f.,* privation.
privar, to deprive; to forbid.
proa, *f.,* bow, prow.
procedència, *f.,* origin.
procedir, to proceed; to behave.
procurar, to procure; to try.
prodigar, to lavish.
prodigi, *m.,* marvel, wonder.
produir, to produce.
profund, da, deep; profound.
profusió, *f.,* profusion.
prolífic, a, prolific.
promesa, *f.,* promise.
prohibir, to prohibit.
projectar, to throw; to project.
prometre, to promise.
prompte, ta, prompt; quick.
pronunciar, to pronounce.
prop, *adv.,* near; approximately.
propi, òpia, own; fit.
propietat, *f.,* property.
propina, *f.,* tip.
proporció, *f.,* proportion.
proposar, to propose.
propvinent, *com.,* next.
prosperar, to prosper.
protegir, to protect.
protestar, to protest.

prou, *com.,* sufficient, enough; *adv.* well; willingly; enough.
prova, *f.,* test; proof.
provar, to try; to prove.
proveir, to provide, to supply.
pròxim, ma, near, close.
proximitat, *f.,* nearness.
pruïja, *f.,* itching; longing desire.
pruna, *f.,* plum.
pubilla, *f.,* heiress; girl.
publicar, to publish.
pudent, *com.,* stinking.
pugna, *f.,* fight, struggle.
puig, *m.,* hill; peak.
puix que, *conj.,* since.
pujada, *f.,* slope; ascent.
pujar, to climb, to go up; to take up.
pujol, *m.,* little hill.
pulmó, *m.,* lung.
punt, *m.,* point; dot; spot; stitch.
punteria, *f.,* aim.
punxa, *f.,* thorn; prick.
puny, *m.,* fist.
punyal, *m.,* dagger.
punyent, *com.,* poignant.
punyir, to wound; to cause sharp pain.
pur, ra, pure.

Q

quadern, *m.,* note-book.
quadrat, da, square.
quadre, *m.,* picture, painting; scene; square.
qual, *com.,* which, who.
qualque, *com.,* some.
qualitat, *f.,* quality.
qualsevol, *com. & pron.,* any; any-one.
quan, when.
quant, ta, how much, how many.
quantitat, *f.,* quantity.
quaranta, *com.,* forty; *m.,* fortieth.
quart, ta, fourth, quarter.
quasi, *adv.,* nearly.
quatre, *com.,* four; *m.,* fourth.
que, *conj.* who, which, that.
què, *pron.,* what, which.
quedar, to stay; **-se,** to remain.
queixar-se, to complain.
quelcom, *pron.,* s o m e t h i n g; *adv.,* somewhat.
qüestió, *f.,* question; dispute.
queviures, *m. pl.,* provisions.
qui, *pron.,* who, whom.
quiet, ta, quiet, still.
quietud, *f.,* quietness.

quimera, *f.,* chimera, fantasy; ill will.
quin, na, which; what.
quint, ta, fifth.
quinze, *com.,* fifteen; *m.,* fifteenth.

R

rabejar-se, to delight in.
ràbia, *f.,* rage, fury.
raça, *f.,* race.
ració, *f.,* ration.
racó, *m.,* corner; remote place.
ràfega, *f.,* gust of wind.
raig, *m.,* ray; jet.
raïm, *m.,* grape; bunch.
ram, *m.,* branch; bouquet.
ramada, *f.,* herd.
ramat, *m.,* flock.
ramatge, *m.,* foliage.
ranci, rància, rancid; **vi —,** mellowed wine.
rancor, *m.,* rancour, grudge.
rancúnia, *f.,* = **rancor.**
raó, *f.,* reason; **tenir —,** to be right.
raonable, *com.,* reasonable.
raonar, to reason.
rapaç, *com.,* rapacious.
ràpid, da, rapid, swift.
rar, ra, rare.
rascar, to scratch.
raspall, *m.,* brush.
raspós, osa, rough.
rata, *f.,* rat.
ratolí, *m.,* mouse.
ratlla, *f.,* line; stripe; boundary.
ratxa, *f.,* squall, gust.
raure, *vt.,* to cut; *vi.,* to reside in.
realitat, *f.,* reality.
realitzar, to realize; to carry out; **-se,** to take place.
rebedor, ra, receiving; *n.,* recipient.
rebentar, to burst.
rebre, to receive.
rebrotar, to sprout, grow again.
rebut, *m.,* receipt.
rebutjar, to decline; to reject; to refuse.
recar, to cause regret.
recercar, to research.
reclamar, to claim; to urge.
reclinar, to lean.
recollir, to gather.
recolzar, to lean.
recomanar, to recommend, commend.
reconèixer, to recognise; to inspect; to admit.
record, *m.,* memory; remembrance; *pl.,* regards.

recordar, to remember; to remind of.

recórrer, to travel; to travel over; to resort to.

recrear, to delight; **-se,** to amuse oneself.

recte, ta, straight.

rector, *m.,* parson.

rectoria, *f.,* parsonage, rectory.

recular, to withdraw, go backwards.

recurs, *m.,* resort; *pl.,* means.

redactar, to write up.

redós, *m.,* shelter, protection.

redreçar, to straighten.

reduir, to reduce.

reeixir, to be successful.

refer, to rebuild, do over; **-se,** to regain strength.

referir, to narrate.

refiar-se, to trust in, rely on.

refilar, to warble.

reflectir, to reflect.

reforç, *m.,* reinforcement.

refredar, to cool; **-se,** to catch cold.

refrescar, to refresh; to cool.

refugi, *m.,* refuge.

regadiu, *m.,* irrigated land.

regalar, *vt.,* to give (a present); to regale; *vi.,* to drip.

regalimar, to drip.

regar, to water.

regatejar, to bargain.

regidor, *m.,* councillor.

regió, *f.,* region.

regir, to rule, direct; to hold good.

regirar, to turn upside down; to stir.

regla, *f.,* rule.

reglament, *m.,* regulation.

regor, *f.,* sprinkle.

reguard, *m.,* fear, misgiving.

regular, *com.,* regular; middling.

rehenes, *f. pl.,* hostage.

rei, reina, *n.,* king, queen.

reinar, to reign.

reixa, *f.,* window-grate.

relació, *f.,* narrative; connection.

relativament, up to a point.

rellent, *com.,* damp; *m.,* night dew.

relleu, *m.,* relief, embossment.

relligar, to bind.

relliscar, to slip.

rellotge, *m.,* clock; watch.

relluir, to shine, glitter.

rem, *m.,* oar.

remar, to row.

remei, *m.,* remedy.

remenar, to stir.

remolí, *m.,* whirl.

remor, *f.,* murmur.

remordiment, *m.,* remorse.

remoure, to move, remove; to stir.

renaixença, *f.,* renaissance; rebirth.

renda, *f.,* income.

rendir, to restore; tire out; to yield.

renec, *m.,* curse, swear-word.

renèixer, to be born again.

renovat, ada, renewed.

rentar, to wash.

renunciar, to renounce.

renyar, to scold.

renyir, to fall out; to quarrel.

reparar, to repair; to observe.

repartir, to distribute.

repassar, to re-examine; to revise.

repel·lir, to repel; to refuse.

repenjar-se, to lean on.

repetir, to repeat.

replicar, to reply, answer.

repòs, *m.,* rest, repose.

reposar, to rest; to reinstate.

reprendre, to resume; to reprehend.

representar, to represent.

reprimir, to repress.

republicà, ana, republican.

repugnància, *f.,* aversion.

requerir, to demand.

res, *pron.,* nothing; anything; **no-res,** insignificant thing.

resar, to pray.

reserva, *f.,* reserve; secrecy.

residir, to reside.

resignat, ada, resigned.

resistir, to resist.

resoldre, to resolve; to solve.

respir, *m.,* breathing.

respirar, to breath.

respiratori, òria, respiratory.

resplendor, *m.,* light, gleam.

respondre, to reply, answer.

resposta, *f.,* answer.

ressaca, *f.,* surge, undertow.

ressec, ca, parched.

resseguir, to go over; to search carefully.

restablir, to re-establish.

restar, to deduct; to remain.

resultar, to result; to turn out.

retall, *m.,* clipping.

retard, *m.,* delay.

retardar, to delay; to set back.

retirar, to withdraw.

retorn, *m.,* return; coming back.

retornar, to return.

retractar, to recant.

retrat, *m.,* portrait.

retratar, to portray; **-se,** to be reflected; to be photographed.

retre, to restore; to render.

retrobar, to find again.
retrocedir, to go back, retreat.
retrunvir, to resound.
reunir, to assemble; to gather.
revelació, f., revelation.
revelar, to reveal.
revés, m., reverse, back; slap; misfortune.
revetlla, f., night festival on the eve of a saint's day.
a reveure, au revoir, good-bye.
revinclar-se, to twist.
rialla, f., laugh.
rialler, ra, jolly; pleasing.
riba, f., shore, bank.
ribatge, m. = riba.
ribera, f., bank, shore.
ric, ca, rich, wealthy; plentiful.
riera, f., torrent.
rígid, da, rigid; rigorous.
rigorós, osa, rigorous; strict.
riquesa, f., richness; pl., riches.
risc, m., risk, danger.
ritme, m., rhythm.
riu, m., river.
riure, to laugh; -'s de, to laugh at; m., laughter.
roba, f., cloth; garment.
robador, a, robber.
robar, to steal, rob.
roc, m., stone, pebble.
roca, f., rock; cliff.
roda, f., wheel.
rodamón, m., vagabond.
rodar, to revolve; to run on wheels.
rodó, ona, round.
roent, com., red-hot.
rogallós, osa, hoarse.
rogenc, ca, reddish.
roí, ïna, mean, wicked.
roig, roja, red; ruddy.
romanç, m., Romance; ballad; romance, tale.
romandre, to stay, remain.
romaní, m., rosemary.
rompre, to break; to fracture.
ronc, ca, hoarse; m., snore.
roncar, to roar; to snore.
rondalla, f., tale, story.
rondinar, to grumble.
ronyó, m., kidney.
roquetam, m., rocky place.
ros, rossa, blond.
rosa, f., rose.
rosada, f., dew.
rosegar, to gnaw.
roser, m., rose tree.
rossenc, ca, reddish.
rossinyol, m., nightingale.

rostir, to roast.
rostre, m., face.
rotatiu, m. rotary printing-press.
rotlle (or rotllo), m., roll; circle.
rou, m., = rosada, dew.
roure, m., oak.
rovell, m., rust; yolk.
rubor, m. & f., blush; bashfulness.
ruc, m., ass.
rúfol, la, rough (weather).
ruïna, f., ruin.
ruixar, to spray, splash.
ruixat, m., shower, squall.
rull, m., curl.
rumb, m., bearing, course.
rumiar, to think over.
rus, russa, adj. & n., Russian.
rústic, a, rustic.
ruta, f., way.
rutllar, to function, go; to progress.

S

sa, f. adj., her; pl., ses.
sa, sana, healthy.
saba, f., sap.
sabata, f., shoe.
saber, to know; to be able to; m., knowledge.
sabó, m., soap.
sabor, m. & f., taste, flavour.
sacerdot, m., priest.
sacre, a, sacred.
sacrifici, m., sacrifice.
sacsejar, to shake.
sadollar, to satiate.
sagaç, sagacious.
sageta, f., arrow, dart.
sagnant, com., bloody.
sagrat, da, sacred.
sal, f., salt; wit, grace.
sala, f., drawing-room; hall.
salabror, f., saltiness.
salar, to salt; to speak using es and sa as articles.
saldar, to settle; to liquidate.
saló, m., salon; gallery.
salpa, f., (ichth.), gilthead.
salpar, to weigh anchor, to sail.
salsa, f., sauce.
salt, m., jump.
saltar, to jump, leap.
saltironar, to leap, bounce.
saludar, to greet, salute.
salut, m., salute; f., health.
salutació, f., salute; pl., greetings, regards.
salvar, to save; to clear.
salvatge, com., savage; wild.

salze, *m.*, willow.
samarreta, *f.*, vest.
sang, *f.*, blood.
sant, ta, holy; Saint.
santedat, *f.*, holiness.
saquejar, to plunder, loot.
sardana, *f.*, a Catalan dance.
sardinals, *m. pl.*, fishing sardines with net.
sarment, *m. & f.*, vine shoot.
sarraí, ïna, *adj. & n.*, Saracen.
sarró, *m.*, shepherd's pouch.
sastre, *m.*, tailor.
satisfer, to satisfy.
savi, sàvia, wise, learned.
se, form taken by the *refl. pron.* es after a verb ending in consonant, or in front of another weak pronoun.
sec, ca, dry; lean.
seda, *f.*, silk.
segador, ra, *n.*, reaper, harvester.
segar, to harvest; to weaken the limbs.
segell, *m.*, seal; postage stamp.
segle, *m.*, century.
segon, na, second.
segons, according to.
següent, *com.*, following, next.
seguir, to follow; to go on.
segur, ra, secure; safe; sure, certain.
selva, *f.*, forest, wood.
semblant, *com.*, similar, like; such; *m.*, countenance.
semblar, to seem, to be like, to appear.
sembrar, to sow; to spread.
sembrat, *m.*, sown land.
sempre, *adv.*, always.
sencer, ra, whole.
sengles, *com. pl.*, one apiece; respective.
sensació, *f.*, sensation.
sensat, ta, sensible.
sens, *prep.*, without = sense.
sense, *prep.*, without.
sensible, *com.*, sensible, perceptible; regretable; sensitive.
sentir, to feel; to hear; to be sorry.
sentit, *m.*, sense; meaning.
sentor, *f.*, smell, odour.
seny, *m.*, judgment, wisdom.
senyal, *m.*, sign.
senyera, *f.*, banner.
senyor, *m.*, sir, mister; master; God; gentleman.
senyora, *f.*, lady, mistress; madam; wife.
senyoreta, *f.*, miss; young lady.
senzill, lla, simple; easy; plain.

senzillesa, *f.*, simplicity.
separar, to separate.
sepultura, *f.*, interment.
sequedat, *f.*, dryness.
ser = ésser, to be.
serè, ena, clear, cloudless; serene, calm.
serena, *f.*, night dew; a la —, in the open at night.
serenitat *f.*, serenity.
seriós, osa, serious.
serp, *f.*, snake.
serpentí, ina, winding.
serra, *f.*, saw; ridge of mountains.
servar, to keep; to fulfil.
servei, *m.*, service.
servir, to serve; to be of use.
sesta, *f.*, siesta.
set, *com.*, seven; *m.*, seventh; *f.*, thirst.
setge, *m.*, siege.
setmana, *f.*, week.
setmanari, *m.*, weekly paper.
seu, *f.*, see; cathedral.
seu, seva, his, hers, theirs; yours.
seure, to sit down.
sever, ra, severe.
si, *conj.*, if; whether; *refl. pron.* 3rd. person; de si mateix, of himself.
si, *m.*, bosom; center.
sí, *adv.*, yes.
sia = sigui, *pres. subj.* of ésser.
signar, to sign; to point out.
signe, *m.*, sign.
significar, to mean; to indicate.
silenci, *m.*, silence.
silenciós, osa, silent.
silvestre, *com.*, wild.
simpatia, *f.*, sympathy.
simpàtic, ca, sympathetic.
sincer, ra, sincere.
síndria, *f.*, water-melon.
singularitzar-se, to stand out.
sinó, *conj.*, but; only.
sirena, *f.*, mermaid.
sis, *com.*, six; *m.*, sixth.
sistema, *m.*, system.
situació, *f.*, situation.
situar, to place.
so, *m.*, sound; tune.
sobirà, ana, supreme; *n.*, sovereign.
sobrar, to exceed; to have in excess; to be left.
sobre, *prep. & adv.*, on, upon; *m.*, envelope; top.
sobrenatural, *com.*, supernatural.
sobrer, ra, ample; surplus.
sobresalt, *m.*, startling surprise.
sobretot, *adv.*, above all; *m.*, overcoat.

sobtar, to surprise.
sobtós, osa, sudden.
soca, *f.,* trunk (of tree).
socarrar, to singe, to scorch.
soci, sòcia, *n.,* member; partner.
sociòleg, òloga, *n.,* sociologist.
socórrer, to aid, assist.
socors, *m.,* aid; relief.
sofriment, *m.,* suffering.
sofrir, to suffer.
sogra, *f.,* mother-in-law.
sogre, *m.,* father-in-law.
sojorn, *m.,* stay.
sol, la, alone; *m.,* sun.
sòl, *m.,* soil; ground.
solament, *adv.,* only, solely.
solapa, *f.,* lapel.
solar, *com.,* of the sun.
solc, *m.,* furrow.
soldada, *f.,* wages.
soldat, *m.,* soldier.
solejar, to sun; **-se,** to enjoy the sun.
soler, to be in the habit of.
solitari, ària, lonely.
solitud, *f.,* solitude.
sol·licitar, to ask for.
sols, *adv.,* only, solely.
solt, ta, loose; disconnected.
solter, ra, single.
som, *pres. ind. of* **ésser,** we are.
somera, *f.,* she-ass.
som-hi!, to work!, come-on!
somni, *m.,* dream.
somniar, to dream.
somnolent, *com.,* drowsy, sleepy.
somort, ta, subdued.
somriure, to smile.
son, sa, *adj.,* his, her.
son, *m. & f.,* sleep.
són, *pres. ind. of* **ésser,** they are.
sonar, to sound.
sonor, ra, sonorous.
sopar, to dine.
sord, da, deaf.
soroll, *m.,* noise.
sorprendre, to surprise.
sorra, *f.,* sand.
sorrut, da, sulky, sullen.
sort, *f.,* luck.
sortida, *f.,* sally; exit.
sortir, to go or come out; to depart.
sospesar, to weigh.
sospir, *m.,* sigh.
sospitar, so suspect.
sostenir, to sustain.
sostre, *m.,* ceiling.
sostreure, to substract.
sot, *m.,* hollow; puddle.
sota, *prep. & adv.,* under; below.

sotjar, to watch.
sotmetre, to submit.
sotragada, *f.* jerk, jolt.
sou, *m.,* salary.
sou, *2nd person pl. pres. ind. of* **ésser.**
sovint, *adv.,* often.
suar, to sweat.
suau, *com.,* soft, gentle.
súbdit, ta, subject.
subjectar, to hold fast.
sublim, *com.,* sublime.
submarí, ina, submarine.
submergir, to submerge.
substància, *f.,* substance.
subtil, *com.,* subtle.
suc, *m.,* juice; sauce.
sucar, to dip.
succeir, to happen; to succeed.
sucre, *m.,* sugar.
sucursal, *f.,* branch.
sud, *m.,* south.
suggerir, to suggest.
sumar, to add.
suor, *m.,* sweat.
supèrbia, *f.,* haughtiness.
superfície, *f.,* surface; area.
suplicar, to entreat; to ask.
suportar, to support; to bear.
surar, to float.
suro, *m.,* cork.
surt, *m.,* fright.
susdit, da, aforesaid.
suspendre, to suspend; to stop.
suspens, sa, uncertain, perplexed.
sutge, *m.,* soot.
sutze, za, dirty, filthy.

T

tabac, *m.,* tobacco.
tabalot, *m.,* lightheaded person.
taca, *f.,* spot, stain.
tafaner, ra, curious, inquisitive.
tal, *adj.,* such, so, as.
tàlem, *m.,* marriage bed.
tall, *m.,* cut; slice.
tallant, *adj.,* cutting, sharp.
tallar, to cut.
taller, *m.,* workshop.
talment, *adv.,* in such a way.
taló, *m.,* heel.
també, *adv.,* also; indeed.
tampoc, *adv.,* nor, neither.
tan, *adv.,* so, as.
tancar, to close.
tanmateix, *adv.,* however; indeed; so then.
tant, ta, *adj., pron. & adv.,* so much, as much; **en tant,** in the meantime; **tant se val,** it does not matter;

tant debó!, *int.,* would to God!

tantost, *adv.,* presently; almost.

tapar, to cover; to stop up.

taquilla, *f.,* booking office.

tard, late; **més —,** later.

tarda, *f.,* afternoon.

tardar, to be late; to take long.

tardor, *f.,* Autumn.

taronger, *m.,* orange tree.

taronja, *f.,* orange; **mitja —,** better half.

tartana, *f.,* two-wheeled covered carriage.

tasca, *f.,* work, job.

tastar, to taste.

taula, *f.,* table.

tauló, *m.,* plank.

teatre, *m.,* theatre; stage.

tebi, tèbia, lukewarm.

teixir, to weave.

tel, *m.,* membrane.

tela, *f.,* cloth; painting.

tell, *m.,* lime-tree.

tellerina, *f.,* clam.

tel·lúric, a, of the earth.

tema, *m.,* theme.

temença, *f.,* fear.

témer, to fear.

temerari, ària, rash.

tempestat, *f.,* storm.

temporada, *f.,* season.

temporal, *com.,* temporal; *m.,* tempest.

temps, *m.,* time; weather; tense.

temptació, *f.,* temptation.

temptar, to tempt; to attempt.

temptativa, *f.,* attempt.

tenda, *f.,* shop; tent.

tendre, *com.,* tender, soft; affectionate; recent.

tendresa, *f.,* tenderness.

tenebra, *f.,* darkness.

tenebrós, osa, dark, gloomy.

tenir, to have, possess; to hold; to maintain; to be (see p. 61).

tènue, *com.,* thin, delicate.

teoria, *f.,* theory.

terme, *m.,* end; boundary; term.

terminar, to finish, end.

terra, *f.,* earth; land; soil; native country; region.

terrassà, ana, *n.,* peasant.

terrat, *m.,* flat roof.

terrejar, to be mixed with earth; to have the taste (or colour) of earth; to coast.

terreny, *m.,* land; plot.

terrible, *com.,* terrible.

testa, *f.,* head; front; brains.

tètric, ca, sad, gloomy.

teu, teva, yours (*fam.*); *m. pl.,* your (*fam.*) people, family.

teulada, *f.,* tiled roof.

teuladí, *m.,* sparrow.

tia, *f.,* aunt.

tija, *f.,* stem; rod.

timidesa, *f.,* timidity.

timó, *m.,* rudder.

tinent, *m.,* lieutenant.

tinta, *f.,* ink.

tip, pa, satiated, full; tired of.

tipus, *m.,* type.

tir, *m.,* shot.

tirania, *f.,* tyranny.

tirar, to throw, fling; to shoot; to pull.

tisores *f. pl.,* scissors.

títol, *m.,* title.

titubejar, to hesitate.

tivant, *com.,* taut; pulling.

to, *m.,* tone; manner.

tocant a, concerning.

tocar, to touch; to play; to toll, ring.

toia, *f.,* bouquet.

tolerar, to tolerate, permit.

tomàquet, *m.,* tomato.

tomb, *m.,* tumble; turn; walk.

tomba, *f.,* tomb, grave.

tombar, to knock down; to turn.

ton, ta, your.

tondre, to shear.

topar, to run into or against.

torbar, to upset; to disturb.

torçar, to twist; to deviate.

torn: pendrà torn = girarà, canviarà.

tornar, to return; to repeat; **-se,** to become.

torneig, *m.,* tournament, joust.

tornellà: (**atornellà?**) (*arch.*) = fasten with screws, to clinch.

torrar, to toast, roast; to tan.

torre, *f.,* tower; country house.

torrent, *m.,* torrent; ravine made by a torrent; rush, avalanche.

torró, *m.,* kind of nougat.

tort, ta, crooked, bent; *m.,* wrong, injury.

tórtora, *f.,* turtledove.

tos, *f.,* cough; *m. pl.* of **ton,** your (*fam.*).

tossut, da, obstinate, stubborn.

tost, *adv.,* soon (*obs.*).

tostemps, *adv.,* always.

tot, ta, all, every; whole; *m.,* whole, entirety; *adv.,* wholly, entirely; **amb tot,** however.

tothom, *pron.,* everybody.

tou, va, soft, pliant.

traç, *m.,* line; outline.

traça, *f.,* plan; skill; track; *pl.,* traces.

tractar, to deal with; to treat; — **de,** to try to.

tracte, *m.,* friendly intercourse; treatment; manner.

tradició, *f.,* tradition.

traducció, *f.,* translation.

tràfec, *m.,* hustle, bustle.

traginer, *m.,* carrier.

traïció, *f.,* treason; betrayal.

traïdor, ra, *adj. & n.,* traitor.

traïr, to betray.

trametre, to send.

trampa, *f.,* trap.; fraud, cheat.

tramuntana, *f.,* north wind.

tràngol, *m.,* swell; rough sea.

tranquil, il·la, tranquil, quiet.

transcórrer, to pass.

transeünt, *com.,* transitory; *m.,* passer-by.

transformar, to transform.

transit, *m.,* transit; traffic.

transmetre, to transmit.

traslladar, to move; to translate.

traspassar, to cross; to go through; to transfer; to die.

traspuar, to distil; to reveal.

trau, *m.,* buttonhole.

travessar, to cross; to go through.

travessia, *f.,* crossing; passage.

treball, *m.,* work; labour; *pl.,* hardship; poverty.

treballar, to work.

trèmer = **tremolar.**

tremolar, to tremble; to fear.

tremp, *m.,* spirit.

trempat, da, agreeable, sympathetic.

tren, *m.,* train.

trencar, to break; to shatter; to interrupt.

trenta, *com.,* thirty.

trepig, *f.,* footstep; trampling.

trepitjar, to tread on; to press.

tres, *com.,* three; *m.,* third.

tresor, *m.,* treasure.

tresquera, *f.,* walk, way.

tret, *m.,* shot; distance.

tretze, *com.,* thirteen; *m.,* thirteenth.

treure, to extract; to put out; to draw out.

treva, *f.,* truce; respite.

triar, to choose.

tribular, to grieve, afflict.

trigar, to be late; to be a long time.

trinxera, *f.,* trench.

trinxeraire, *m.,* rogue; tramp.

triomf, *m.,* triumph.

triomfar, to triumph.

tripulant, *m.,* one of the crew.

trist, ta, sad; unfortunate; dismal.

tristesa, *f.,* sadness.

tro, *m.,* thunder.

trobador, *m.,* troubadour.

troballa, *f.,* find.

trobar, to find; invent; **-se,** to feel; to be (in a place).

tron, *m.,* throne.

trona, *f.,* pulpit.

tronc, *m.,* trunk.

tropa, *f.,* troops, soldiers.

tros, *m.,* piece, fragment; little while; plot.

truc, *m.,* knock; trick.

trucar, to knock.

truita, *f.,* omelette; trout (*ichth.*).

tu, you (*fam.*).

túnica, *f.,* tunic.

turment, *m.,* torment.

turó, *m.,* hill; peak.

tustar, to beat; to knock.

U

u, *com.,* one; *m.,* first.

udol, *m.,* howl.

ufanós, osa, luxuriant; conceited.

ull, *m.,* eye; hole.

ullada, *f.,* glance.

ullar, to watch; to scrutinize.

ullejar = **ullar.**

ulleres, *f. pl.,* spectacles.

ullprendre, to fascinate.

últim, ma, last.

ultra, *prep.,* besides.

un, una, *indef. art.,* a, an; *pron. & num.,* one.

ungir, to anoint.

ungla, *f.,* nail.

únic, a, unique; sole, only.

unificar, to unify.

unió, *f.,* union.

unir, to join, unite.

untar, to anoint, grease.

urbà, ana, urban; *m.,* city police.

us, *pron.,* you, to you.

ús, *m.,* use, usage.

usar, to use.

usat, da, used; accustomed.

útil, *com.,* useful.

utilitzar, to utilize.

V

va, vana, vain; empty; **en va,** in vain.

vaca, *f.,* cow.

vacança, *f.*, vacation, holiday.
vacil·lar, to vacillate; to hesitate.
vaga, *f.*, strike.
vagabund, a, errant.
vagar, to wander.
vagarós, osa, errant; leisurely.
vagit, *m.*, cry of a new born baby.
vagó, *m.*, wagon, (railway) coach.
vague, ga, roving; vague.
vailet, *m.*, youngster.
vaixell, *m.*, ship; vessel.
valent, ta, brave, courageous.
valer, to be worth; to cost; -se, to make use of; valga'm Déu, God help me; més val, it is better.
valerós, osa, valiant, brave.
vall, *f.*, valley.
valor, *m.*, value; price; courage.
vàlua, *f.*, value, price.
vanagloriar-se, to boast.
vapor, *m.*, vapour, steam; steamer.
vara, *f.*, stick; rod.
vari, vària, diverse; inconstant.
variar, to change; to modify.
varietat, *f.*, variety.
vas, *m.*, glass.
vassall, *m.*, vassal, subject.
vegada, *f.*, time, occasion; a vegades, sometimes; tota —, notwithstanding; tota — que, whenever.
veí, ïna, *adj. & n.*, neighbour.
vel, *m.*, veil.
vela, *f.*, sail; ship; fer —, to sail.
vell, lla, old; aged; ancient.
vellut, *m.*, velvet; corduroy.
veloç, *com.*, swift, quick, fast.
vena, *f.*, vein.
vencedor, ra, *adj. & n.*, victor, winner.
vèncer, to conquer; to defeat; to overcome; to win.
vendre, to sell.
venerar, to worship; to venerate.
venir, to come.
venjança, *f.*, vengeance.
venjar, to revenge.
vent, *m.*, wind.
ventada, *f.*, gust of wind.
ventall, *m.*, fan.
ventar, to fan; to give.
ventijol, *m.*, light wind.
ventre, *m.*, abdomen, belly.
ventura, *f.*, happiness; chance; risk: per —, by chance.
ver, ra, true.
verd, da, green.
verdor, *f.*, greenness.
verga, *f.*, rod.
verge, *com.*, virgin.
vergonya, *f.*, shame; shyness; disgrace.

veri, *m.*, poison.
veritable, *com.*, true; truthful.
veritat, *f.*, truth.
vermell, lla, red.
vers, *m.*, verse; *prep.*, towards.
vertical, *com.*, vertical.
vespa, *f.*, wasp.
vesprada, *f.*, towards the evening.
vespre, *m.*, evening.
vesprejar, to grow dark.
vessant, *com.*, flowing; *m. & f.*, slope.
vessar, to pour, spill.
vestir, to dress, clothe, -se, to get dressed.
vestit, *m.*, dress, clothes.
veta, *f.*, ribbon.
vetlla, *f.*, vigil, wakefulness; evening.
vetust, a, ancient.
veu, *f.*, voice; rumour.
veure, to see.
vi, *m.*, wine.
via, *f.*, way, road, track.
vianant, *m.*, wayfarer, traveller.
vianda, *f.*, food.
viatge, *m.*, journey; travel.
viatger, ra, *n.*, traveller.
vibrar, to vibrate.
vici, *m.*, vice; bad habit.
victòria, *f.*, victory.
vida, *f.*, life; living.
vidre, *m.*, glass; window-pane.
vidu, vídua, *n.*, widower, widow.
vigilar, to watch; to guard.
vila, *f.*, town.
vinclar, *vt.*, to bend; -se, to bow.
vinent, *adj.*, next, following.
vinguda, *f.*, arrival; coming.
vint, *com.*, twenty; *m.*, twentieth.
vinya, *f.*, vineyard.
violat, ada, violet.
violí, *m.*, violin.
virrei, *m.*, viceroy.
virtut, *f.*, virtue; vigour.
visca!, long live! hurrah!
visió, *f.*, vision.
visitar, to visit.
vista, *f.*, sight; view; eyesight; look; aspect.
vistós, osa, beautiful; showy.
viu, va, alive, living.
viure, to live; to last.
vívid, a, vivid.
vociferar, to shout.
vogar, to row.
vol, *m.*, flight.
volar, to fly; to blow up.
voleiar, to flap in the wind.
voler, to will; to want; to wish; to require; *m.*, will.

volt, *m.,* turn; stroll.
volta, *f.,* detour; turn.
al voltant, around.
voltants, *m. pl.,* surroundings.
voltar, to surround; to go around.
voltor, *m.,* vulture.
volum, *m.,* volume.
voluntat, *f.,* will; goodwill.
voluptat, *f.,* voluptuousness.
voluptuositat, *f.,* voluptuousness.
vora, *f.,* edge, border; **a la —,** *adv.,* near.
vori, *m.,* ivory.
-vos, *pron.,* you. (See pp. 45-47).
vós, *pron.,* you. (For the correct use of this and the following, see pp. 43-44).
vosaltres, *pron. pl.,* you, yourselves.
vostè, *pron.,* you (polite form).
vostre, tra, *adj.,* your, yours.
vot, *m.,* vow; vote.
vuit, *com.,* eight; *m.,* eighth.

X

xacra, *f.,* mark left by illness; defect.
xafardejar, to gossip.
xàfec, *m.,* squall, shower.
xafogor, *f.,* hot, sultry weather.
xai, a, lamb.
xalar-se, to sport, amuse oneself.
xaloc, *m.,* southeast wind.
xamba, *f.,* good luck.
xarol, *m.,* patent leather.
xarolar, to polish.
xamós, osa, pretty, graceful, attractive.

xarop, *m.,* syrup.
xarpada, *f.,* clawing, clutching.
xarxa, *f.,* net.
xec, *m.,* cheque.
xemeneia, *f.,* chimney.
xerès, *m.,* sherry.
xerrar, to chat; to divulge.
xic, ca, small, little.
xicot, ta, *n.,* boy, girl; fiancé (-e).
xifra, *f.,* figure, number.
xilladissa (*arch.*) = **xerradissa,** *f.,* twitter.
ximple, *com.,* simple, silly.
xipollar, to paddle, splash.
xipolleig, *m.,* splashing.
xiprer, *m.,* cypress.
xiroi, ia, happy, gay, witty.
xisclar, to scream.
xiscle, *m.,* scream, shriek.
xiular, to whistle.
xiu-xiu, *m.,* whisper, whispering.
xivarri, *m.,* bustle, noise.
xoc, *m.,* impact; clash.
xocar, to collide; to surprise; to amuse.
xocolata, *f.,* chocolate.
xop, pa, drenched.
xopar, to drench, soak.
xuclar, to suck; to draw, sip.

Z

zel, *m.,* zeal.
zelós, osa, zealous.
zero, *m.,* zero; nought.
zona, *f.,* zone.

ENGLISH-CATALAN VOCABULARY

A

abandon, *vt.,* abandonar, deixar.
abbreviate, *vt.,* abreujar.
ability, *n.,* habilitat, *f.,* aptitud, *f.*
able, *adj.,* capaç, hàbil; **to be —,** poder.
abolish, *vt.,* abolir.
abound, *vi.,* abundar.
about, *adv. & prep.,* a l'entorn, prop de; sobre, tocant a; aproximadament.
above, *prep.,* damunt; *adv.,* dalt.
abroad, *adv.,* a l'estranger.
absence, *n.,* absència, *f.*
absent, *adj.,* absent; distret -a; *vr.,* absentar-se.
absolute, *adj.,* absolut -a.
abstain, *vi.,* abstenir-se.
abundance, *n.,* abundància, *f.*
abuse, *n.,* abús, *m.;* *vt.,* abusar; ultratjar.
accept, *vt.,* acceptar, admetre.
accident, *n.,* accident, *m.*
accommodation, *n.,* a p o s e n t a m e n t, *m.;* ajustament, *m.*
accompany, *vt.,* acompanyar.
accomplish, *vt.,* acomplir.
accord, *n.,* acord, *m.,* convinença, *f.*
account, *n.,* compte, *m.;* relació, *f.*
accurate, *adj.,* precís -isa, just -a, exacte -a.
accuse, *vt.,* acusar.
accustom, *vt.,* acostumar.
ace, *n.,* as, *m.*
ache, *n.,* dolor, *m. & f.,* mal, *m.;* *vi.,* doldre, fer mal.
achieve, *vt.,* acomplir, executar.
acknowledge, *vt.,* reconèixer; acusar recepció.
acquaint, *vt.,* informar.
acquaintance, *n.,* coneixement, *m.;* coneixença, *f.*
acquire, *vt.,* adquirir.
acquisition, *n.,* adquisició, *f.*
across, *adv.,* de (a) través, d'una part a l'altra.
act, *vt.,* representar; *vi.,* actuar; *n.,* acte; acció.
action, *n.,* acció, *f.;* fet *m.;* batalla, *f.*
active, *adj.,* actiu -iva, diligent, àgil.
acute, *adj.,* agut -uda, penetrant.

add, *vt.,* afegir, augmentar; **— up,** sumar.
address, *n.,* adreça, *f.;* discurs, *m.;* *vt.,* posar l'adreça; adreçar la paraula.
adept, *adj. & n.,* adepte -a, expert -a.
adequate, *adj.,* adequat -ada.
adjective, *n.,* adjectiu, *m.*
adjourn, *vt.,* ajornar.
adjust, *vt.,* ajustar, arranjar.
admire, *vt.,* admirar.
admit, *vt.,* admetre; reconèixer.
advance, *vt.,* avançar; *vi.,* millorar; *n.,* progrés, avanç, *m.*
advantage, *n.,* avantatge, *m.*
adventure, *n.,* aventura, *f.*
advertise, *vt.,* anunciar.
advice, *n.,* consell, *m.*
advise, *vt.,* aconsellar.
afar, *adv.,* lluny.
affair, *n.,* assumpte, *m.*
affectionate, *adj.,* afectuós -osa.
afflict, *vt.,* afligir.
afford, *vt.,* tenir els recursos; proporcionar.
afraid, *adj.,* temerós -osa, espantat -ada; **to be —,** *vi.,* témer.
after, *prep.,* després; segons.
afternoon, *n.,* tarda, *f.*
afterwards, *adv.,* després, tot seguit.
again, *adv.,* encara, una altra vegada.
against, *prep.,* contra.
age, *n.,* edat, *f.;* època, *f.;* vellesa, *f.;* *vi.,* envellir.
agitate, *vt.,* agitar; inquietar.
agree, *vi.,* concordar; consentir.
agreeable, *adj.,* agradable; ben disposat -ada.
agreement, *n.,* avinença, *f.;* concòrdia, *f.;* contracte, *m.*
ahead, *adv.,* davant, endavant.
aid, *n.,* ajuda, *f.;* *vt.,* ajudar, auxiliar.
aim, *n.,* designi, *m.,* objectiu, *m.;* punteria, *f.;* *vt.,* apuntar; **— at,** *vi.,* aspirar a.
air, *n.,* aire, *m.;* tonada, *f.;* *vt.,* airejar.
airoplane, *n.,* avió, *m.,* aeroplà, *m.*
airport, *n.,* aeroport, *m.*
airtight, *adj.,* hermètic -a.
alarm, *n.,* alarma, *f.;* **— clock,** despertador, *m.;* *vt.,* alarmar.

alert, *adj.,* amatent -ta; viu viva.
alien, *adj. & n.,* estranger -a.
alike, *adj.,* similar, igual.
alive, *adj.,* viu viva, actiu -iva.
all, *adj.,* tot -a; *pron.,* tothom; *adv.,* enterament.
allow, *vt.,* concedir, permetre.
almond, *n.,* ametlla, *f.*
almost, *adv.,* gairebé.
alone, *adj.,* sol -a, solitariària; *adv.,* solament.
along, *prep.,* al llarg de; *adv.,* avant.
aloud, *adv.,* en veu alta.
already, *adv.,* ja.
also, *adv.,* també, àdhuc.
although, *conj.,* baldament, encara que.
altogether, *adv.,* totalment.
always, *adv.,* sempre.
amaze, *vt.,* meravellar.
amend, *vt.,* esmenar.
amid, amidst, *prep.,* entre, al mig de.
among, amongst, *prep.,* entre.
amount, *n.,* import, *m.;* quantitat, *f.*
ample, *adj.,* ampli àmplia, vast -a.
amuse, *vt.,* divertir, entretenir.
ancient, *adj.,* antic -iga.
and, *conj.,* i.
anger, *n.,* ràbia, *f.,* ira, *f.; vt.* enutjar.
angry, *adj.,* enrabiat -ada, enfadat -ada.
anguish, *n.,* angoixa, *f.,* dolor, *m. & f.*
ankle, *n.,* turmell, *m.*
announce, *vt.,* proclamar, notificar.
announcement, *n.* avís, *m.,* proclamació, *f.*
annoy, *vt.,* molestar; irritar.
another, *adj. & pron.,* un una, altre -a.
answer, *n.,* resposta, *f.;* solució, *f.; vi. & vt.,* respondre; *vi.,* correspondre.
ant, *n.,* formiga, *f.*
anticipate, *vt.,* anticipar, prevenir.
anxious, *adj.,* inquiet -a, ansiós -osa.
any, *adj. & pron.,* cap, qualsevol, algun -a.
anybody, anyone, *pron.,* qualsevol qualsevulla.
anything, *pron.,* qualsevol cosa.
anywhere, *adv.,* qualsevol lloc.
ape, *n.,* simi, *m.; vt.,* imitar.
apologize, *vi.,* disculpar.
appalling, *adj.,* espantós -osa.
apparent, *adj.,* aparent; **—ly,** *adv.,* aparentment.
appeal, *n.,* apel·lació, *f.; vi.,* apel·lar; **—to,** *vt.,* atreure.

appearance, *n.,* aspecte, *m.;* aparició, *f.*
appease, *vt.,* apalvagar.
apple, *n.,* poma, *f.*
apply, *vt.,* aplicar.
appreciate, *vt.,* apreciar.
approach, *vt.,* acostar, abordar; *vi.,* acostar-se.
approve, *vt.,* aprovar.
apricot, *n.,* albercoc, *m.*
April, *n.,* abril, *m.*
apt, *adj.,* apte -a.
aptitude, *n.,* aptitud, *f.*
arch, *n.,* arc, *m.; vt.,* arquejar.
architect, *n.,* arquitecte, *m.*
argue, *vi. & vt.,* arguïr; *vt.,* provar.
arm, *n.,* braç, *m.; vt.,* armar.
army, *n.,* exèrcit, *m.*
around, *prep. & adv.,* entorn, a l'entorn.
arrange, *vt.,* arranjar.
arrive, *vi.,* arribar.
arrow, *n.,* sageta, *f.*
as, *conj. & adv.,* com, tan, mentre, ja que.
ashes, *n.,* cendra, *f.*
ashamed, *adj.,* avergonyit -ida.
ashore, *adv.,* a terra, en terra.
ask, *vt.,* demanar, preguntar; invitar.
aspiration, *n.,* aspiració, *f.*
assault, *n.,* assalt, *m.,* atac *m.; vt.,* atacar.
assent, *vi.,* assentir.
assets, *n.* (*comm.*), actiu, *m.*
assist, *vt.,* assistir, ajudar.
assume, *vt.,* assumir; apropiar.
assurance, *n.,* seguretat, *f.;* assegurança, *f.*
astonish, *vt.,* sorprendre, meravellar.
at, *prep.,* a, en.
atone, *vt.,* expiar, reparar.
atrocious, *adj.,* atroç.
attach, *vt.,* enganxar, unir, ajuntar; atribuir.
attain, *vt.,* arribar a, aconseguir, guanyar.
attempt, *n.,* temptativa, *f.; vt.,* provar, intentar.
attend, *vi.,* atendre; *vt. & vi.,* assistir.
attention, *n.,* atenció, *f.*
attitude, *n.,* actitud, *f.;* postura, *f.*
attract, *vt.,* atreure.
auction, *n.,* subhasta, *f.*
audacious, *adj.,* audaç.
audience, *n.,* audiència, *f.;* auditori, *m.,* públic, *m.*
augment, *vt.,* augmentar; *vi.,* créixer.
August, *n.,* agost, *m.*
aunt, *n.,* tia, *f.*

authentic, *adj.*, autèntic -a, cert -a.
author, *n.*, autor -a, escriptor -a.
authority, *n.*, autoritat, *f.*
authorize, *vt.*, autoritzar.
autonomy, *n.*, autonomia, *f.*
autumn, *n.*, tardor, *f.*
avail, *vt.*, aprofitar; *vi.*, servir.
available, *adj.*, disponible.
average, *n.*, promedi, *m.*
avert, *vt.*, desviar, evitar.
avoid, *vt.*, evitar, eludir.
await, *vt.*, esperar.
awake, *vt.*, despertar; *vi.*, despertar-se; *adj.*, despert -a.
aware, *adj.*, sabedor -a.
away, *adv.*, lluny, absent.
awe, *n.*, por, *f.*, temor, *m.* & *f.*
awful, *adj.*, terrible, horrorós -osa.
awkward, *adj.*, difícil, rude, barroer -a.

B

baby, *n.*, bebè, *m.*
bachelor, *n.*, solter, *m.*
back, *n.*, esquena, *f.*, espatlla, *f.*, llom, *m.*; revés, *m.*; *adv.*, endarrera, darrera; *vt.*, sostenir; secundar; *vi.*, anar endarrera.
background, *n.*, fons; *m.*, antecedents, *m. pl.*
backward, *adj.*, endarrerit -ida.
backwards, *adv.*, endarrera.
bacon, *n.*, bacó, *m.*
bad, *adj.*, dolent -a, mal -a.
baffle, *vt.*, desconcertar, confondre.
bag, *n.*, sac, *m.*, bossa, *f.*
baggage, *n.*, equipatge, *m.*, bagatge, *m.*
bait, *n.*, esquer, *m.*
bake, *vt.*, coure al forn.
baker, *n.*, flequer -a, forner -a.
balance, *n.*, balança, *f.*, equilibri, *m.*; *vt.*, pesar, contrapesar; saldar; equilibrar.
balcony, *n.*, balcó, *m.*, galeria, *f.*
bald, *adj.*, calb -a, pelat -da.
ball, *n.*, pilota, *f.*; ball, *m.*
ballad, *n.*, balada, *f.*, cançó, *f.*, romanç, *m.*
balloon, *n.*, globus, *m.*
ban, *n.*, ban, *m.*, proclama, *f.*; *vt.*, prohibir, maleir.
bandage, *n.*, bena, *f.*
banish, *vt.*, desterrar.
bank, *n.*, banc, *m.*, marge, *m.*, ribera, *f.*
bankrupt, *adj.*, insolvent; -cy, *n.*, fallida, *f.*
baptize, *vt.*, batejar.
bar, *n.*, barra, *f.*, barrera, *f.*; *vt.*, barrar.

bare, *adj.*, nu nua, despullat -ada.
barefoot, *adj.*, descalç -a.
bargain, *n.*, ganga, *f.*; contracte, *m.*; *vi.*, regatejar.
bark, *n.*, escorça, *f.*; *vi.*, lladrar.
barrack, *n.*, caserna, *f.*
barrel, *n.*, barril, *m.*; canó, *m.*
barren, *adj.*, infructuós -osa, estèril.
barter, *vt.*, canviar, baratar.
base, *n.*, base, *f.*, fons, *m.*; *adj.*, baix -a, vil.
bashful, *adj.*, tímid -a.
basket, *n.*, cistell, *m.*, panera, *f.*
bath, *n.*, bany, *m.*; -tub, banyera, *f.*
bathe, *vt.*, banyar; *vi.*, banyar-se.
battery, *n.*, pila, *f.*, bateria, *f.*
battle, *n.*, combat, *m.*; *vt.*, combatre.
bay, *n.*, badia, *f.*; — tree, *n.*, llorer, *m.*
be, *vi.*, ésser, estar; (see also p. 61).
beach, *n.*, platja, *f.*
beak, *n.*, bec, *m.*
bean, *n.*, mongeta, *f.*, fesol, *m.*; broad —, fava, *f.*
bear, *n.*, ós óssa; *vt.*, portar; suportar.
beard, *n.*, barba, *f.*
bearer, *n.*, portador -a.
beast, *n.*, bèstia, *f.*
beat, *n.*, batec, *m.*; *vt.*, colpejar, batre; *vi.*, bategar.
beautiful, *adj.*, bell -a, formós -osa, preciós -osa.
beauty, *n.*, bellesa, *f.*, formosor, *f.*
because, *conj.*, perquè.
become, *vi.*, esdevenir; convenir, anar bé.
bed, *n.*, llit, *m.*
bedroom, *n.*, dormitori, *m.*
bee, *n.*, abella, *f.*
beef, *n.*, carn, *f.*, de bou (*or* de vaca).
beer, *n.*, cervesa, *f.*
beetle, *n.*, escarabat, *m.*
before, *adv.*, abans; *adv.* & *prep.*, davant.
beg, *vi.*, captar; *vt.*, implorar.
beggar, *n.*, captaire, *m.* & *f.*
begin, *vt.* & *vi.*, començar.
behave, *vi.*, comportar-se, captenir-se.
behaviour, *n.*, conducta, *f.*
behind, *adv.* & *prep.*, darrera; *adv.*, enrera.
behold, *vt.*, mirar, contemplar.
being, *n.*, existència, *f.*, ésser, *m.*; estat, *m.*
belief, *n.*, fe, *f.*, creença, *f.*; opinió, *f.*
believe, *vt.*, creure.
bell, *n.*, campana, *f.*
belly, *n.*, ventre, *m.*, panxa, *f.*
belong, *vi.*, pertànyer, concernir.
belongings, *n. pl.*, efectes, *m.*

beloved, *adj.,* amat -ada, estimat -ada.
below, *adv.,* baix; *adv. & prep.,* sota.
belt, *n.,* cinturó, *m.,* corretja, *f.*
bend, *vt.,* doblegar, corbar; *n.,* viratge, *m.,* curvatura, *f.*
beneath, *adv. & prep.,* sota.
benefit, *n.,* benefici, *m.,* profit, *m.*
bequeath, *vt.,* llegar.
bereavement, *n.,* pèrdua, *f.,* dol, *m.*
beseech, *vt.,* suplicar, pregar.
beside, *prep.,* vora, prop, al costat de.
besides, *adv.,* endemés, àdhuc.
best, *adj. & adv.,* millor.
bestow, *vt.,* atorgar, donar.
bet, *n.,* aposta, *f.*
betray, *vt.,* trair.
better, *adj. & adv.,* millor; *vt.,* millorar.
between, *prep.,* entre.
beware, *vi.,* desconfiar; *int.,* compte!
bewilder, *vt.,* esbalair, confondre.
beyond, *adv.,* enllà, més enllà.
bicycle, *n.,* bicicleta, *f.*
bid, *vt.,* manar; convidar; oferir (preu); *n.,* postura, *f.* (at an auction).
big, *adj.,* gran, gros -ossa.
bigotry, *n.,* fanatisme, *m.*
bill, *n.,* nota, *f.,* factura, *f.;* decret, *m.*
bind, *vt.,* lligar, unir; relligar.
binding, *n.,* relligadura, *f.; adj.,* obligatori -òria.
bird, *n.,* ocell, *m.,* au, *f.*
birth, *n.,* naixement, *m.;* part, *m.*
birthday, *n.,* natalici, *m.,* aniversari, *m.*
biscuit, *n.,* galeta, *f.,* bescuit, *m.*
bishop, *n.,* bisbe, *m.*
bit, *n.,* mos, *m.,* bocí, *m.,* tros, *m.*
bitch, *n.,* gossa, *f.; coll.,* prostituta, *f.*
bite, *n.,* mossegada, *f.;* picada, *f.; vt.,* mossegar; picar.
biting, *adj.,* mordaç; picant.
bitter, *adj.,* amarg -a, aspre -a.
black, *adj.,* negre -a, fosc -a.
blackberry, *n.,* esbarzer, *m.,* mòra, *f.*
blade, *n.,* bri, *m.,* tija, *f.,* fulla, *f.*
blame, *vt.,* culpar, vituperar.
blank, *adj.,* blanc -a; *n.,* espai, *m.*
blanket, *n.,* flassada, *f.*
blast, *n.,* ratxa, *f.;* explosió, *f.; vt.,* fulminar.
blaze, *n.,* foguera, *f.,* flama, *f.; vi.,* flamejar.
bleak, *adj.,* pàl·lid -a; fred -a; exposat -ada; ombriu -iva.
bleed, *vt. & vi.,* sagnar.
blend, *vt.,* barrejar; *vi.,* armonitzar.
bless, *vt.,* beneir.
blind, *adj.,* orb -a, cec cega.
blink, *vi.,* parpadejar.

bliss, *n.,* felicitat, *f.,* beatitud, *f.*
blister, *n.,* butllofa, *f.*
blond, *n. & adj.,* ros rossa.
blood, *n.,* sang, *f.*
blossom, *n.,* flor, *f.; vi.,* florir.
blow, *vi. & vt.,* bufar; *vt.,* sonar (instrument de vent); *n.,* cop, *m.*
blue, *adj.,* blau -ava.
blunt, *adj.,* esmussat -ada, brusc -a.
blush, *n.,* rubor, *m. & f.; vi.,* ruboritzar-se.
board, *n.,* taula, *f.; vt.,* abordar; *vi.,* estar a dispesa.
boarding-house, *n.,* dispesa, *f.,* pensió, *f.*
boast, *vi.,* jactar-se.
boat, *n.,* bot, *m.,* nau, *f.,* vaixell, *m.*
body, *n.,* cos, *m.;* individu, *m.;* carrosseria, *f.* (d'un cotxe).
boil, *vi.,* bullir.
bold, *adj.,* valent -a, audaç, imprudent -a.
bond, *n.,* lligam, *m.;* obligació, *f.*
bone, *n.,* os *m.;* espina, *f.*
book, *n.,* llibre, *m.;* —**seller,** llibreter -a; **-keeper,** comptable, *m.*
boon, *n.,* benefici, *m.,* avantatge, *m.*
border, *n.,* vora, *f.,* marge, *m.;* frontera, *f.*
boring, *adj.,* avorrit -ida, pesat -ada.
borrow, *vt.,* manllevar.
bosom, *n.,* sina, *f.,* pit, *m.*
both, *pron. & adj.,* ambdós ambdues.
bother, *vt.,* molestar; *n.,* molèstia, *f.*
bottle, *n.,* botella, *f.*
bottom, *n.,* fons, *m.,* base, *f.;* cul, *m.; adj.,* baix -a; últim -a.
boundary, *n.,* confins, *m. pl.;* frontera, *f.*
bow, *vi.,* inclinar-se; *vt.,* doblegar; inclinar; *n.,* arc, *m.,* llaç, *m.;* reverència, *f.*
bowels, *n. pl.,* intestins, *m. pl.,* entranyes, *f. pl.*
box, *n.,* capsa, *f.,* caixa, *f.; vi.,* boxejar.
boy, *n.,* noi, *m.,* minyó, *m.*
brain, *n.,* cervell, *m.;* talent, *m.*
brake, *n.,* fre, *m.; vt.,* frenar.
branch, *n.,* branca, *f.;* sucursal, *f.*
brave, *adj.,* brau -ava, valent -a.
breach, *n.,* ruptura, *f.,* violació, *f.*
bread, *n.,* pa, *m.*
break, *vt.,* trencar, rompre; *vi.,* trencar-se; *n.,* ruptura, *f.,* trencadura, *f.,* repòs, *m.*
breakdown, *n.,* avaria, *f.,* pana, *f.;* col·lapse, *m.*
breakfast, *n.,* esmorzar, *m.*
breast, *n.,* pit, *m.,* sina, *f.*

breath, *n.,* alè, *m.*
breathe, *vi.,* respirar; *vt.,* exhalar.
breed, *n.,* raça, *f.,* casta, *f.;* *vt.,* criar, engendrar.
breeze, *n.,* brisa, *f.,* ventitjol, *m.*
bribe, *n.,* subornament, *m.*
brick, *n.,* maó, *m.*
bride, *n.,* núvia, *f.*
bridegroom, *n.,* nuvi, *m.*
bridge, *n.,* pont, *m.*
brief, *adj.,* breu, concís -isa; *n.,* expedient, *m.*
bright, *adj.,* clar -a, lluminós -osa, viu viva.
bring, *vt.,* portar, dur.
brisk, *adj.,* viu viva, actiu -iva.
broad, *adj.,* ample -a, extens -a; clar -a, ple plena.
broadcast, *vt.,* espargir; *vt. & vi.,* radiar.
broken, *adj.,* trencat -ada, fracturat -ada.
broom, *n.,* escombra, *f.;* ginesta, *f.*
broth, *n.,* brou, *m.*
brother, *n.,* germà, *m.*
brow, *n.,* cella, *f.;* front, *m.;* cim, *m.*
brown, *adj.,* bru -na, castany -a.
bruise, *n.,* macadura, *f.,* blau, *m.;* *vt.,* macar.
brush, *n.,* raspall, *m.;* **paint-brush,** pinzell, *m.*
bucket, *n.,* galleda, *f.*
bud, *n.,* poncella, *f.,* botó, *m.;* *vi.,* botonar.
budget, *n.,* pressupost, *m.*
bug, *n.,* xinxa, *f.,* insecte, *m.*
build, *vt.,* edificar, construir.
builder, *n.,* mestre, *m.,* d'obres.
building, *n.,* edifici, *m.,* construcció, *f.*
bulb, *n.,* bulb, *m.;* bombeta, *f.*
bull, *n.,* toro, *m.,* brau, *m.;* **—fight,** cursa, *f.,* de braus; **—fighter,** torejador, *m.*
bullet, *n.,* bala, *f.*
bunch, *n.,* ram, *m.,* manoll, *m.,* gotim, *m.*
bundle, *n.,* fardell, *m.,* paquet, *m.*
burden, *n.,* càrrega, *f.*
burglar, *n.,* lladre, *m.*
burn, *vt. & vi.,* cremar; *vt.,* encendre.
burst, *vi. & vt.,* rebentar; *vi.,* esclatar; *vt.,* esbotzar.
bury, *vt.,* enterrar.
bush, *n.,* arbust, *m.,* mata, *f.*
business, *n.,* negoci, *m.,* ocupació, *f.*
busy, *adj.,* enfeinat -ada.
but, *conj.,* però; *adv.,* solament; *prep.,* excepte.
butcher, *n.,* carnicer, *m.*
butter, *n.,* mantega, *f.*

button, *n.,* botó, *m.;* *vt.,* botonar.
buy, *vt.,* comprar.
by, *prep.,* per, a, en, amb; *adv.,* prop.

C

cab, *n.,* taxi, *m.*
cabbage, *n.,* col, *f.*
cable, *n.,* cablegrama, *m.;* cable, *m.*
cage, *n.,* gàbia, *f.*
cake, *n.,* pastís, *m.*
calculate, *vt.,* calcular, comptar.
calf, *n.,* vedell -a.
call, *vt. & vi.,* cridar; *n.,* crida, *f.;* visita, *f.*
calm, *n.,* calma, *f.,* tranquiHitat, *f.;* *adj.,* quiet -a, tranquil -iHa; *vt.,* calmar.
cancel, *vt.,* anuHar, canceHar.
cane, *n.,* canya, *f.,* bastó, *m.*
canvas, *n.,* lona, *f.,* tela, *f.*
cap, *n.,* gorra, *f.*
capable, *adj.,* capaç, susceptible.
captain, *n.,* capità, *m.*
capture, *n.,* captura, *f.;* *vt.,* prendre, capturar.
car, *n.,* automòbil, *m.,* carro, *m.*
carburettor, *n.,* carburador, *m.*
card, *n.,* carta, *f.,* targeta, *f.*
care, *n.,* cura, *f.,* soHicitud, *f.;* *vi.,* curar.
career, *n.,* carrera, *f.,* professió, *f.*
careful, *adj.,* curós -sa, prudent.
caress, *n.,* carícia, *f.;* *vt.,* acariciar.
carol, *n.,* nadala, *f.*
carpenter, *n.,* fuster, *m.*
carriage, *n.,* cotxe, *m.,* transport, *m.*
carrier, *n.,* ordinari, *m.,* portador -a.
carrot, *n.,* pastanaga, *f.*
carry, *vt.,* portar, transportar, conduir; sostenir.
carve, *vt.,* cisellar, gravar, tallar.
case, *n.,* cas, *m.;* causa, *f.;* estoig, *m.*
cash, *n.,* diner comptant; *vt.,* cobrar, fer efectiu.
cask, *n.,* barril, *m.*
cast, *vt.,* llançar; fondre.
Castilian, *n. & adj.,* castellà -ana.
castle, *n.,* castell, *m.*
cat, *n.,* gat -a.
Catalan, *adj. & n.,* català -ana.
Catalonia, Catalunya.
Catalonian, *n. & adj.,* català -ana.
catch, *vt. & vi.,* agafar.
cathedral, *n.,* catedral, *f.*
cause, *n.,* causa, *f.,* raó, *f.;* *vt.,* causar.
caution, *n.,* prudència, *f.,* precaució, *f.;* *vt.,* amonestar.

cease, *vt.*, cessar.
ceiling, *n.*, sostre, *m.*
celebrate, *vi.*, celebrar.
cellar, *n.*, celler, *m.*, soterrani, *m.*
censorship, *n.*, censura, *f.*
centre, *n.*, centre, *m.*
century, *n.*, centúria, *f.*, segle, *m.*
certain, *adj.*, cert -a, segur -a.
certainly, *adv.*, certament.
chain, *n.*, cadena, *f.*
chair, *n.*, cadira, *f.*
chalk, *n.*, guix, *m.*
challenge, *n.*, repte, *m.*, desafiu, *m.*;
vt., desafiar.
chamber, *n*, cambra, *f.*, habitació, *f.*
chance, *n.*, fortuna, *f.*, casualitat, *f.*
change, *vt. & vi.*, canviar; *n.*, canvi,
m.
channel, *n.*, canal, *m.*
chapter, *n.*, capítol, *m.*
character, *n.*, caràcter, *m.*
charge, *n.*, càrrec, *m.*, comissió, *f.*;
vt. & vi., carregar.
charm, *n.*, encant, *m.*, atractiu, *m.*;
vt., encantar.
chase, *vt.*, encalçar, perseguir.
cheap, *adj.*, barat -a, a baix preu.
cheat, *vt. & vi.*, trampejar, estafar;
n., estafador -a.
check, *vt.*, reprimir, parar; *n.*, fre,
m., control, *m.*, xec, *m.* (*Amer.*).
cheek, *n.*, galta, *f.*; insolència, *f.*
cheerful, *adj.*, alegre, de bon humor.
cheese, *n.*, formatge, *m.*
chemist, *n.*, apotecari, *m.*; químic, *m.*
cheque, *n.*, xec, *m.*
chess, *n.*, escacs, *m. pl.*
chest, *n.*, pit, *m.*; caixa, *f.*
chestnut, *n.*, castanya, *f.*
chew, *vt.*, mastegar.
chicken, *n.*, pollastre, *m.*; — pox, ve-
rola, *f.*
chief, *n.*, cap, *m.*, superior, *m.*; *adj.*,
principal.
child, *n.*, infant, *m.*; nen -a; fill -a.
chill, *n.*, refredat, *m.*; *vt.*, refredar.
chin, *n.*, barba, *f.*
chocolate, *n.*, xocolata, *f.*
choice, *n.*, tria, *f.*, selecció, *f.*; *adj.*,
selecte -a.
choke, *vt.*, ofegar.
choose, *vt.*, escollir, elegir.
chop, *vt.*, tallar, picar; *n.*, costella, *f.*
Christmas, *n.*, Nadal, *m.*
church, *n.*, església, *f.*
circle, *n.*, cercle, *m.*; *vt.*, voltar.
circumstance, *n.*, circumstància, *f.*
citizen, *n.*, ciutadà -ana.
city, *n.*, ciutat, *f.*

claim, *n.*, reclamació, *f.*; *vt.*, recla-
mar, pretendre.
clap, *vt.*, batre, aplaudir.
class, *n.*, classe, *f.*, categoria, *f.*
clause, *n.*, clàusula, *f.*
clean, *adj.*, net -a; *vt.*, netejar.
clear, *adj.*, clar -a, diàfan -a; *vt.*,
aclarir.
clerk, *n.*, empleat -ada; clerge, *m.*
clever, *adj.*, destre -a, hàbil, manyós
-osa, intel·ligent.
climate, *n.*, clima, *m.*
climb, *vt. & vi.*, pujar; *vt.*, escalar.
clock, *n.*, rellotge, *m.*
cloister, *n.*, claustre, *m.*, monestir, *m.*
close, *vt.*, tancar, concloure; *n.*, con-
clusió, *f.*; *adj.*, dens -a, compacte.
cloth, *n.*, tela, *f.*, drap, *m.*, roba, *f.*
clothes, *n.*, vestits, *m. pl.*, vestimen-
ta, *f.*
cloud, *n.*, núvol, *m.*
clumsy, *adj.*, barroer -a, maldestre -a.
clutch, *n.*, grapa, *f.*; (*auto.*) embra-
gatge, *m.*
coal, *n.*, carbó de pedra, *m.*
coarse, *adj.*, groller -a; bast -a.
coast, *n.*, costa, *f.*; litoral, *m.*
coat, *n.*, jaqueta, *f.*, gec, *m.*
cock, *n.*, gall, *m.*; aixeta, *f.*
cod, *n.*, bacallà, *m.*
coffee, *n.*, cafè, *m.*
coincide, *vi.*, coincidir.
cold, *adj.*, fred -a; *n.*, refredat, *m.*
collect, *vt.*, recollir, aplegar; col·lec-
cionar.
college, *n.*, col·legi, *m.*; universitat, *f.*
colour, *n.*, color, *m.*; rubor, *m. & f.*
comb, *n.*, pinta, *f.*; *vt.*, pentinar.
come, *vi.*, venir, arribar.
commerce, *n.*, comerç, *m.*, tràfic, *m.*
commit, *vt.*, cometre; confiar.
common, *adj.*, comú -una, ordinari
-ària; corrent.
company, *n.*, companyia, *f.*, socie-
tat, *f.*
compare, *vt.*, comparar.
compensate, *vt.*, compensar.
compete, *vi.*, competir.
complain, *vi.*, queixar-se.
compose, *vt.*, compondre; calmar.
compress, *vt.*, comprimir.
conceal, *vt.*, amagar.
concede, *vt.*, concedir, admetre.
conceit, *n.*, vanitat, *f.*
concern, *n.*, interès, *m.*; negoci, *m.*;
vt., concernir, pertànyer.
conclude, *vt.*, acabar; concloure.

concrete, *adj.,* concret -a; *n.,* formigó, *m.*
conductor, *n.,* conductor, *m.;* guia, *m. & f.;* cobrador -a (de tramvia, òmnibus).
confirm, *vt.,* confirmar; ratificar.
confused, *adj.,* confús -usa, desconcertat -ada.
conquer, *vt.,* conquerir.
conscience, *n.,* consciència, *f.*
conscious, *adj.,* conscient.
consent, *n.,* consentiment, *m.; vi.,* consentir.
consequence, *n.,* conseqüència, *f.*
conservative, *adj.,* conservador -a.
consider, *vt.,* considerar, reflexionar.
construct, *vt.,* construir, edificar.
consulate, *n.,* consolat, *m.*
consume, *vt.,* consumir; despendre.
contain, *vt.,* contenir.
contempt, *n.,* menyspreu, *m.*
contest, *n.,* disputa, *f.;* lluita, *f.; vt.,* disputar.
contract, *vt.,* contreure; *n.,* contracte, *m.*
contrary, *adj.,* contrari -ària.
contribute, *vt.,* contribuir, ajudar.
convenience, *n.,* conveniència, *f.,* comoditat, *f.*
conversation, *n.,* conversació, *f.,* conversa, *f.*
convert, *n.,* convers, *m. & f.; vt.,* convertir.
convey, *vt.,* transportar; transmetre.
cook, *n.,* cuiner -a; *vt. & vi.,* cuinar, coure.
cool, *adj.,* fresc -a; tebi tèbia; *n.,* fresc, *m.; vt. & vi.,* refrescar.
copper, *n.,* coure, *m.;* xavalla, *f.*
copy, *n.,* còpia, *f.;* exemplar, *m.; vt.,* copiar.
cord, *n.,* corda, *f.,* cordill, *m.*
cork, *n.,* suro, *m.;* tap, *m.*
corn, *n.,* gra, *m.,* blat, *m.;* ull de poll, *m.*
corner, *n.,* angle, *m.;* cantonada, *f.;* racó, *m.*
correct, *adj.,* correcte -a; *vt.,* corregir, esmenar.
correspondence, *n.,* correspondència, *f.*
corrupt, *adj.,* corrupte -a; *vt.,* corrompre.
cotton, *n.,* cotó, *m.*
cough, *n.,* tos, *f.; vi.,* tosir.
count, *vt.,* comptar, calcular; *n.,* comte (títol), *m.;* compte (càlcul), *m.*
counterfeit, *n.,* falsificació, *f.*

countless, *adj.,* innombrable.
country, *n.,* país, *m.,* regió, *f.;* camp, *m.*
couple, *n.,* parell, *m.;* parella, *f.*
courage, *n.,* coratge, *m.,* valor, *m. & f.*
course, *n.,* curs, *m.,* ruta, *f.,* pista, *f.*
court, *n.,* cort, *f.; vt.,* cortejar.
courtyard, *n.,* pati, *m.*
cousin, *n.,* cosí -ina.
cover, *n.,* coberta, *f.,* aixopluc, *m.; vt.,* cobrir, tapar.
cow, *n.,* vaca, *f.*
coward, *n. & adj.,* covard -a.
crab, *n.,* cranc, *m.*
crack, *n.,* crac, *m.;* clivella, *f.; vt.,* petar; trencar; clivellar.
cradle, *n.,* bressol, *m.*
craft, *n.,* art, *m.,* ofici, *m.;* astúcia, *f.;* embarcació, *f.*
crash, *vi.,* esclafar, estavellar; *n.,* espetec, *m.,* estrèpit, *m.;* topada, *f.*
crawl, *vi.,* arrossegar-se.
crazy, *adj.,* boig boja.
cream, *n.,* nata, *f.;* crema, *f.*
create, *vt.,* crear; produir.
creep, *vi.,* arrossegar-se; esmunyir-se.
cricket, *n.,* grill, *m.;* críquet, *m.* (joc).
crisp, *adj.,* cruixidor -a, fresc -a.
criticize, *vt.,* criticar.
crook, *n.,* gaiata, *f.;* corba, *f.;* bergant -a.
cross, *n.,* creu, *f.;* aflicció, *f.;* enuig, *m.; vt.,* creuar, travessar; persignar; *vr.,* persignar-se.
crowd, *n.,* multitud, *f.; vi.,* pul·lular.
crown, *n.,* corona, *f.*
crude, *adj.,* cru crua.
cruelty, *n.,* crueltat, *f.*
crush, *vt.,* prémer; aixafar; *n.,* gentada, *f.*
cry, *n.,* crit, *m.,* plor, *m.; vt. & vi.,* cridar; plorar.
culture, *n.,* cultura, *f.*
cunning, *adj.,* astut -a; hàbil.
cup, *n.,* taça, *f.,* copa, *f.;* calze, *m.*
cupboard, *n.,* armari, *m.,* bufet, *m.*
curious, *adj.,* curiós -osa.
currency, *n.,* moneda, *f.;* circulació, *f.*
current, *adj.,* corrent.
curve, *n.,* corba, *f.; vt.,* corbar; *vi.,* corbar-se.
custom, *n.,* costum, *m.*
customs, *n.,* duana, *f.*
cut, *n.,* tall, *m.;* ferida, *f.; vt.,* tallar; ferir; dividir.
cutlet, *n.,* costella, *f.*
cyclist, *n.,* ciclista, *m. & f.*
cylinder, *n.,* cilindre, *m.*

D

daffodil, n. (bot.), narcís, m.

daily, adj., diari diària; adv., diàriament.

dainty, adj., delicat -ada; exquisit -ida.

dairy, n., lleteria, f.

daisy, n., margarida, f.

damage, n., danys, m., avaria, f.; vt., danyar.

damn, vt., condemnar; maleir.

damp, adj., humit -ida; n., humitat, f.; vt., mullar, humitejar; desanimar.

dance, n., dança, f., ball, m.; vt. & vi., ballar.

danger, n., perill, m., risc, m.

dare, vi., gosar, atrevir-se; vt., desafiar.

dark, adj., fosc -a, obscur -a; bru -na; n., fosca, f.; ignorància, f.

darling, n. & adj., estimat -ada, estimadíssim -a; favorit -a.

dash, n., arremesa, f.; arrencada, f.; guió, m.; vt., llançar; vi., llançar-se.

date, n., data, f.; cita, f.; (bot.) dàtil, m.

daughter, n., filla, f.

dawn, n., alba, f., matinada, f.

day, n., dia, m.; jornada, f.

dazzle, daze, vt., enlluernar; esbalair.

dead, adj., mort -a; insensible; inactiu -iva; adv., absolutament.

deaf, adj., sord -a.

deal, n., negoci, m.; quantitat, f.; vt., distribuir; vi., tractar.

dear, adj., car -a; estimat -ada, dilecte -a.

death, n., mort, f.

debt, n., deute, m., dèbit, m.

decay, n., decadència, f.; vi., deteriorar.

decease, vi., morir.

deceit, n., engany, m.

deceive, vt., enganyar.

December, n., desembre, m.

decide, vt. & vi., decidir.

deck, n. (naut.), coberta, f.

decline, vt., declinar.

decree, n., decret, m.; vt., decretar.

deduct, vt., deduir; sostreure.

deed, n., acte, m., acció, f., proesa, f., fet, m.

deep, adj., profund -a, pregon -a; intens -a.

defeat, n., derrota, f.; vt., derrotar.

defend, vt., defensar; protegir.

defer, vt., diferir, retardar.

definite, adj., definit -ida, exacte -a.

definitive, adj., definitiu -iva.

defray, vt., costejar, pagar.

defy, vt., desafiar.

degree, n., grau, m.; rang, m.; by degrees, gradualment.

delay, n., retard, m.; vt., diferir, retardar.

delicate, adj., delicat -ada; exquisit -ida.

delicious, adj., deliciós -osa.

delight, n., delícia, f., delit, m., goig, m.; vt., delectar, alegrar.

deliver, vt., lliurar; donar.

demand, n., demanda, f., vt., demanar, requerir.

democracy, n., democràcia, f.

demure, adj., sobri sòbria; reservat -ada.

dense, adj., dens -a, espès -essa.

dent, n, abonyegadura, f.

deny, vt., negar; refusar.

depart, vi., sortir; partir; morir.

departure, n., sortida, f.; partença, f.

depend, vi., dependre.

depress, vt., deprimir.

depth, n., profunditat, f.

derive, vt., derivar; vi., provenir de.

describe, vt., descriure.

deserve, vt., merèixer.

design, vt., dissenyar, projectar; n., disseny, m., designi, m.

desire, n., desig, m.; vt., desitjar.

desk, n., escriptori, m.

despair, n., desesperació, f.; vi., desesperar.

despise, vt., menysprear.

despondent, adj., dejecte, -a.

destination, n., destinació, f.

destroy, vt., destruir; demolir.

detail, n., detall, m.; vt., detallar.

detect, vt., descobrir; sorprendre.

detest, vt., detestar, avorrir.

detour, n., desviament, m.

develop, vt., desenvolupar; revelar (una fotografia).

devil, n., diable, m., dimoni, m.

devoid, adj., buit buida, desproveït -ïda.

devote, vt., dedicar, consagrar.

dew, n., rosada, f.

dexterous, adj., destre -a, hàbil.

die, vi., morir.

diet, n., dieta, f.; règim, m.

difference, n., diferència, f.; disputa, f.

difficult, adj., difícil.

difficulty, n., dificultat, f.; obstacle, m.

diffident, adj., tímid -a.

dig, *vt.,* cavar; **dig up,** desenterrar.

dim, *adj.,* pàl·lid -a, obscur -a, indistint -a; obtús -usa; *vt.,* enfosquir.

dinner, *n.,* dinar, *m.,* sopar, *m.;* **dinner jacket,** smòking, *m.*

dip, *vt.,* immergir, submergir; inclinar; *vi.,* immergir-se; inclinar-se.

direct, *adj.,* recte -a, directe -a; franc -a; *vt.,* dirigir.

dirty, *adj.,* brut -a; *vt.,* embrutar.

disagree, *vi.,* desconvenir; no estar d'acord.

disappear, *vi.,* desaparèixer.

disappoint, *vt.,* frustrar, defraudar.

disaster, *n.,* desastre, *m.,* desgràcia, *f.*

discharge, *vt.,* descarregar; executar; llicenciar.

disciple, *n.,* deixeble, *m.*

disclaim, *vt.,* negar, renunciar.

disclose, *vt.,* revelar, descobrir.

discount, *n.,* descompte, *m.*

discover, *vt.,* descobrir, revelar.

discovery, *n.,* descoberta, *f.*

discreet, *adj.,* discret -a.

discuss, *vt.,* discutir, debatre.

disease, *n.,* mal, *m.,* malaltia, *f.*

disgrace, *n.,* deshonra, *f.,* ignominia, *f.;* desgràcia, *f.;* *vt.,* deshonrar.

dish, *n.,* plata, *f.;* plat, *m.*

dislike, *vt.,* detestar, avorrir.

disloyal, *adj.,* deslleial, infidel.

dismal, *adj.,* trist -a, lúgubre.

dismay, *vt.,* consternar.

dismiss, *vt.,* acomiadar; destituir; foragitar.

disorder, *n.,* desordre, *m.,* confusió, *f.;* indisposició, *f.*

display, *n.,* exhibició, *f.;* *vt.,* desplegar; exposar.

dispose, *vt.,* disposar.

dispute, *n.,* disputa, *f.,* controvèrsia, *f.;* *vt. & vi.,* disputar.

dissatisfied, *adj.,* descontent -a.

dissolve, *vt.,* dissoldre; fondre; *vi.,* fondre's.

distance, *n.,* distància, *f.*

distant, *adj.,* distant, remot -a.

distinct, *adj.,* distint -a, diferent.

distinguish, *vt.,* distingir.

distort, *vt.,* tergiversar; torçar.

distract, *vt.,* distreure.

distress, *n.,* aflicció, *f.;* angoixa, *f.;* perill, *m.;* *vt.,* afligir.

distrust, *n.,* desconfiança, *f.;* *vt.,* desconfiar.

disturb, *vt.,* destorbar, pertorbar.

ditch, *n.,* fossat, *m.*

dive, *vi.,* submergir-se, cabussejar.

divide, *vt.,* dividir; separar.

dizzy, *adj.,* vertiginós -osa; marejat -ada.

do, *vt.,* fer, executar.

dock, *n.,* moll, *m.*

dodge, *vt.,* evadir, esquivar.

dog, *n.,* gos gossa.

doll, *n.,* nina, *f.*

dolphin, *n.,* dofí, *m.*

dominate, *vt. & vi.,* dominar.

donkey, *n.,* burro, *m.,* ase, *m.*

door, *n.,* porta, *f.*

dose, *n.,* dosi, *f.*

double, *adj.,* doble; *vt.,* doblar; plegar; flectar.

doubt, *n.,* dubte, *m.,* sospita, *f.;* *vt. & vi.,* dubtar.

doubtful, *adj.,* dubtós -osa; incert -a.

dove, *n.,* colom coloma.

down, *adv.,* baix, a baix; avall.

doze, *vi.,* dormitar.

dozen, *n.,* dotzena, *f.*

draft, *n.,* lletra de canvi, *f.;* esbós, *m.;* *vt.,* esbossar.

drag, *n.,* ròssec, *m.;* *vt. & vi.,* arrossegar.

drain, *n.,* desguàs, *m.;* *vt.,* assecar, esgotar.

draught, *n.,* corrent d'aire, *m.;* poció, *f.*

draw, *vt.,* dibuixar; atraure.

drawing, *n.,* dibuix, *m.;* **-room,** saló, *m.*

dreadful, *adj.,* espantós -osa, terrible.

dream, *n.,* somni, *m.;* *vt. & vi.,* somniar.

dreary, *adj.,* trist -a, depriment.

dress, *n.,* vestit, *m.,* indumentària, *f.;* *vi.,* vestir-se; *vt.,* vestir; amanir; curar (una ferida).

dressmaker, *n.,* modista, *f.*

drift, *n.,* tendència, *f.;* deriva, *f.;* pilot, *m.* (de neu, sorra, etc.); *vi.,* anar a la deriva.

drink, *n.,* beguda, *f.;* *vt.,* beure; *vi.,* beure's.

drip, *vi.,* degotar.

drive, *vt.,* impel·lir; conduir.

drop, *n.,* gota, *f.;* pendent, *f.;* baixa, *f.;* *vt.,* deixar caure; *vi.,* caure; gotejar.

drought, *n.,* secada, *f.*

drown, *vt.,* negar, ofegar; inundar; *vi.,* ofegar-se.

drowsy, *adj.,* somnolent -a.

drug, *n.,* droga, *f.;* medicament, *m.;* *vt.,* narcotitzar.

drum, *n.,* tambor, *m.*

drunk, *adj.,* begud -uda, ebri èbria, embriac -aga.

dry, *adj.,* sec -a; àrid -a; assedegat -ada; *vt.,* assecar; *vi.,* assecar-se.

dubious, *adj.,* dubtós -osa.

duck, *n.,* ànec, *m.;* *vi.,* acotar el cap; *vt.,* submergir.

due, *adj.,* degut -uda; *n.,* deute, *m.;* venciment, *m.*

dull, *adj.,* obtús -usa, estúpid -a; esmussat -ada; esblaimat -ada, tediós -osa.

dumb, *adj.,* mut muda; *(coll.),* estúpid -a.

dusk, *n.,* fosca, *f.;* foscant, *m.*

dust, *n.,* pols, *f.;* escombraries, *f. pl.*

duty, *n.,* deure, *m.;* obligació, *f.,* dret, *m.* (de duana).

dwell, *vi.,* residir; — **on,** discórrer.

dwelling, *n.,* domicili, *m.*

dye, *n.,* tint, *m.;* *vt.,* tenyir.

E

each, *adj.,* cada, cadascun -a; *pron.,* cadascú.

eager, *adj.,* ansiós -osa, vehement, ardent.

ear, *n.,* orella, *f.;* oïda, *f.;* *(bot.)* espiga, *f.*

early, *adv.,* aviat, d'hora; *adj.,* matiner -a; primerenc -a.

earn, *vt.,* guanyar.

earnest, *adj.,* ardent; seriós -osa.

earth, *n.,* terra, *f.;* sòl, *m.*

earthenware, *n.,* terrissa, *f.*

ease, *vt.,* alleujar, calmar, alleugerir; *n.,* tranquil·litat, *f.;* alleugeriment, *m.*

easily, *adv.,* fàcilment; tranquil·lament.

east, *n.,* est, *m.,* orient, *m.*

Easter, *n.,* Pasqua, *f.,* de Resurrecció.

easy, *adj.,* fàcil; còmode -a; tranquil -il·la.

eat, *vt.,* menjar; consumir.

ecstasy, *n.,* èxtasi, *m.,* embadaliment, *m.*

edge, *n.,* tall, *m.;* cantell, *m.,* vora, *f.*

edible, *adj.,* comestible.

editor, *n.,* director, *m.,* redactor en cap, *m.;* editor i anotador d'un text.

editorial, *n.,* article de fons, *m.*

educate, *vt.,* educar, instruir.

effect, *n.,* efecte, *m.;* impressió, *f.*

effective, *adj.,* eficaç; efectiu -iva; real.

effort, *n.,* esforç, *m.*

egg, *n.,* ou, *m.*

eight, *adj. & n.,* vuit *(m.).*

eighteen, *adj. & n.,* divuit *(m.).*

eighty, *adj. & n.,* vuitanta *(m.).*

either, *adj. & pron.,* qualsevol *(pl.* qualssevol), l'un i l'altre; *conj.:* **either... or,** o... o; *adv.,* tampoc.

elapse, *vi.,* transcórrer.

elbow, *n.,* colze, *m.;* *vt.,* donar colzades.

eldest, *adj. & n.,* primogènit -a, gran.

elect *vt.,* elegir, escollir

electricity, *n.,* electricitat, *f.*

element, *n.,* element, *m.;* *pl.,* rudiments, *m. pl.*

elementary, *adj.,* elemental.

eleven, *n. & adj.,* onze *(m.).*

eloquence, *n.,* eloqüencia, *f.*

else, *adj.,* altre -a; *adv.,* altrament; *conj.,* d'altre manera, si no.

elsewhere, *adv.,* altre indret.

embark, *vt. & vi.,* embarcar, embarcar-se.

embarrass, *vt.,* embarassar, desconcertar.

embassy, *n.,* ambaixada, *f.*

embrace, *n.,* abraçada, *f.;* *vt.,* abraçar; contenir.

emerge, *vi.,* sorgir; aparèixer.

emergency, *n.,* urgència, *f.*

emotion, *n.,* emoció, *f.;* agitació, *f.*

emphasize, *vt.,* recalcar, accentuar.

employ, *n.,* ocupació, *f.;* *vt.,* emprar, usar; donar feina a; invertir.

employment, *n.,* col·locació, *f.*

empty, *adj.,* buit, buida; *vt.,* buidar.

enable, *vt.,* facultar; fer possible.

enchanting, *adj.,* encantador -a.

enclose, *vt.,* encerclar; incloure.

encounter, *n.,* topada, *f.;* *vt.,* encontrar.

encourage, *vt.,* encoratjar, animar.

end, *n.,* fi, *m. & f.;* conclusió, *f.;* extremitat, *f.;* objecte, *m.;* límit, *m.;* *vi.,* acabar; *vt.,* posar fi a.

endeavour, *n.,* esforç, *m.,* temptativa, *f.*

endless, *adj.,* infinit -a, sense fi.

endure, *vt. & vi.,* sofrir; *vt.,* suportar; *vi.,* durar.

enemy, *n. & adj.,* enemic -iga.

energy, *n.,* energia, *f.*

enforce, *vt.,* imposar; fer observar.

engage, *vt.,* engatjar; ocupar; llogar; reservar; atacar; *vi.,* comprometre's.

engine, *n.,* màquina, *f.;* locomotora, *f.;* motor, *m.*

England, *n.,* Anglaterra, *f.*

English, *adj.,* anglès -esa; *n.,* anglès, *m.* (idioma).

engrave, *vt.,* gravar; ciselar.

enjoy, *vt.*, gaudir, fruir.

enlarge, *vt. & vi.*, engrandir; ampliar.

enlighten, *vt.*, aclarir; instruir.

enormous, *adj.*, enorme.

enough, *adj. & adv.*, prou, suficient.

enroll, *vt.*, allistar; enrolar.

enter, *vi.*, entrar; penetrar; *vt.*, inscriure.

enterprise, *n.*, empresa, *f.*

entertain, *vt.*, distreure, divertir; obsequiar.

enthusiasm, *n.*, entusiasme, *m.*

entrance, *n.*, entrada, *f.*; portal, *m.*

entreat, *vt.*, pregar, suplicar.

entry, *m.*, entrada, *f.*; (*comm.*) partida, *f.*

envious, *adj.*, envejós -osa.

envy, *n.*, enveja, *f.*; *vt.*, envejar.

equal, *adj.*, igual, parió -ona; semblant.

equality, *n.*, igualtat, *f.*

erase, *vt.*, esborrar.

err, *vi.*, errar; equivocar-se.

errand, *n.*, missatge, *m.*; encàrrec, *m.*

escape, *vi.*, fugir; escapar.

essay, *n.*, assaig, *m.*; prova, *f.*

establish, *vt.*, establir, fundar.

estimate, *n.*, pressupost, *m.*, càlcul, *m.*; *vt.*, estimar, evaluar.

etching, *n.*, aiguafort, *m.*

eternal, *adj.*, etern -a.

even, *adj.*, uniforme; llis -a; pla plana; *adv.*, fins; fins i tot, àdhuc; encara.

evening, *n.*, vespre, *m.*; nit, *f.*

event, *n.*, esdeveniment, *m.*

ever, *adv.*, sempre; mai.

everlasting, *adj.*, etern -a, sempitern -a.

every, *adj.*, cada, tot -a.

everybody, *pron.*, cadascú; tothom.

everything, *n.*, tot, *m.*

everywhere, *adv.*, pertot.

evil, *adj.*, dolent -a, malvat -ada; *n.*, mal, *m.*

evolve, *vt.*, desplegar; desenvolupar.

exact, *adj.*, exacte -a; *vt.*, exigir.

examine, *vt.*, examinar.

example, *n.*, exemple, *m.*

exasperate, *vt.*, exasperar, irritar.

exceed, *vt.*, excedir, ultrapassar; *vi.*, excedir-se.

excel, *vt.*, excel·lir, sobresortir.

except, *vt.*, exceptuar, excloure; *prep.*, excepte, salvat.

excess, *n.*, excés, *m.*; desmesura, *f.*

exchange, *n.*, canvi, *m.*; borsa, *f.*; *vt.*, canviar.

excite, *vt.*, excitar; provocar.

exclude, *vt.*, excloure; exceptuar.

exclusive, *adj.*, exclusiu -iva; únic -a.

execute, *vt.*, executar.

exemplary, *adj.*, exemplar.

exercise, *n.*, exercici, *m.*, pràctica, *f.*; *vt.*, exercitar; *vi.*, fer exercici.

exhaust, *vt.*, exhaurir, esgotar.

exhibition, *n.*, exhibició, *f.*, exposició, *f.*

exile, *n.*, exili, *m.*; *vt.*, exiliar.

exist, *vi.*, existir.

existence, *n.*, existència, *f.*

exit, *n.*, sortida, *f.*

expand, *vt.*, expandir, dilatar.

expect, *vt.*, esperar.

expedient, *adj.*, convenient; *n.*, expedient, *m.*

expel, *vt.*, expel·lir.

expense, *n.*, despesa, *f.*; cost, *m.*, dispendi, *m.*

expensive, *adj.*, car -a, costós -osa.

experience, *n.*, experiència, *f.*; *vt.*, experimentar.

explain, *vt.*, explicar.

exploit, *n.*, proesa, *f.*; *vt.*, explotar.

export, *vt.*, exportar.

expose, *vt.*, exposar.

express, *adj.*, exprés -essa; *n.*, exprés, *m.*, ràpid, *m.*

exquisite, *adj.*, exquisit -ida.

extend, *vt.*, extendre; prolongar; *vi.*, extendre's.

extent, *n.*, extensió, *f.*; grau, *m.*

extreme, *adj.*, extrem -a, últim -a; *n.*, extrem, *m.*

eye, *n.*, ull, *m.*, vista, *f.*; *vt.*, ullar.

eyebrow, *n.*, cella, *f.*

eyelash, *n.*, pestanya, *f.*

eyelid, *n.*, parpella, *f.*

F

fable, *n.*, faula, *f.*; ficció, *f.*

fabulous, *adj.*, fabulós -osa.

face, cara, *f.*; front, *m.*; superfície, *f.*; *vt.*, afrontar.

facility, *n.*, facilitat, *f.*

fact, *n.*, fet, *m.*; realitat, *f.*

factory, *n.*, fàbrica, *f.*

fade, *vt.*, descolorir; *vi.*, desaparèixer; descolorir-se; marcir-se.

fail, *vt.*, mancar, faltar; *vi.*, fracassar, fallir.

failure, *n.*, fracàs, *m.*

faint, *adj.*, tímid -a, dèbil; *n.*, desmai, *m.*

fair, *adj.*, bell -a; ros rossa; serè -ena; *n.*, fira, *f.*

fairy, *n.*, fada, *f.*

faith, *n.,* fe, *f.,* creença, *f.*
faithful, *adj.,* lleial, fidel.
fake, *adj.,* fals -a
fall, *vi.,* caure; baixar; *n.,* caiguda, *f.;* cascada, *f.* **Fall,** *n.,* tardor, *f.*
false, *adj.,* fals -a; fingit -ida; postís -issa.
family, *n.,* familia, *f.*
famish, *vt.,* matar de fam; *vi.,* morir-se de fam.
famous, *adj.,* famós -osa.
fan, *n.,* ventall, *m.;* ventilador, *m.;* *vt.,* ventar.
fancy, *n.,* fantasia, *f.,* imaginació, *f.,* capricl, *m.;* *vt.,* imaginar; agradar.
far, *adv.,* lluny; *adj.,* llunyà -ana.
fare, *n.,* passatge, *m.;* preu, *m.,* del viatge, etc.; aliment, *m.*
farewell, *int.,* adéu; *n.,* adéu, *m.*
farm, *n.,* conreu, *m.;* granja, *f.;* *vt.,* conrear.
farmer, *n.,* agricultor -a.
farther, *adv.,* més lluny; *adj.,* més llunyà -ana.
fashion, *n.,* forma, *f.;* moda, *f.;* manera, *f.;* costum, *m.;* *vt.,* formar.
fast, *adj.,* ràpid -a, veloç; *n.,* dejuni, *m.;* *vi.,* dejunar.
fasten, *vt.,* fermar, fixar, lligar.
fat, *adj.,* gras -assa; corpulent -a; *n.,* greix, *m.*
fate, *n.,* destí, *m.,* fat, *m.*
father, *n.,* pare, *m.*
father-in-law, *n.,* sogre, *m.*
fatigue, *n.,* fatiga, *f.,* cansament, *m.;* *vt.,* fatigar.
fault, *n.,* falta, *f.,* defecte, *m.*
favour, *n.,* favor, *m.;* gràcia, *f.;* *vt.,* afavorir.
fear, *vt.,* témer; *vi.,* tenir por; *n.,* por, *f.,* temor, *m. & f.*
feast, *n.,* festa, *f.;* festí, *m.*
feat, *n.,* feta, *f.;* acció, *f.;* gesta, *f.*
feather, *n.,* ploma, *f.*
feature, *n.,* fesomia, *f.;* tret, *m.*
fee, *n.,* honoraris, *m. pl.;* dret, *m.,* quota, *f.*
feeble, *adj.,* feble, dèbil.
feed, *vt.,* nodrir; alimentar; *vi.,* menjar, alimentar-se; pasturar; *n.,* menjada, *f.*
feel, *vt.,* tocar, palpar; sentir; *vi.,* sentir-se, *n.,* tacte, *m.*
feeling, *n.,* sensibilitat, *f.;* tacte, *m.*
feet, *n. pl.,* peus, *m. pl.*
fellow, *n.,* company, *m.,* camarada, *m.;* individu, *m.*

female, *n.,* femella, *f.;* *(vulg.)* dona, *f.*
fertile, *adj.,* fecund -a, fèrtil.
fetch, *vt.,* anar a buscar; produir.
fever, *n.,* febre, *f.*
few, *adj.,* pocs poques, *pl.*
fiancé ée, *n.,* promés -esa.
field, *n.,* camp, *m.*
fierce, *adj.,* furiós -osa, ferotge; violent -a.
fifteen, *n. & adj.,* quinze (*m.*).
fifty, *n. & adj.,* cinquanta (*m.*).
fig, *n.,* figa, *f.;* — **tree,** figuera, *f.*
fight, *vt.,* combatre; *vi.,* barallar-se; lluitar; *n.,* lluita, *f.,* combat, *m.*
figure, *n.,* figura, *f.,* forma, *f.,* imatge, *f.;* *vt. & vi.,* figurar.
file, *n.,* fila, *f.;* llima, *f.;* carpeta, *f.;* *vt.,* llimar; arxivar.
fill, *vt.,* omplir.
filth, *n.,* immundícia, *f.*
filthy, *adj.,* brut -a, porc -a.
find, *n.,* descoberta, *f.;* *vt.,* trobar; descobrir.
fine, *adj.,* fi fina, delicat -ada, bell -a; *n.,* multa, *f.*
finger, *n.,* dit, *m.;* *vt.,* tocar.
finish, *vt.,* acabar, finir; *n.,* fi, *m. & f.;* poliment, *m.*
fire, *n.,* foc, *m.;* incendi, *m.;* ardor, *m. & f.;* *vt.,* encendre; disparar.
firm, *adj.,* ferm -a, sòlid -a; *n.,* raó social, *f.*
first, *adj.,* primer -a; —**aid,** auxilis, *m. pl.,* d'urgència.
fish, *n.,* peix, *m.;* *vt.,* pescar.
fisherman, *n.,* pescador, *m.*
fishing, *n.,* pesca, *f.,* —**rod,** canya de pescar, *f.*
fit, *adj.,* apte-a, capaç; digne -a; atac, *m.,* accés, *m.;* *vt.,* ajustar, adaptar.
five, *n. & adj.,* cinc (*m.*).
fix, *vt.,* fixar, establir.
flag, *n.,* bandera, *f.;* *vi.,* llanguir.
flair, *n.,* perspicàcia, *f.*
flame, *n.,* flama, *f.*
flash, *n.,* llampec, *m.,* esclat, *m.*
flat, *adj.,* pla plana, horitzontal, uniforme; *n.,* planura, *f.;* (*mus.*) bemol, *m.;* apartament, *m.*
flatter, *vt.,* adular.
flavour, *n.,* sabor, *m.,* gust, *m.*
flaw, *n.,* defecte, *m.,* imperfecció, *f.;* esquerda, *f.*
flea, *n.,* puça, *f.*
flee, *vi.,* fugir, escapar-se.
fleet, *n.,* flota, *f.;* *adj.,* veloç.
flesh, *n.,* carn, *f.,* polpa, *f.*
flight, *n.,* fugida, *f.;* vol, *m.*

fling, *vt.*, llançar, tirar.

float, *vi.*, flotar.

flood, *n.*, inundació, *f.*, diluvi, *m.*; *vt.*, inundar.

floor, *n.*, paviment, *m.*, pis, *m.*, sòl, *m.*

flour, *n.*, farina, *f.*

flow, *vi.*, fluir, rajar.

flower, *n.*, flor, *f.*; *vi.*, florir.

fluent, *adj.*, fluid -a.

flush, *vi.*, ruboritzar-se; *n.*, rubor, *m.* & *f.*; fluix, *m.*, ràpid o copiós.

fly, *vi.*, volar; fugir; *vt.*, pilotejar, fer volar; *n.*, mosca, *f.*

foam, *n.*, escuma, *f.*

fog, *n.*, boira, *f.*

fold, *vt.*, doblegar, plegar; *n.*, doblec, *m.*

follow, *vt.*, seguir; comprendre.

folly, *n.*, bogeria, *f.*

fond, *adj.*, afectuós -osa, tendre -a; — of, apassionat per, inclinat a.

food, *n.*, nodriment, *m.*, aliment, *m.*, menjar, *m.*

fool, *adj.*, foll -a, ximplet -a; *n.* & *adj.*, boig boja, *vt.*, enganyar; *vi.*, fer l'idiota.

foot, *n.*, peu, *m.*; base, *f.*

for, *prep.*, per, per a; *conj.*, perquè.

forbid, *vt.*, prohibir.

force, *n.*, força, *f.*; *vt.*, forçar.

fore, *adj.*, davanter -a; *adv.*, davant.

forecast, *vt.*, preveure, pronosticar.

foreground, *n.*, primer pla, *m.*

foreign, *adj.*, estranger -a; foraster -a.

foresee, *vt.*, preveure.

forest, *n.*, bosc, *m.*, selva, *f.*

foreword, *n.*, prefaci, *m.*, pròleg, *m.*

forge, *vt.* & *vi.*, forjar; inventar; falsificar; *n.*, forja, *f.*

forget, *vt.*, oblidar; descuidar.

forgive, *vt.*, perdonar.

fork, *n.*, forquilla, *f.*

form, *n.*, forma, *f.*, classe, *f.*; fórmula, *f.*; condició, *m.*; *vt.*, formar, modelar.

former, *adj.*, anterior, precedent.

forsaken, *adj.*, abandonat -ada.

forthcoming, *adj.*, pròxim -a, proper -a.

fortnight, *n.*, quinzena, *f.*

fortunate, *adj.*, afortunat -ada.

forty, *n.* & *adj.*, quaranta (*m.*).

forward, *adj.*, avançat -ada; davanter -a; *vt.*, expedir.

foul, *adj.*, brut -a, impur -a, detestable.

fountain, *n.*, font, *f.*

four, *n.* & *adj.*, quatre (*m.*).

fourteen, *n.* & *adj.*, catorze (*m.*).

fox, *n.*, guineu, *f.*

fracture, *n.*, fractura, *f.*, ruptura, *f.*; *vt.*, fracturar, rompre.

frail, *adj.*, fràgil, dèbil.

frame, *n.*, marc, *m.*; estructura, *f.*; *vt.*, emmarcar.

frank, *adj.*, franc -a; sincer -a, càndid -a.

fraud, *n.*, frau, *m.*, engany, *m.*

free, *adj.*, lliure; gratuit -a; solt -a; *vt.*, alliberar.

freedom, *n.*, llibertat, *f.*; soltesa, *f.*

freeze, *vi.* & *vt.*, gelar.

freight, *n.*, carga, *f.*; nòlit, *m.*

frequent, *adj.*, freqüent.

fresh, *adj.*, fresc -a; nou nova; — water, aigua dolça.

Friday, *n.*, divendres, *m.*

friend, *n.*, amic amiga.

friendly, *adj.*, amistós -osa, benèvol -a.

fright, *n.*, surt, *m.*, esglai, *m.*

frightful, *adj.*, espantós -osa, horrorós -osa.

frog, *n.*, granota, *f.*

from, *prep.*, de; des de; després; segons.

frontier, *n.*, frontera, *f.*

frost, *n.*, gebrada, *f.*; gelada, *f.*

frozen, *adj.*, gelat -ada, glaçat -ada.

fruit, *n.*, fruit, *m.*; fruita, *f.*

fry, *vt.*, fregir.

frying pan, *n.*, paella, *f.*

fuel, *n.*, combustible, *m.*

fulfil, *vt.*, realitzar, complir, satisfer.

full, *adj.*, ple plena; replet -a; complet -a.

fullness, *n.*, plenitud, *f.*, abundància, *f.*

fun, *n.*, diversió, *f.*; burla, *f.*

function, *n.*, funció, *f.*; *vi.*, funcionar.

fund, *n.*, fons, *m.*

funny, *adj.*, divertit -ida, facetós -osa.

fur, *n.*, pell, *f.*

furnish, *vt.*, proveïr; fornir; amoblar.

furniture, *n.*, mobiliari, *m.*, mobles, *m. pl.*

further, *adv.*, més enllà; endemés; encara; *adj.*, ulterior, més distant.

fury, *n.*, furor, *m.* & *f.*

fuss, *n.*, renou, *m.*; *vi.*, agitar-se innecessàriament.

future, *adj.*, futur -a; *n.*, esdevenidor, *m.*

G

gaiety, n., alegria, f.

gain, n., guany, m.; profit, m.; vt., guanyar, adquirir.

gale, n., vendaval, m.

gallon, n., galó, m.

gamble, n., aventura, f.; vi., jugar, especular.

game, n., joc, m.; caça, f.

gap, n., bretxa, f.; espai, m.

garage, n., garatge, m.

garden, n., jardí, m., hort, m.

garlic, n., all, m.

garnish, vt., guarnir, amanir.

gasp, vi., alenar.

gate, n., porta, f., entrada, f.

gather, vt., recollir, reunir.

gauze, n., gasa, f.

gay, adj., alegre, festiu -iva.

gaze, n., mirada fixa, f.; vi., con- templar.

gear, n., efectes, m. pl.; equip, m.; engranatge, m.

gem, n., joia, f., pedra preciosa, f.

gender, n., gènere, m.

general, adj., general, comú -una, usual.

generation, n., generació, f.

generosity, n., generositat, f.

gentle, adj., noble; dolç -a, suau, afable.

gentleman, n., cavaller, m.; gentil- home, m.

genuine, adj., genuí -ïna, pur -a.

germ, n., germen, m.; microbi, m.

gesture, n., gest, m., signe, m.

get, vt., obtenir, aconseguir, agafar; posar-se; vi., abastar; arribar a.

ghost, n., fantasma, m., espectre, m.

giant, n., gegant, m.

gift, n., do, m.; talent, m.; present, m., regal, m.

gilt, adj., daurat -ada; n., daurat, m.

gipsy, n., gitano -a.

girl, n., noia, f., nena, f.; minyo- na, f.

give, vt., donar, dar, concedir.

glad, adj., alegre, content -a.

glance, n., ullada, f., mirada, f.; vt., ullar.

glare, n., enlluernament, m.; vi., re- lluir.

glass, n., vidre, m.; vas, m., copa, f.; glasses, ulleres, f. pl.

glide, vi., lliscar.

glider, n., planador, m.

gloom, n., obscuritat, f.; malenco- nia, f.

glory, n., glòria, f., fama, f.

glove, n., guant, m.

glow, n., lluïsor, f.; vi., lluir; vt., arrecentar.

glue, n., cola, f.; vt., encolar.

glut, n., superabundància, f.

go, vi., anar, caminar; partir; passar; n., energia, f.

goal, n., meta, f.; fi, m.

goat, n., cabra, f.

God, n., Déu, m.

godfather, —mother, n., padrí -ina.

gold, n., or, m.

good, adj., bo bona, bondadós -osa; apte; saludable; adv., bé; n., bé, m., prosperitat, f.

goods, n. pl., béns mobles, m. pl.; mercaderies, f. pl.

goose, n., oca, f.

gorge, n., gola, f.; gorja, f.

gorgeous, adj., sumptuós -osa, mag- nífic -a.

gospel, n., evangeli, m.

gossip, n., xafardeig, m.; vi., xafar- dejar.

govern, vt. & vi., governar, guiar, regir.

grab vt., agafar, arrabassar.

grace, n., gràcia, f.; favor, m.; vt., adornar, agraciar.

grade, n., grau, m.; pendent, f.; gra- duació, f.; qualitat, f.; vt., gra- duar.

graft, n., empelt, m.; suborn, m.

grain, n., gra, m.; cereal, m.

grammar, n., gramàtica, f.

grand, adj., gran, grandiós -osa, mag- nífic -a.

grandfather, —mother, n., avi àvia.

grant, vt., concedir, conferir, ator- gar; n., subvenció, f.

grape, n., raïm, m.

grasp, vt., empunyar; comprendre.

grass, n., herba, f., gasó, m.

grateful, adj., agraït -ïda; grat -a.

grave, n., tomba, f., sepultura, f.; adj., greu, seriós -osa.

gravy, n., salsa, f., suc, m.

gray = grey.

grease, n., greix, m.; lubricant, m.; vt., lubricar.

great, adj., gran, gros -ossa; princi- pal; important; colossal.

greed, n., voracitat, f.; cupiditat, f.

green, adj., verd -a; novell -a; fresc -a; n., verd, m.

greet, vt., saludar.

greeting, n., salutació, f.

grey, adj., gris -a; n., gris, m.

grief, n., dolor, m., aflicció, f., pena, f.

grieve, *vt.*, afligir; *vi.*, afligir-se.

grill, *vt.*, rostir a l'ast o graelles; *n.*, graella, *f.*

grin, *n.*, ganyota, *f.*

grind, *vt.*, moldre; esmolar.

grip, *vt.*, aferrar; agafar.

groan, *n.*, gemec, *m.*; *vi.*, gemegar.

grocer, *n.*, adroguer, *m.*

ground, *n.*, terra, *f.*; sòl, *m.*; terreny, *m.*; fons, *m.*; motiu, *m.*

groundless, *adj.*, sense fonament.

grow, *vt.*, cultivar; *vi.*, créixer, brotar; progressar; extendre's.

grudge, *n.*, rancor, *m.*

guarantee, *n.*, garantia, *f.*, fiança, *f.*; *vt.*, garantir.

guess, *vt.*, conjecturar; endevinar.

guest, *n.*, hoste hostessa, invitat -ada.

guide, *n.*, guia, *m.* & *f.*; *vt.*, guiar.

guilt, *n.*, culpabilitat, *f.*

guilty, *adj.*, culpable.

gum, *n.*, goma, *f.*; geniva, *f.*

gun, *n.*, arma de foc, *f.*; canó, *m.*

gunpowder, *n.*, pólvora, *f.*

H

habit, *n.*, vestit, *m.*; habitud, *f.*

hail, *n.* (*met.*), pedra, *f.*; *int.*, salve!, salut!

hair, *n.*, cabell, *m.*, pèl, *m.*

hairdresser, *n.*, perruquer, *m.*

hairy, *adj.*, pelut -uda.

hake, *n.*, lluç, *m.*

half, *n.*, meitat, *f.*; *adj.*, mig mitja.

hall, *n.*, vestíbul, *m.*; sala, *f.*; casa senyorívola, *f.*

halt, *n.* & *int.*, alto, *m.*; *vi.* & *vt.*, aturar.

halve, *vt.*, dividir en dues parts; reduir a la meitat.

ham, *n.*, pernil, *m.*

hammer, *n.*, martell, *m.*

hand, *n.*, mà, *f.*; *vt.*, fer a mans, remetre.

handbag, *n.*, sac de mà, *m.*

handkerchief, *n.*, mocador, *m.*

handle, *n.*, mànec, *m.*; *vt.*, manejar.

handsome, *adj.*, formós -osa, bell -a.

handwriting, *n.*, escriptura, *f.*

hang, *vt.*, penjar.

happen, *vi.*, ocórrer, esdevenir.

happy, *adj.*, feliç, content -a.

harbour, *n.*, port, *m.*

hard, *adj.*, dur -a; difícil; rigorós -osa.

hardly, *adv.*, escassament, tot just; severament.

hardness, *n.*, duresa, *f.*

hardship, *n.*, privació, *f.*, penalitat, *f.*

hardy, *adj.*, atrevit -ida, audaç; robust -a.

hare, *n.*, llebre, *f.*

harm, *n.*, mal, *m.*, dany, *m.*; *vt.*, danyar.

harmful, *adj.*, danyós -osa, nociu -iva.

harmonize, *vt.* & *vi.*, harmonitzar.

harmony, *n.*, harmonia, *f.*

harsh, *adj.*, aspre -a; rude; cruel.

harvest, *n.*, collita, *f.*; sega, *f.*; *vt.*, collir.

haste, *n.*, pressa, *f.*

hat, *n.*, barret, *m.*, capell, *m.*

hate, *n.*, odi, *m.*; *vt.*, odiar, detestar.

haughty, *adj.*, arrogant, soberg -a.

have, *vt.*, haver, tenir; posseir.

haven, *n.*, port *m.*; abric, *m.*

hawk, *n.* (*orn.*), falcó.

hay, *n.*, fenc, *m.*

hazard, *n.*, atzar, *m.*; risc, *m.*

haze, *n.*, calitja, *f.*

he, *pron.*, ell.

head, *n.*, cap, *m.*

headache, *n.*, mal de cap, *m.*

headmaster, *n.*, director d'una escola, *m.*; headmistress, directora, *f.*

head-quarters, *n.* (*mil.*), quarter general, *m.*

heal, *vt.*, curar; *vi.*, sanar.

health, *n.*, salut, *f.*

healthy, *adj.*, sa sana; sanitós -osa.

heap, *n.*, munt, *m.*

hear, *vt.*, oir, sentir.

heart, *n.*, cor, *m.*; ànima, *f.*

hearth, *n.*, llar, *f.*

hearty, *adj.*, cordial; vigorós -osa; abundant.

heat, *n.*, calor, *f.*; escalfor, *f.*; ardor, *m.* & *f.*

heating, *n.*, calefacció, *f.*

heave, *vt.*, alçar, aixecar; *vi.*, panteixar.

heaven, *n.*, cel, *m.*

heavy, *adj.*, pesat -ada, feixuc -uga, pesant, opressiu -iva.

hedge, *n.*, tanca, *f.*, cleda, *f.*

heel, *n.*, taló, *m.*

height, *n.*, altura, *f.*, elevació, *f.*; altitud, *f.*

heir, *n.*, hereu -eva.

hell, *n.*, infern, *m.*

help, *n.*, ajuda, *f.*, socors, *m.*; *vt.*, ajudar, assistir; servir.

helpful, *adj.*, útil; servicial.

hen, *n.*, gallina, *f.*

hence, *adv.*, d'aquí.

her, *pers. pron.*, ella, a ella, la, li;

poss. adj., son (ses) sa (ses), d'ella, el seu la seva.

herb, *n.,* herba, *f.*

herd, *n.,* ramat, *m.*

here, *adv.,* aquí, ací.

heresy, *n.,* heretgia, *f.*

herewith, *adv.,* juntament amb això.

hermit, *n.,* ermità, *m.*

hero, *n.,* heroi -oïna.

heroic, *adj.,* heroic -a.

herring, *n.,* arengada, *f.*

herself, *pron.,* ella mateixa.

hesitate, *vi.,* titubejar, vacillar.

hide, *vt.,* amagar; *vi.,* amagar-se; *n.,* cuir (cuiro), *m.*

hideous, *adj.,* horrible, espantós -osa.

high, *adj.,* alt -a, elevat -ada; noble; principal.

highly, *adv.,* altament.

highway, *n.,* carretera reial.

hill, *n.,* turó, *m.,* puig, *m.*

him, *pron.,* ell, a ell, li.

himself, *pron.,* ell mateix, si mateix.

hinder, *vt.,* impedir, destorbar.

hindrance, *n.,* impediment, *m.,* obstacle, *m.*

hinge, *n.,* frontissa, *f.*

hint, *n.,* insinuació, *f.; vt.,* apuntar, insinuar.

hip, *n.,* maluc, *m.,* flanc, *m.*

hire, *vt.,* llogar.

his, *poss. adj. & pron.,* seu seva, el seu (els seus) la seva (les seves), son (sos) sa (ses), d'ell.

history, *n.,* història, *f.*

hit, *vt.,* colpir, pegar; encertar.

hither, *adv.,* aquí, cap aquí.

hive, *n.,* rusc, *m.,* eixam, *m.*

hoard, *n.,* amàs, *m.; vt.,* amassar.

hoarse, *adj.,* ronc -a.

hobby, *n.,* passatemps favorit, *m.*

hog, *n.,* porc, *m.*

hoist, *vt.,* hissar.

hold, *n.,* presa, *f.; vt.,* tenir; agafar; contenir; sostenir; mantenir.

hole, *n.,* forat, *m.*

holiday, *n.,* festa, *f.,* dia festiu, *m.;* —s, vacances, *f., pl.*

hollow, *adj.,* buit buida; *n.,* cavitat, *f.*

holy, *adj.,* sant -a, sagrat -ada.

homage, *n.,* homenatge, *m.*

home, *n.,* llar, *f.,* casa, *f.;* domicili, *m.;* pàtria, *f.*

homesick, *adj.,* nostàlgic -a.

homework, *n.,* tasca escolar, *f.*

honest, *adj.,* honrat -ada; sincer -a

honey, *n.,* mel, *f.*

honeymoon, *n.,* lluna de mel, *f.*

honour, *n.,* honra, *f.,* honor, *m.; vt.,* honorar.

hood, *n.,* caputxa, *f.,* capitol, *m.*

hoof, *n.,* casc, *m.*

hook, *n.,* ganxo, *m.,* ham, *m.; vt.,* enganxar.

hope, *n.,* esperança, *f.*

hopeful, *adj.,* esperançat -ada.

hopeless, *adj.,* desesperat -ada, sense esperança

horizon, *n.,* horitzó, *m.*

horizontal, *adj.,* horitzontal.

horn, *n.,* banya, *f.;* trompa, *f.;* botzina, *f.*

horrible, *adj.,* esgarrifós -osa, horrible.

horror, *n.,* horror, *m.,* terror, *m. & f.*

horse, *n.,* cavall, *m.*

horseman, *n.,* genet, *m.*

host, *n.,* hoste, *m.,* el qui convida; amfitrió, *m.*

hostel, *n.,* hostal, *m.*

hostess, *n.,* hostessa, *f.,* amfitriona, *f.*

hostile, *adj.,* hostil; contrari -ària.

hot, *adj.,* calent -a, càlid -a, ardent -a, picant -a.

hour, *n.,* hora, *f.*

house, *n.,* casa, *f.; vt.,* allotjar.

household, *n.,* família, *f.,* casa, *f.*

housekeeper, *n.,* majordom, -a.

housewife, *n.,* mestressa de casa, *f.*

how, *adv.,* com, quan; quant.

however, *adv.,* com sigui que; *conj.,* però.

howl, *vi.,* udolar.

hue, *n.,* color, *m.,* matís, *m.*

hug, *vt.,* abraçar.

huge, *adj.,* vast -a, enorme.

hull, *n.,* buc, *m.,* d'una nau; closca, *f.*

hum, *vi.,* brunzir, canturrejar.

human, *n. & adj.,* humà -ana.

humanity, *n.,* humanitat, *f.*

humble, *adj.,* humil; *vt.,* humiliar.

humour, *n.,* humor; *vt.,* satisfer, ser indulgent amb.

humorous, *adj.,* humorístic -a.

hundred, *adj. & n.,* cent (*m.*); *n.,* centenar, *m.*

hunger, *n.,* fam, *f.*

hungry, *adj.,* famolenc -a, afamat -ada.

hunt, *n.,* cacera, *f.; vt.,* caçar; cercar.

hurl, *vt.,* llançar.

hurry, *n.,* pressa, *f.; vt.,* apressar; *vi.,* cuitar.

hurt, *n.,* mal, *m.,* ferida, *f.,* dany, *m.; vt.,* ferir, danyar.

husband, *n.,* marit, *m.,* espòs, *m.*; *vt.,* estalviar.
hush, *n.,* silenci, *m.*; *vt. & vi.,* emmudir.
hut, *n.,* barraca, *f.,* cabana, *f.*
hymn, *n.,* himne, *m.*
hypocrite, *n.,* hipòcrita, *m. & f.*

I

ice, *n.,* gel, *m.*; — **cream,** gelat, *m.*; *vt.,* gelar.
icebox, *n.,* nevera, *f.*
icy, *adj.,* gelat -ada, glacial.
idea, *n.,* idea, *f.,* concepte, *m.*
identify, *vt.,* identificar.
idiom, *n.,* idioma, *m.*; modisme, *m.*
idle, *adj.,* ociós -osa, inútil, gandul -a.
idyll, *n.,* idil·li, *m.*
if, *conj.,* si, encara que, baldament.
ignition, *n.* (*auto.*), encesa, *f.*
ignorance, *n.,* ignorància, *f.*
ignore, *vt.,* ignorar.
ill, *adj.,* malalt -a, dolent -a; *n.,* mal; *adv.,* mal, malament.
illiterate, *adj.,* analfabet -a.
illusion, *n.,* il·lusió, *f.*
illustrate, *vt.,* il·lustrar; explicar.
illustrious, *adj.,* il·lustre.
image, *n.,* imatge, *f.*
imaginary, *adj.,* imaginari -ària.
imagination, *n.,* imaginació, *f.*
imagine, *vt.,* imaginar, concebre.
imitation, *n.,* imitació, *f.,* còpia, *f.*
immediate, *adj.,* immediat -a.
immense, *adj.,* immens -a.
immorality, *n.,* immoralitat, *f.*
immunity, *n.,* immunitat, *f.,* exempció, *f.*
impart, *vt.,* comunicar.
impatient, *adj.,* impacient.
imperative, *adj.,* imperatiu -iva, urgent, peremtori -òria.
imperfect, *adj.,* imperfect -a, defectuós -osa.
impetuous, *adj.,* impetuós -osa.
implore, *vt.,* implorar, suplicar.
imply, *vt.,* implicar.
import, *vt.,* importar; *n.,* importància. *f.*; sentit, *m.*; importació, *f.*
importance, *n.,* importància, *f.*
impossible, *adj.,* impossible.
impressive, *adj.,* emocionant, impressionant.
imprint, *n.,* impressió, *f.*; peu, *m.,* d'impremta.
improve, *vt. & vi.,* millorar; *vt.,* perfeccionar; *vi.,* perfeccionar-se.
impulse, *n.,* impuls, *m.*

in, *prep.,* en; a; de; dins; durant; *adv.,* dins, dintre, a casa.
inadequate, *adj.,* inadequat -ada.
inaudible, *adj.,* no oïble.
inborn, *adj.,* innat -ada.
incentive, *n.,* incentiu, *m.,* estímul, *m.*
inch, *n.,* polzada, *f.* (2.54 cm.).
incite, *vt.,* incitar.
incline, *vt.,* inclinar; *vi.,* inclinar-se.
income, *n.,* renda, *f.*
incomplete, *adj.,* incomplet -a.
inconvenient, *adj.,* incòmode -a; inconvenient.
increase, *vt.,* acréixer, augmentar.
incur, *vt.,* incórrer.
indebtedness, *n.,* deutor -a; agraït -ïda.
indeed, *adv.,* veritablement, de debò.
indemnity, *n.,* indemnitat, *f.*
indentation, *n.,* osca, *f.*
independence, *n.,* independència, *f.*
indicate, *vt.,* indicar.
indifference, *n.,* indiferència, *f.,* apatia, *f.*
indigent, *adj.,* indigent, pobre.
indigestion, *n.,* indigestió, *f.*
indignation *n.,* indignació, *f.*
indiscretion, *n.,* indiscreció, *f.,* imprudència, *f.*
indispensable, *adj.,* indispensable, imprescindible.
indispose, *vt.,* indisposar.
individual, *adj.,* individual; *n.,* individu -ídua.
indolent, *adj.,* indolent, peresós -osa.
indoor, *adj.,* interior; —**s,** *adv.,* a cobert, de porta endins.
induce, *vt.,* persuadir, induir.
indulge, *vt.,* tolerar; satisfer; *vi.,* entregar-se a.
industrious, *adj.,* industriós -osa, treballador -a.
inebriate, *vt.,* embriagar.
inevitable, *adj.,* inevitable, fatal.
infant, *n.,* criatura, *f.,* nen -a.
infantry, *n.,* infanteria, *f.*
infectious, *adj.,* infecciós -osa, contagiós -osa.
infer, *vt.,* inferir, deduir.
inferior, *adj.,* inferior; *n.,* subordinat -ada.
inferiority, *n.,* inferioritat, *f.*
infinite, *adj.,* infinit -a.
infirm, *adj.,* malalt -a; dèbil.
inflate, *vt.,* inflar.
influence, *n.,* influència, *f.*; *vt.,* influir.
influenza, *n.* (*med.*), influença, *f.,* grip, *f.*

inform, vt. & vi., informar; vt., denunciar.

informal, adi., sense etiqueta.

information, n., informació, f.

infringe, vt., violar, infringir.

infuriate, vt., enfuriar.

ingenious, adj., enginyós -osa.

ingenuous, adj., ingenu -ènua, candorós -osa.

inhabit, vt., habitar, ocupar.

inhabitant, n., habitant.

inherit, vt., heretar.

inhibit, vt., inhibir, prohibir.

iniquity, n., iniquitat, f., injustícia, f.

initiative, n., iniciativa, f.

inject, vt., injectar.

injury, n., injúria, f.; dany, m., lesió, f.

ink, n., tinta, f.

inland, n., interior (d'un país), m.; adj., interior; adv., terra endins.

inmost, adj., íntim -a, profund -a.

inn, n., hostal, m., fonda, f.

inner, adj., interior, intern -a.

inoffensive, adj., inofensiu -iva.

inquire, vt., indagar, preguntar.

inquiry, n., enquesta, f., investigació, f.; pregunta, f.

insane, adj., insà -ana, boig boja.

inscribe, vt., inscriure.

insect, n., insecte, m.

insecure, adj., insegur -a.

insert, vt., inserir.

inside, n. & adj., interior; adv., interiorment; prep., a l'interior de, dins.

insight, n., perspicàcia, f., penetració, f.

insignificant, adj., insignificant, banal.

insinuate, vt., insinuar.

insist, vi., insistir.

inspect, vt., inspeccionar.

inspiration, n., inspiració, f.

install, vt., instaŀlar.

instalment, n., termini, m.; fascicle, m.

instance, n., exemple, m.; instància, f.

instant, adj., urgent, instant, corrent; n., instant, m.

instantaneous, adj., instantani -ània.

instead, adv., en canvi; — of, en lloc de, en comptes de.

instinct, n., instint, m.

instruct, vt., instruir.

insulate, vt., aïllar.

insurance, n., assegurança, f.

integrity, n., integritat, f.

intelligence, n., inteŀligència, f.; informació, f.

intend, vt., tenir la intenció de.

intense, adj., intens -a, viu viva, vehement.

intention, n., intenció, f., propòsit, m.

interchange, n., intercanvi, m.; bescanvi, m.

interest, vt., interessar; n., interès, m.; profit, m.

interfere, vi., interferir, entremetre's, intervenir.

intermediary, adj., intermediari -ària.

intern, vt., internar; n. (med.), practicant, m.

interpret, vt., interpretar.

interrogate, vt., interrogar.

interview, n., entrevista, f.

intimitate, adj. & n., íntim -a; vt., insinuar.

intoxicate, vt., embriagar; excitar excessivament.

intoxicated, adj., begut -da, embriac -aga.

introduce, vt., introduir; presentar.

intrude, vt., ficar; vi., fer intrusió.

invade, vt., invadir.

invalid, adj., invàlid -a; nul nuŀla.

invaluable, adj., inestimable.

inventory, n., inventari, m.

invest, vt., investir; esmerçar.

investigate, vt., investigar.

invigorate, vt., vigoritzar.

invite, vt., convidar, invitar.

invoice, n., factura, f.

involve, vt., comprometre; embrollar.

involved, adj., intricat -ada.

inward, adj., interior; intern -a; adv., interiorment.

irksome, adj., enutjós -osa.

iron, n., ferro, m.; planxa, f.; vt., planxar.

irony, n., ironia, f.

irrelevant, adj., no pertinent.

irritate, vt., irritar, exasperar.

island, n., illa, f.

isolate, vt., aïllar, apartar.

issue, n., sortida, f.; successió, f.; resultat, m.; qüestió, f.; tirada, f., edició, f.; número, m., (d'una publicació).

it, pers. pron., el la, lo, li, ell ella, ho.

its, poss. adj., seu, el seu.

itself, pron., ell mateix ella mateixa; sol (alone); si.

ivory, n., ivori, m.

ivy, n., heura, f.

J

jacket, *n.,* jaqueta, *f.,* americana, *f.*; sobrecoberta, *f.,* (d'un llibre).

jail, *n.,* presó, *f.*

jam, *n.,* confitura, *f.*; *vt.,* atapeir, encallar.

January, *n.,* gener, *m.*

jar, *n.,* pot, *m.*; estridència, *f.*; *vi.,* grinyolar, topar, discordar.

jaw, *n.,* mandíbula, *f.*

jealous, *adj.,* gelós -osa; envejós -osa.

jeer, *vt.,* befar; *n.,* befa, *f.,* mofa, *f.*

jelly, *n.,* gelatina, *f.*

jerk, *vt.,* sotragar, sacsejar.

jest, *n.,* facècia, *f.,* broma, *f.*

jet, *n.,* atzabeja, *f.*; raig, *m.,* doll, *m.*; — **plane,** avió a reacció.

Jew, Jewess, *n.,* jueu, jueva.

jewel, *n.,* joiell, *m.,* joia, *f.*

jeweller, *n.,* joier -a.

job, *n.,* tasca, *f.*; col·locació, *f.*

jockey, *n.,* genet, *m.*

join, *vt.,* ajuntar, unir.

joint, *n.,* juntura, *f.,* articulació, *f.*; *adj.,* conjunt -a.

jointly, *adv.,* conjuntament.

joke, *n.,* acudit, *m.*; *vi.,* bromejar.

jolly, *adj.,* alegre, jovial.

journal, *n.,* dietari, *m.*; diari, *m.*

journalist, *n.,* periodista, *m. & f.*

journey, *n.,* viatge, *m.*; camí, *m.*; *vi.,* viatjar.

joy, *n.,* alegria, *f.,* joia, *f.*

judge, *n.,* jutge, *m.*; *vt. & vi.,* jutjar.

jug, *n.,* gerro, *m.*

juice, *n.,* suc, *m.*

jump, *n.,* salt, *m.*; *vi.,* saltar, saltironar.

June, *n.,* juny, *m.*

jungle, *n.,* jungla, *f.*

junior, *adj.,* més jove.

jury, *n.,* jurat, *m.*

just, *adj.,* just -a; *adv.,* exactament.

justly, *adv.,* justament.

justify, *vt.,* justificar.

K

keel, *n.* (*naut.*), quilla, *f.*

keen, *adj.,* afilat -ada; agut -uda; zelós -osa.

keep, *vt. & vi.,* guardar; observar; celebrar; mantenir.

keeper, *n.,* guardià -ana.

kettle, *n.,* perol, *f.*

key, *n.,* clau, *f.*; (*mus.*), tecla, *f.*

kick, *n.,* cop de peu, *m.,* potada, *f.*; *vt.,* donar un cop de peu a; *vi.,* guitar.

kidnap, *vt.,* segrestar.

kidney, *n.,* ronyó, *m.*

kill, *vt.,* matar; destruir.

kilometer, *n.,* quilòmetre, *m.*

kin, *n.,* parentiu, *m.,* familia, *f.*

kind, *adj.,* bondadós, -osa, benèvol -a; amable; *n.,* mena, *f.*

kindle, *vt.,* encendre; avivar.

kindness, *n.,* bondat, *f.,* amabilitat, *f.*

king, *n.,* rei, *m.*

kingdom, *n.,* regne, *m.*

kipper, *n.,* arengada fumada, *f.*

kiss, *n.,* bes, *m.,* petó, *m.*; *vt.,* besar.

kitchen, *n.,* cuina, *f.*

kitten, *n.,* gatet -a.

knack, *n.,* manya, *f.*

knee, *n.,* genoll, *m.*

knife, *n.,* ganivet, *m.*

knight, *n.,* cavaller, *m.*; cavall, *m.* (escacs).

knit, *vt.,* teixir; enllaçar; *vi.,* fer mitja.

knock, *vt.,* colpejar, tustar; *vi.,* xocar.

knot, *n.,* nus, *m.*; llaç, *m.*; *vt.,* nuar.

know, *vt.,* conèixer, saber.

knowledge, *n.,* coneixement, *m.,* saber, *m.*; ciència, *f.*

L

label, *n.,* etiqueta, *f.*; rètol, *m.*

labour, *n.,* treball, *m.*; tasca, *f.*; *vt. & vi.,* treballar; *vi.,* afanyar -se.

labourer, *n.,* obrer -a.

lace, *n.,* cordó, *m.,* cinta, *f.,* punta, *f.*

lack, *n.,* manca, *f.,* deficiència, *f.*; *vt. & vi.,* mancar; *vt.,* necessitar.

lad, *n.,* minyó, *m.,* noi, *m.*

ladder, *n.,* escala, *f.*

lady, *n.,* senyora, *f.,* dama, *f.*

lag, *vi.,* ressagar-se.

lake, *n.,* llac, *m.*

lamb, *n.,* xai -a, anyell, *m.*

lame, *adj.,* coix -a; imperfecte -a.

lament, *n.,* lament, *m.,* plany, *m.*

lamp, *n.,* llum, *m.,* llàntia, *f.*

land, *n.,* terra, *f.*; país, *m.*

landlady, *n.,* dispesera, *f.,* propietària, *f.*

landlord, *n.,* propietari, *m.,* dispeser, *m.*

landmark, *n.,* fita, *f.*; fet decisiu, *m.*

landscape, *n.,* paisatge, *m.*

language, *n.,* idioma, *m.,* llenguatge, *m.*

languish, *vi.,* llanguir.

lap, *n.*, falda, *f.*; circuit, *m.*
lapse, *n.*, caiguda, *f.*, lapsus, *m.*
lard, *n.*, llard, *m.*; *vt.*, entatxonar.
larder, *n.*, rebost, *m.*
large, *adj.*, gran, gros -ossa, ampli àmplia.
lark, *n.*, alosa, *f.*
lass, *n.*, noia, mossa, xicota, *f.*
last, *adj.*, últim -a, darrer -a; *vi.*, durar.
late, *adj.*, tardà -ana; difunt -a; *adv.*, tard.
latest, *adj.*, últim -a.
laugh, *n.*, rialla, *f.*; *vi.*, riure.
laughter, *n.*, rialla, *f.*, riallada, *f.*
laundry, *n.*, roba per rentar o renta-da; bugaderia, *f.*
lavatory, *n.*, lavabo, *m.*; comuna, *f.*
lavender, *n.*, espígol, *m.*
lavish, *adj.*, profús -usa; *vt.*, prodigar.
law, *n.*, llei, *f.*; dret, *m.*
lawful, *adj.*, legal; lícit -a.
lawn, *n.*, gasó, *m.*, herbei, *m.*, prat, *m.*
lawyer, *n.*, advocat, *m.*
lay, *vt.*, posar, col·locar; pondre.
lay, *adj.*, laic -a.
layout, *n.*, plànol, *m.*, esquema, *m.*
lazy, *adj.*, peresós -osa.
lead, *vt.*, conduir, guiar, emmenar.
lead, *n.*, plom, *m.*
leader, *n.*, líder, *m.*, cabdill, *m.*; guia, *m.* & *f.*
leaf, *n.*, full *m.*; (*bot.*), fulla, *f.*
leaflet, *n.*, opuscle, *m.*
league, *n.*, lliga, *f.*; llegua, *f.*
leak, *n.*, escapament, *m.*; gotera, *f.*
lean, *vt.*, inclinar, recolzar; *vi.*, inclinar-se; *adj.*, magre -a.
leap, *vi.*, saltar, botejar.
learn, *vt.* & *vi.*, aprendre; assabentar.
learned, *adj.*, docte -a.
lease, *n.*, arrendament, *m.*; *vt.*, arrendar.
least, *adj.*, mínim -a; *adv.*, menys.
leather, *n.*, cuir, *m.*, pell, *f.*
leave, *n.*, permís, *m.*; comiat, *m.*; *vt.*, deixar; *vi.*, sortir.
lecture, *n.*, conferència, *f.*; *vi.*, donar una conferència.
lecturer, *n.*, conferenciant, *m.* & *f.*; lector -a.
leek, *n.*, porro, *m.*
left, *adj.*, esquerre -a.
leg, *n.*, cama, *f.*; cuixa, *f.*; pota, *f.*
legend, *n.*, llegenda, *f.*
leisure, *n.*, lleure, *m.*
lemon, *n.*, llimona, *f.*
lend, *vt.*, prestar.

length, *n.*, longitud, *f.*, llargària, *f.*, duració, *f.*
lens, *n.*, lent, *f.*
Lent, *n.*, quaresma, *f.*
less, *adj.* & *adv.*, menys.
lesson, *n.*, lliçó, *f.*
let, *vt.*, deixar, permetre; llogar.
letter, *n.*, lletra, *f.*; carta, *f.*
lettuce, *n.*, enciam, *m.*
level, *n.*, nivell, *m.* pla, *m.*; *adj.* horitzontal, igual; *vt.*, anivellar.
lever, *n.*, alçaprem, *m.*
lewd, *adj.*, lasciu -iva.
liable, *adj.*, responsable; susceptible.
liar, *n.*, mentider -a.
liberal, *adj.*, liberal, generós -osa.
liberty, *n.*, llibertat, *f.*
librarian, *n.*, bibliotecari -ària.
library, *n.*, biblioteca, *f.*
licence, *n.*, llicència, *f.*; permís, *m.*
lick, *vt.*, llepar.
lid, *n.*, tapa, *f.*, tapadora, *f.*
lie, *n.*, mentida, *f.*; *vi.*, jeure; mentir.
lieutenant, *n.*, lloctinent, *m.*; tinent, *m.*
life, *n.*, vida, *f.*; vivacitat, *f.*
lift, *n.*, ascensor, *m.*, alça, *f.*; *vt.*, elevar, aixecar.
light, *n.*, llum, *f.* & *m.*, claror, *f.*; *adj.*, lleuger -a; *vt.*, encendre.
lighthouse, *n.*, far, *m.*
lightness, *n.*, lleugeresa, *f.*
lightning, *n.*, llampec, *m.*, llamp, *m.*
like, *adj.*, semblant, igual; *vi.*, agradar, plaure.
likely, *adj.*, versemblant, probable.
likeness, *n.*, semblança, *f.*
lily, *n.*, lliri, *m.*
limb, *n.*, membre (braç, cama, etc.); *pl.*, extremitats, *f. pl.*
lime, *n.*, calç, *f.*; **-tree**, tell, *m.*
limit, *n.*, límit, *m.*; *vt.*, restringir.
limp, *n.*, coixesa, *f.*; *vi.*, coixejar; *adj.*, flàccid -a.
line, *n.*, línia, *f.*, ratlla, *f.*; corda, *f.*; fila, *f.*; direcció, *f.*; *vt.*, folrar.
linen, *n.*, lli, *m.*; roba blanca, *f.*
linger, *vi.*, demorar, ronsejar.
lining, *n.*, folre, *m.*
link, *n.*, anella, *f.*; vincle, *m.*; *vt.*, vincular, unir.
lion, lioness, *n.*, lleó lleona.
lip, *n.*, llavi, *m.*
list, *n.*, llista, *f.*
listen, *vi.*, escoltar.
listener, *n.*, oient, *m.* & *f.*
literature, *n.*, literatura, *f.*
little, *adj.*, petit -a, poc -a.
live, *vi.*, viure; habitar; *adj.*, vivent, viu viva.

lively, *adj.,* animat -ada.
liver, *n.,* fetge, *m.*
living, *adj.,* viu viva; *n.,* vida, *f.;* —
   -room, sala, *f.,* d'estar.
lizard, *n.,* llangardaix, *m.*
load, *n.,* càrrega, *f.; vt.,* carregar.
loaf, *n.,* pa, *m.; vi.,* mandrejar.
loan, *n.,* préstec, *m.; vt.,* prestar.
loathe, *vt.,* detestar.
lobster, *n.,* llagosta, *f.*
lock, *n.,* pany, *m.;* resclosa, *f.; vt.,*
   tancar amb clau.
locust, *n.,* llagosta, *f.*
lodger, *n.,* rellogat -ada.
lodging, *n.,* dispesa, *f.;* allotjament,
   m.
lofty, *adj.,* alt -a, elevat -ada; sublim.
log, *n.,* tronc, *m.*
logic, *n.,* lògica, *f.*
loin, *n.,* illada, *f.*
loiter, *vi.,* vagar, gandulejar.
lonely, *adj.,* sol -a, solitari -ària, iso-
   lat -ada.
long, *adj.,* llarg -a; *adv.,* llargament.
longing, *n.,* anhel, *m.*
look, *n.,* mirada, *f.,* aspecte, *m.; vt.*
   & *vi.,* mirar; *vt.,* esguardar; con-
   templar; *vi.,* semblar.
looking-glass, *n.,* mirall, *m.*
loose, *adj.,* solt -a; lliure; fluix -a.
loosen, *vt.,* afluixar, relaxar.
loot, *n.,* botí, *m.,* pillatge, *m.; vt.,*
   saquejar.
lose, *vt.,* perdre.
loss, *n.,* pèrdua, *f.*
loud, *adj.,* sorollós -osa, alt -a; cla-
   morós -osa.
loudly, *adv.,* en veu forta.
loudspeaker, *n.,* altaveu, *m.*
louse, *n.,* poll, *m.*
lousy, *adj.,* fastigós -osa.
love, *n.,* amor. *m.* & *f.; vt.,* estimar,
   amar; agradar.
lovely, *adj.,* bell -a, formós -osa, de-
   liciós -osa.
lover, *n.,* amant, *m.* & *f.;* galant, *m.*
loving, *adj.,* amorós -osa, estimat
   -ada.
low, *adj.,* baix -a, petit -a; profund
   -a; innoble.
lower, *adj.,* més baix -a.
loyalty, *n.,* lleialtat, *f.*
luck, *n.,* atzar, *m.,* sort, *f.,* fortuna, *f.*
lucky, *adj.,* sortós -osa.
luggage, *n.,* equipatge, *m.*
lukewarm, *adj.,* tebi tèbia.
lullaby, *n.,* cançó, *f.,* de bressol.
lump, *n.,* bony, *m.,* protuberància,
   f.; tros, *m.*
lunatic, *adj.,* boig boja, foll -a.

lunch, luncheon, *n.,* dinar, *m.*
lung, *n.,* pulmó, *m.*
lure, *n.,* reclam, *m.; vt.,* atreure, se-
   duir.
luscious, *adj.,* deliciós -osa; embafós
   -osa.
lust, *n.,* luxúria, *f.;* cobejança, *f.*
luxury, *n.,* luxe, *m.*
lyric, *adj.,* líric -a; *n.,* lletra (d'una
   cançó), *f.*

M

machine, *n.,* màquina, *f.,* aparell, *m.*
mackerel, *n.,* verat, *m.*
mad, *adj.,* foll -a; furiós -osa.
made, *past part. of make,* fet.
madness, *n.,* bogeria, *f.;* furor, *m.*
magazine, *n.,* revista, *f.;* dipòsit, *m.*
magic, *n.,* màgia, *f.; adj.,* màgic -a.
magnet, *n.,* imant, *m.*
magnificent, *adj.,* magnífic -a, esplèn-
   did -a.
magnify, *vt.,* amplificar.
maid, *n.,* donzella, *f.;* minyona, *f.*
maiden, *adj.,* soltera, *f.;* donzella, *f.*
mail, *n.,* correu, *m.; vt.,* enviar per
   correu.
mailbox, *n.,* bústia, *f.*
main, *adj.,* principal, major.
maintain, *vt.,* mantenir, sostenir.
maize, *n.,* blat de moro, *m.*
major, *adj.,* major; *n.,* (*mil.*) coman-
   dant.
majority, *n.,* majoria, *f.*
make, *n.,* marca, *f.,* forma, *f.; vt.* &
   vi., fer; *vt.,* fabricar, construir,
   crear.
make-up, *n.,* maquillatge, *m.*
male, *n.,* mascle, *m.; adj.,* masculí
   -ina.
malignant, *adj.,* maligne -a.
mammal, *n.,* mamífer, *m.*
man, *n.,* home, *m.,* marit, *m.; vt.,*
   tripular.
manage, *vt.,* manejar; dirigir, admi-
   nistrar.
management, *n.,* maneig, *m.;* admi-
   nistració, *f.*
manager, *n.,* administrador, *m.;* ge-
   rent, *m.*
manhood, *n.,* virilitat, *f.,* masculini-
   tat, *f.*
manifest, *adj.,* manifest -a; *vt.,* ma-
   nifestar.
mankind, *n.,* humanitat, *f.,* gènere
   humà, *m.*
manly, *adj.,* baronívol -a.
manner, *n.,* manera, *f.,* mode, *m.;*
   —s, maneres, *m. pl.*

228   CATALAN GRAMMAR

mantelpiece, *n.,* faldar, *m.* (d'una xemeneia)

manufacturer, *n.,* fabricant, *m.*

manure, *n.,* fem, *m.;* *vt.,* femar.

manuscript, *n.,* manuscrit, *m.*

many, *adj.,* molts -tes, nombrosos -es, diversos -es.

map, *n.,* mapa, *m.*

marble, *n.,* marbre, *m.*

March, *n.,* març, *m.*

march, *n.,* marxa, *f.;* *vi.,* marxar, caminar.

margin, *n.,* marge, *m.*

mark, *n.,* marca, *f.;* nota, *f.;* *vt.,* marcar.

market, *n.,* mercat, *m.;* plaça (de vendre), *f.*

marmalade, *n.,* melmelada, *f.*

marriage, *n.,* casament, *m.,* matrimoni, *m.*

marry, *vt.,* casar; *vi.,* casar-se.

marvel, *n.,* meravella, *f.*

marvellous, *adj.,* meravellós -osa.

mask, *n.,* màscara, *f.*

mason, *n.,* paleta, *m.;* francmaçó, *m.*

mass, *n.,* missa, *f.,* **high —,** missa major.

mass, *n.,* massa, *f.*

masses (the), *n. pl.,* plebs, *f.*

mast, *n.,* pal, *m.*

master, *n.,* amo, *m.,* patró, *m.,* mestre, *m.;* *vt.,* dominar.

masterpiece *n.,* obra mestra, *f.*

match, *n.,* llumí, *m.;* partit, *m.;* lluita, *f.;* *vt. & vi.,* casar; *vt.,* igualar.

mate, *n.,* company -a; parella, *f.*

mathematician, *n.,* matemàtic -a.

matriculate, *vt.,* matricular.

matter, *n.,* matèria, *f.;* assumpte, *m.;* *vi.,* importar.

mattress, *n.,* matalàs, *m.*

mature, *adj.,* madur -a; *vi & vt.,* madurar.

May, *n,* maig, *m.*

may, *v. auxil.,* poder, ser possible.

maybe, *adv.,* potser.

mayor, *n.,* alcalde, *m.,* batlle, *m.*

maze, *n.,* laberint, *m.*

me, *pron.,* me, em, mi.

meadow, *n.,* prat, *m.*

meagre, *adj.,* magre -a; prim -a.

meal, *n.,* àpat, *m.;* vianda, *f.*

mean, *adj.,* mesquí -ina; pobre -a; mitjà -ana; **—s,** recursos, *m. pl.*

meaning, *n.,* significació, *f.,* sentit, *m.*

meanwhile, *adv.,* mentrestant.

measure, *n.,* mesura, *f.,* mida, *f.;* *vt.,* mesurar.

meat, *n.,* carn, *f.*

meddle, *vi.,* entremetre's.

mediate, *vi.,* mitjançar.

medium, *n.,* medi, *m.;* *adj.,* mitjà -ana.

meek, *adj.,* mansuet -a.

meet, *vt.,* trobar, encontrar.

meeting, *n.,* entrevista, *f.;* míting, *m.,* assemblea, *f.*

mellow, *adj.,* madur -a, dolç -a, suau.

melon, *n.,* meló, *m.*

melt, *vt.,* fondre.

member, *n.,* membre, *m.;* soci sòcia.

memory, *n.,* memòria, *f.;* record, *m.*

menace, *n.,* amenaça, *f.;* *vt.,* amenaçar.

mend, *n.,* adob, *m.;* *vt.,* reparar, apedaçar.

mention, *n.,* menció, *f.;* *vt.,* mencionar.

merchandise, *n.,* mercaderia, *f.*

merchant, *adj. & n.,* comerciant.

mercy, *n.,* misericòrdia, *f.*

merry, *adj.,* alegre.

message, *n.,* missatge, *m.*

meter, *n.,* comptador, *m.*

method, *n.,* mètode, *m.*

metre, *n.,* metre, *m.*

midday, *n.,* migdia, *m.*

middle, *adj.,* intermedi -èdia; mitjà -ana; *n.,* mig, *m.*

midnight, *n.,* mitjanit, *f.*

midst, *n.,* mig, *m.;* *prep.,* en mig de.

midwife, *n.,* llevadora, *f.*

might, *n.,* força, *f.,* poder, *m.*

mild, *adj.,* suau, dolç -a, bla blana.

mile, *n.,* milla, *f.*

milk, *n.,* llet, *f.;* *vt.,* munyir.

mill, *n.,* molí, *m.*

mince, *vt.,* trinxar.

mind, *n.,* ment, *f.;* intel·ligència, *f.;* memòria, *f.;* ànima, *f.;* *vt.,* fer cas de; ocupar-se de.

mine, *poss. pron. & adj.,* meu meva, meus meves; *n.,* mina, *f.*

ministry, *n.,* ministeri, *m.*

minor, *adj.,* menor; *n.,* menor d'edat.

minority, *n.,* minoria, *f.*

mint, *n.* (*bot.*), menta, *f.;* casa de moneda, *f.*

minute, *n.,* minut, *m.;* memoràndum, *m.;* *adj.,* menut -uda, petit -a.

mirror, *n.,* mirall, *m.*

misbehave, *vi.,* portar-se malament.

miscarriage, *n.,* avortament, *m.;* fracàs, *m.*

mischief, *n.,* dany, *m.;* entremaliadura, *f.*

miserable, *adj.,* infeliç; miserable.

misfortune, *n.,* infortuni, *m.*

misgiving, *n.,* recel, *m.;* pressentiment, *m.*

mishap, *n.,* desventura, *f.*
mislead, *vt.,* extraviar; enganyar.
miss, *n.,* senyoreta, *f.;* *vt.,* errar, mancar, perdre.
missile, *n.,* projectil, *m.*
mist, *n.,* boira, *f..* broma, *f.*
mistake, *n.,* equivocació, *f.;* error, *m.;* *vt.,* confondre.
mistress, *n.,* mestressa, *f.;* concubina, *f.*
misunderstand, *vt.,* comprendre malament.
mitigate, *vt.,* mitigar, calmar.
mix, *vt.,* barrejar.
mob, *n.,* plebs, *f.;* multitud, *f.*
mock, *vt.,* befar, parodiar.
model, *n.,* model, *m.;* patró, *m.;* *vt.,* modelar.
modesty, *n.,* modèstia, *f.*
moist, *adj.,* humit -ida.
moisten, *vt.,* humitejar.
moment, *n.,* moment, *m.,* instant, *m.*
momentary, *adj.,* momentani -ània.
Monday, *n.,* dilluns, *m.*
money, *n.,* diner, *m.,* moneda, *f.*
monk, *n.,* monjo, *m.*
monkey, *n.,* simi, *m.,* mona, *f.*
month, *n.,* mes, *m.*
mood, *n.* (*gram.*), mode, *m.;* humor, *m.*
moon, *n.,* lluna, *f.*
more, *adj. & adv.,* més.
morning, *n.,* matí, *m.*
mortgage, *n.,* hipoteca, *f.*
mosquito, *n.,* mosquit, *m.*
most, *adj. & adv.,* el (la, les, els) més; *adv.,* sumament; *n.,* majoria, *f.*
mostly, *adv.,* principalment; generalment.
moth, *n.,* arna, *f.;* papallona nocturna, *f.*
mother, *n.,* mare, *f.*
mother-in-law, *n.,* sogra, *f.*
mother-of-pearl, *n.,* mareperla, *f.,* nacre, *m.*
motion, *n.,* moviment, *m.;* gest, *m.;* — **picture,** pel·lícula, *f.*
motive, *adj.,* motiu -iva; *n.,* motiu, *m.*
motor, *n.,* motor, *m.*
motorcar, *n.,* automòbil, *m.*
motorcycle, *n.,* motocicleta, *f.*
mountain, *n.,* muntanya, *f.*
mourn, *vt. & vi.,* plorar, lamentar.
mouse, *n.,* ratolí, *m.*
mouth, *n.,* boca, *f.*
move, *vt. & vi.,* bellugar; *vt.,* emocionar; moure; *vi.,* marxar.
movement, *n.,* moviment, *m.*
movies, *n. pl.,* cinema, *f.*

moving, *adj.,* commovedor -a; mòbil; *n.,* trasllat, *m.*
much, *adj.,* molt -a; *adv.,* molt, força.
mud, *n.,* fang, *m.*
muddle, *n.,* confusió, *f.;* *vt.,* enterbolir, confondre.
multiply, *vt.,* multiplicar.
murder, *n.,* assassinat, *m.;* *vt.,* assassinar.
murmur, *n.,* murmuri, *m.;* *vi.,* murmurar.
muscatel, *n.,* moscatell, *m.*
muscle, *n.,* muscle, *m.*
museum, *n.,* museu, *m.*
music, *n.,* música, *f.*
mussel, *n.,* musclo, *m.*
mustard, *n.,* mostassa, *f.*
mute, *adj.,* mut muda.
mutton, *n.,* carn, *f.,* de moltó.
mutual, *adj.,* mutu mútua.
my, *poss. adj.,* el meu la meva, els meus les meves.
myself, *pron.,* jo mateix -a.
mystery, *n.,* misteri, *m.*
myth, *n.,* faula, *f.,* mite, *m.*

N

nail, *n.,* ungla, *f.;* clau, *m.;* *vt.,* clavar.
naked, *adj.,* nu nua.
name, *n.,* nom, *m.;* reputació, *f.;* *vt.,* anomenar.
narrate, *vt.,* narrar.
narrow, *adj.,* estret -a; *vt.,* estrènyer.
nasty, *adj.,* brut -a, sòrdid -a.
nation, *n.,* nació, *f.*
nationality, *n.,* nacionalitat, *f.*
native, *adj.,* natiu -iva, nadiu -a.
natural, *adj.,* natural; il·legítim -a; nadiu -a.
nature, *n.,* naturalesa, *f.*
naughty, *adj.,* entremaliat -ada; escabrós -osa.
navy, *n.,* armada, *f.;* esquadra, *f.*
near, *prep.,* al costat de; *adv.,* prop.
nearly, *adv.,* gairebé; prop de.
neat, *adj.,* polit -ida; pur -a.
necessary, *adj.,* necessari -ària.
neck, *n.,* coll, *m.*
necklace, *n.,* collar, *m.,* collaret, *m.*
need, *n.,* necessitat, *f.;* *vt.,* necessitar; *vi.,* ésser necessari.
needle, *n.,* agulla, *f.*
neglect, *vt.,* descurar, desatendre.
neighbour, *n.,* veí -ïna.
neither, *adv. & conj.,* ni; *adj. & pron.,* ni l'un ni l'altre.

nephew, *n.,* nebot, *m.*
nerve, *n.,* nervi, *m.*; vigor, *m.*
nervous, *adj.,* nerviós -osa.
nest, *n.,* niu, *m.*; *vi.,* niar.
net, *n.,* xarxa, *f.*; *adj. (comm.),* net -a.
never, *adv.,* mai.
nevertheless, *adv.,* malgrat tot.
new, *adj.,* nou nova, fresc -a.
news, *n. pl.,* noves, *f. pl.,* notícies, *f. pl.*
newspaper, *n.* diari *m.*
next, *adj.,* pròxim -a, vinent, contigu -a; *adv.,* després.
nice, *adj.,* agradable; delicat -ada; pulcre -a; fi fina.
niece, *n.,* neboda, *f.*
night, *n.,* nit, *f.*
nightingale, *n.,* rossinyol, *m.*
nightmare, *n.,* malson, *m.*
nine, *n. & adj.,* nou (*m.*).
nineteen, *n. & adj.,* dinou (*m.*).
ninety, *n. & adj.,* noranta (*m.*).
no, *adv.,* no; *adj.,* cap.
nobody, *pron.,* ningú; *n.,* nul·litat, *f.*
noise, *n.,* soroll, *m.*
noisy, *adj.,* sorollós -osa.
none, *pron.,* cap, ningú.
nonsense, *n.,* disbarat, *m.,* absurditat, *f.*
noon, *n.,* migdia, *m.*
nor, *conj.,* ni.
north, *n.,* nord, *m.*
nose, *n.,* nas, *f.*
not, *adv.,* no.
notary, *n.,* notari, *m.*
note, *n.,* nota, *f.*; bitllet, *m.*; *vt.,* anotar; notar.
nothing, *n.,* res, no res, *m.*; zero, *m.*; *adv.,* gens, no gens.
notice, *n.,* avís, *m.*; *vt.,* observar, parar esment.
noun, *n.,* substantiu, *m.*
nourish, *vt.,* nodrir, alimentar.
nourishment, *n.,* nodriment, *m.*
November, *n.,* novembre, *m.*
now, *adv.,* ara, actualment; *n.,* present, *m.*
nowhere, *adv.,* enlloc.
nude, *adj.,* nu nua, despullat -ada.
nuisance, *n.,* molèstia, *f.*; (*coll.*) pesta, *f.*
numb, *adj.,* insensible; *vt.,* adormir, estabornir.
number, *n.,* número, *m.*; nombre, *m.*
numerous, *adj.,* nombrós -osa.
nun, *n.,* monja, *f.*
nurse, *n.,* dida, *f.*; infermera, *f.*; *vt.,* alletar, criar; assistir (un malalt).
nut, *n.,* nou, *f.*
nutcracker, *n.,* trencanous, *m.*

O

oak, *n.,* roure, *m.*
oar, *n.,* rem, *m.*
oat, *n.,* civada, *f.*
oath, *n.,* jurament. *m.*; renec, *m.*
obedience, *n.,* obediència, *f.*
obey, *vt.,* obeir.
object, *n.,* objecte, *m.*; fi, *m.*; *vt.,* objectar; *vi.,* fer objecció.
objective, *adj.,* objectiu -iva.
oblige, *vt.,* obligar.
obscure, *adj.,* obscur -a; *vt.,* obscurir.
observe, *vt.,* observar.
obsess, *vt.,* obsessionar.
obtain, *vt.,* obtenir.
occasion, *n.,* ocasió, *f.*; esdeveniment, *m.*
occupation, *n.,* ocupació, *f.*
occupy, *vt.,* ocupar.
occur, *vi.,* ocórrer.
October, *n.,* octubre, *m.*
octopus, *n.,* pop, *m.*
odd, *adj.,* imparell -a; estrany -a.
of, *prep.,* de.
off, *adv.,* lluny, fora, a distància; *prep.,* de, fora de; *adj.,* llunyà -ana.
offend, *vt.,* ofendre.
offer, *n.,* oferta, *f.*; *vt.,* oferir.
office, *n.,* oficina, *f.*; càrrec, *m.*
officer, *n.,* oficial, *m.*
offspring, *n.,* progènie, *f.,* prole, *f.*
often, *adv.,* sovint.
oil, *n.,* oli, *m.*; petroli, *m.*; *vt.,* untar.
ointment, *n.,* ungüent, *m.*
old, *adj.,* vell -a, antic -iga.
old-fashioned, *adj.,* antiquat -ada.
olive, *n.,* oliva, *f.*; olivera (arbre), *f.*
omelet (te), *n.,* truita, *f.*
omit, *vt.,* ometre.
on, *prep.,* sobre, damunt, a, en; *adv.,* endavant.
once, *n.,* una vegada; *adv.,* at —, tot seguit, al mateix temps.
one, *adj.,* un una.
oneself, *pron.,* un mateix -a.
onion, *n.,* ceba, *f.*
only, *adv.,* únicament, sols; *adj.,* únic -a; *conj.,* si no fos (que).
onward, onwards, *adv.,* endavant.
open, *vt.,* obrir; *adj.,* obert -a; sincer -a.
operate, *vt.,* operar; *vi.,* fer una operació.
operation, *n.,* operació, *f.*
opinion, *n.,* opinió, *f.*
opponent, *n.,* antagonista, *m. & f.*

contrincant, *m.*; *adj.*, contrari -ària.

opportune, *adj.*, oportú -una.

oportunity, *n.*, oportunitat, *f.*

opposite, *adj.*, oposat -ada; *adv.*, enfront de.

oppress, *vt.*, oprimir.

optimism, *n.*, optimisme, *m.*

or, *conj.*, o.

orange, *n.*, taronja, *f.*

orangeade, *n.*, taronjada, *f.*

orchard, *n.*, verger, *m.*

order, *n.*, ordre, *m.* & *f.*; comanda, *f.*; *vt.*, ordenar; comanar.

ordinary, *adj.*, ordinari -ària.

organize, *vt.*, organitzar.

origin, *n.*, origen, *m.*

original, *adj.*, original; excèntric -a.

originate, *vt.*, originar.

orphan, *n.* & *adj.*, orfe òrfena.

other, *adj.* & *pron.*, altre -a.

otherwise, *adv.*, altrament.

ought, *v. aux.*, deure (obligació moral).

ounce, *n.*, unça, *f.*

our, *adj.*, nostre -a.

ours, *pron.*, nostre -a.

ourselves, *pron. pl.*, nosaltres mateixos -es.

out, *adv.*, fora, enfora.

outbreak, *n.*, erupció, *f.*, esclat, *m.*

outburst, *n.*, explosió, *f.*

outcome, *n.*, consequència, *f.*, resultat, *m.*

outcry, *n.*, clamor, *m.* & *f.*

outdoors, *adj.*, a l'aire lliure, defora.

outer, *adj.*, exterior.

outfit, *n.*, vestimenta, *f.*; *vt.*, equipar.

outing, *n.*, excursió, *f.*

outline, *n.*, contorn, *m.*; esbós, *m.*; *vt.*, esbossar.

outlook, *n.*, perspectiva, *f.*

out-of-date, *adj.*, antiquat -ada.

output, *n.*, capacitat, *f.*; producció total, *f.*

outside, *adv.*, fora; *n.*, exterior, *m.*

outskirts, *n. pl.*, voltants, *m. pl.*

outstanding, *adj.*, sobresortint, extraordinari -ària.

oven, *n.*, forn, *m.*

over, *prep.* & *adv.*, sobre, damunt; *adv.*, més; per damunt; acabat.

overcoat, *n.*, sobretot, *m.*

overdo, *vt.*, recoure; exagerar.

overdue, *adj.*, endarrerit -ida.

overflow, *vt.*, inundar.

overhaul, *vt.*, examinar en detall; aconseguir.

overhead, *adv.*, enlaire.

overlook, *vt.*, dominar; fer els ulls grossos.

overseas, *adv.*, ultramar.

oversight, *n.*, inadvertència, *f.*

overtake, *vt.*, passar al davant, aconseguir.

overthrow, *vt.*, enderrocar.

owe, *vt.*, deure.

owl, *n.*, òliba, *f.*

own, *adj.*, propi pròpia; my —, meu meva; *vt.*, posseir.

owner, *n.*, propietari -ària.

ox (*pl.*, oxen), *n.*, bou, *m.*

oyster, *n.*, ostra, *f.*

P

pace, *n.*, pas, *m.*; velocitat, *f.*

pack, *n.*, paquet, *m.*; colla, *f.*; *vt.*, empaquetar.

packing, *n.*, embalatge, *m.*

pact, *n.*, pacte, *m.*

page, *n.*, pàgina, *f.*; patge, *m.*

pain, *n.*, dolor, *m.*

painful, *adj.*, dolorós -osa.

paint, *n.*, pintura, *f.*; *vt.*, pintar.

painting, *n.*, pintura, *f.*

pair, *n.*, parell, *m.*

palace, *n.*, palau, *m.*

palate, *n.*, paladar, *m.*

pale, *adj.*, pàl·lid -a.

Palm Sunday, *n.*, diumenge de rams, *m.*

pamphlet, *n.*, pamflet, *m.*

pan, *n.*, cassola, *f.*

pant, *vi.*, panteixar.

pantry, *n.*, rebost, *m.*

paper, *n.*, paper, *m.*; dissertació, *f.*; news—, diari, *m.*

paradise, *n.*, paradís, *m.*

paragraph, *m.*, paràgraf, *m.*

parcel, *n.*, paquet, *m.*; — out, *vt.*, dividir.

pardon, *n.*, perdó, *m.*

parent, *n.*, pare, *m.*, mare, *f.*; —s, pares, *m. pl.*

parenthesis, *n.*, parèntesi, *m.*

parish, *n.*, parròquia, *f.*

park, *n.*, parc, *m.*; *vt.*, estacionar.

parliament, *n.*, parlament, *m.*

parrot, *n.*, lloro, *m.*

parsley, *n.*, julivert, *m.*

parson, *n.*, rector, *m.*

part, *n.*, part, *f.*; paper (d'un actor); *vt.*, partir, separar; *vi.*, separar-se.

partake, *vt.* & *vi.*, compartir.

participate, *vi.*, participar.

participle, *n.* (*gram.*), participi, *m.*

partition, *n.*, partició, *f.*; envà, *m.*

partly, *adv.*, parcialment.
partner, *n.*, soci sòcia; company -a.
partridge, *n.*, perdiu, *f.*
party, *n.*, partit, *m.*; tertúlia, *f.*
pass, *vt. & vi.*, passar; *n.*, port, *m.*, (de muntanya).
passage, *n.*, passatge, *m.*
passenger, *n.*, passatger -a.
passing, *adj.*, passatger -a, transitori -òria.
passion, *n.*, passió, *f.*
passive, *adj.*, passiu -iva.
past, *n.*, passat, *m.*; *adj.*, passat -ada.
pastime, *n.*, passatemps, *m.*
pastry, *n.*, pastisseria, *f.*
pasture, *n.*, pastura, *f.*
patch, *n.*, pedaç, *m.*; *vt.*, apedaçar.
path, *n.*, sender, *m.*, camí, *m.*
patience, *n.*, paciència, *f.*
patient, *adj.*, pacient; *n.*, malalt -a.
pattern, *n.*, model, *m.*; dibuix, *m.*
pause, *n.*, pausa, *f.*; *vi.*, fer una pausa.
pavement, *n.*, vorera, *f.*, paviment, *m.*
pawn, *n.*, penyora, *f.*; (*chess*), peó, *m.*
pay, *n.*, paga; *vt.*, pagar.
payment, *n.*, pagament, *m.*
pea, *n.*, pèsol, *m.*
peace, *n.*, pau, *f.*
peaceful, *adj.*, tranquil -iHa; pacífic -a.
peach, *n.*, préssec, *m.*
peak, *n.*, cim, *m.*
peanut, *n.*, cacauet, *m.*
pear, *n.*, pera, *f.*
pearl, *n.*, perla, *f.*
peasant, *n.*, pagès -esa.
pebble, *n.*, palet, *m.*
pedigree, *n.*, genealogia, *f.*
peel, *n.*, pell, *f.*, escorça, *f.*; *vt.*, pelar.
peep, *n.*, ullada furtiva; *vi.*, apuntar; *vt.*, ullar.
peg, *n.*, clavilla, *f.*; penjador, *m.*
pen, *n.*, ploma, *f.*; corral, *m.*
pencil, *n.*, llapis, *m.*
penetrate, *vt. & vi.*, penetrar.
penitence, *n.*, penitència, *f.*
penknife, *n.*, tallaplomes, *m.*
penny, *n.*, penic, *m.*
pension, *n.*, pensió, *f.*
people, *n.*, gent, *f.*; poble, *m.*
pepper, *n.*, pebre, *m.*
perceive, *vt.*, percebre.
perfect, *adj.*, perfecte -a; *vt.*, perfeccionar.
perform, *vt.*, executar.
performance, *n.*, execució, *f.*; funció, *f.*; representació, *f.*
perfume, *n.*, perfum, *m.*; fragància, *f.*

perhaps, *adv.*, potser, tal vegada.
perilous, *adj.*, perillós -osa.
period, *n.*, període, *m.*; època, *f.*
perish, *vi.*, perir, morir; *vt.*, deteriorar.
permanent, *adj.*, permanent, fix -a.
permit, *n.*, permís, *m.*; *vt.*, permetre.
perplex, *vt.*, confondre, deixar perplex.
persecute, *vt.*, perseguir.
persevere, *vi.*, perseverar.
persist, *vi.*, persistir.
person, *n.*, persona, *f.*
perspective, *n.*, perspectiva, *f.*
perspire, *vi. & vt.*, suar.
persuade, *vt.*, persuadir.
pertain, *vi.*, pertànyer.
pessimistic, *adj.*, pessimista.
pet, *n.*, animal domèstic, *m.*; predilecte -a.
petrol, *n.*, benzina, *f.*, gasolina, *f.*
petty, *adj.*, mesquí -ina; insignificant.
pharmacy, *n.*, farmàcia, *f.*
pheasant, *n.*, faisà, *m.*
phenomenon, *n.*, fenomen, *m.*
philosophy, *n.*, filosofia, *f.*
phonetic, *adj.*, fonètic -a.
photograph, *n.*, fotografia, *f.*; *vt.*, fotografiar.
phrase, *n.*, frase, *f.*
physics, *n.*, física, *f.*
pick, *vt.*, escollir; collir.
picnic, *n.*, menjada al camp, *f.*
picture, *n.*, retrat, *m.*; pintura, *f.*; motion —, peHícula, *f.*
pie, *n.*, empanada, *f.*, pastís, *m.*
piece, *n.*, tros, *m.*; peça, *f.*
pierce, *vt.*, penetrar; traspassar.
pig, *n.*, porc, *m.*; (*coll.*) golafre, *m. & f.*
pigeon, *n.*, colom -a.
pilgrim, *n.*, pelegrí -ina.
pill, *n.*, píndola, *f.*
pillow, *n.*, coixí, *m.*
pimiento, *n.*, pebrot, *m.*
pin, *n.*, agulla de cap, *f.*; clavilla, *f.*
pinch, *n.*, pessic, *m.*; *vt.*, pessigar.
pine, *n.*, pi, *m.*; *vi.*, llanguir.
pineapple, *n.*, pinya d'Amèrica, *f.*
pink, *n.* (*bot.*), clavellina, *f.*; *adj.*, rosat -ada.
pint, *n.* (*measure*), 0.568 de litre.
pipe, *n.*, pipa, *f.*; tub, *m.*; canó, *m.*
piston, *n.*, pistó, *m.*
pit, *n.*, sot, *m.*; mina, *m.*
pith, *n.*, mèduHa, *f.*
pity, *n.*, pietat, *f.*; llàstima, *f.*; *vt.*, plànyer.
place, *n.*, lloc, *m.*; població, *f.*; *vt.*, coHocar.

plain, *adj.,* planer -a, senzill -a; evident; *n.,* plana, *f.*
plan, *n.,* pla, *m.;* *vt.,* projectar.
plane, *vt.,* planejar; *vi.* (*aer.*), planar.
plaster, *n.,* guix, *m.;* emplastre, *m.*
plate, *n.,* plat, *m.;* planxa, *f.;* làmina, *f.;* clixé, *m.;* placa, *f.*
play, *n.,* joc, *m.;* obra teatral, *f.;* *vi.* & *vt.,* jugar; *vt.,* (*mus.*) tocar; (*theat.*) representar.
player, *n.,* jugador -a; actor actriu; (*mus.*) tocador -a.
playing card, *n.,* naip, *m.*
playwright, *n.,* dramaturg, *m.*
plea, *n.,* defensa, *f.;* excusa, *f.*
pleasant, *adj.,* agradable; afable.
please, *vi.,* agradar, plaure; *vt.,* complaure.
pleasure, *n.,* plaer, *m.;* voluntat, *f.*
pledge, *n.,* penyora, *f.*
plenty, *n.,* abundància, *f.*
pliers, *n. pl.,* alicates, *f. pl.*
plot, *n.,* terreny, *m.;* trama, *f.;* *vt.,* tramar.
plough, *n.,* arada, *f.;* *vt.,* llaurar.
pluck, *vt.,* arrancar; *n.,* coratge, *m.*
plug, *n.,* tap, *m.,* tascó, *m.;* enxuf, *m.;* *vt.,* enxufar; tapar.
plum, *n.,* pruna, *f.*
plumber, *n.,* lampista, *m.* & *f.*
plump, *adj.,* revingut -uda, rodanxó -ona.
plunge, *vt.,* submergir, capbussar; *vi.,* precipitar-se.
pneumonia, *n.,* pulmonia, *f.*
pocket, *n.,* butxaca, *f.;* — **book,** cartera, *f.*
poem, *n.,* poema, *m.*
poet, *n.,* poeta, *m.*
poetry, *n.,* poesia, *f.*
point, *n.,* punta, *f.;* punt, *m.;* promontori, *m.;* *vt.,* treure punta a; — **out,** mostrar.
poise, *n.,* equilibri, *m.,* aplom, *m.*
poison, *n.,* metzina, *f.;* *vt.,* emmetzinar.
police, *n.,* policia, *f.*
policy, *n.,* política, *f.;* pòlissa, *f.*
polish, *vt.,* polir.
polite, *adj.,* cortès -esa, polit -ida.
politics, *n. pl.,* política, *f.*
pomegranate, *n.,* magrana, *f.*
pond, *n.,* estany, *m.*
ponder, *vt.,* ponderar.
pony, *n.,* haca, *f.*
pool, *n.,* toll, *m.,* bassal, *m.;* fons comú, *m.;* *vt.,* combinar (recursos).
poor, *adj.,* pobre.
Pope, *n.,* Papa, *m.*

poplar, *n.,* pollancre, *m.*
poppy, *n.,* rosella, *f.*
population, *n.,* població, *f.*
porch, *n.,* pòrtic, *m.*
pork, *n.,* carn de porc, *f.*
portable, *adj.,* portàtil.
porter, *n.,* porter -a; mosso, *m.*
portion, *n.,* porció, *f.;* *vt.,* partir.
portrait, *n.,* retrat, *m.*
positive, *adj.,* positiu -iva.
possess, *vt.,* posseir.
possible, *adj.,* possible.
post, *n.,* correu, *m.;* pal, *m.;* plaça, *f.;* — **card,** postal, *f.;* — **office,** correus, *m. pl.*
postage, *n.,* franqueig, *m.;* — **stamp,** segell, *m.*
poster, *n.,* cartell, *m.*
postman, *n.,* carter, *m.*
postpone, *vt.,* ajornar.
pot, *n.,* pot, *m.;* cassola, *f.*
potato, *n.,* patata, *f.*
pottery, *n.,* terrissa, *f.*
poultry, *n.,* volateria, *f.*
pound, *n.,* lliura, *f.;* — **sterling,** lliura esterlina, *f.*
pour, *vt.,* abocar, vessar; *vi.,* ploure a bots i barrals.
poverty, *n.,* pobresa, *f.*
powder, *n.,* pólvora, *f.;* pols, *m. pl.*
power, *n.,* poder, *m.;* força, *f.;* potència, *f.*
powerful, *adj.,* poderós -osa.
practical, *adj.,* pràctic -a.
practice, *n.,* pràctica, *f.;* costum, *m.*
practise, *vt.,* practicar, exercir.
practitioner, *n.,* metge, *m.*
praise, *n.,* lloança, *f.;* *vt.,* lloar.
pray, *vt.,* pregar.
prayer, *n.,* pregària, *f.*
preach, *vt.* & *vi.,* predicar.
precaution, *n.,* precaució, *f.*
precious, *adj.,* preciós -osa.
precise, *adj.,* precís -isa.
predict, *vt.,* predir.
preface, *n.,* prefaci, *m.,* pròleg, *m.*
prefer, *vt.,* preferir.
pregnant, *adj.,* prenyat -ada.
prejudice, *n.,* prejudici, *m.;* *vt.,* influir, predisposar.
preoccupation, *n.,* preocupació, *f.*
prepare, *vt.,* preparar.
prescription, *n.,* recepta, *f.*
presence, *n.,* presència, *f.*
present, *n.,* present, *m.;* regal, *m.;* *adj.,* actual; *vt.,* presentar.
preserve, *n.,* conserva, *f.;* *vt.,* preservar.
press, *n.,* premsa, *f.;* impremta, *f.;*

vt., premsar; a p r e s s a r ; com-
peŀlir; planxar; exprimir.
pressure, *n.,* pressió, *f.*
prestige, *n.,* prestigi, *m.*
pretend, *vt.,* fingir; *vt. & vi.,* preten-
dre.
pretty, *adj.,* bonic -a, bufó -ona;
adv., bastant.
prevail, *vi.,* prevaler.
previous, *adj.,* previ prèvia.
prey, *n.,* presa, *j.*, víctima, *j.*
price, *n.,* preu, *m.*
prick, *n.,* picada, *f.*; *vt.,* picar, pun-
xar.
pride, *n.,* orgull, *m.,* vanitat, *f.*
priest, *n.,* sacerdot, *m.*
primitive, *adj.,* primitiu -iva.
principal, *adj.,* principal; *n.,* director
-a.
principle, *n.,* principi, *m.*
print, *vt.,* imprimir; *n.,* marca, *f.*;
imprès, *m.*; tipus, *m.*
printer, *n.,* impressor, *m.*
prisoner, *n.,* presoner -a.
private, *adj.,* privat -ada; *n.,* soldat
ras, *m.*
prize, *n.,* premi, *m.*; presa, *f.*
proceed, *vi.,* procedir; *n. pl.,* —s,
producte, *m.*
process, *n.,* procés, *m.*
proclaim, *vt.,* proclamar.
procure, *vt.,* procurar.
produce, *n.,* producte, *m.*; *vt.,* pro-
duir.
profane, *adj.,* profà -ana; *vt.,* profa-
nar.
professor, *n.,* catedràtic, *m.,* profes-
sor -a.
profile, *n.,* perfil, *m.*
profit, *n.,* profit, *m.,* guany, *m.*; *vt.
& vi.,* aprofitar.
profitable, *adj.,* profitós -osa.
profound, *adj.,* profund -a.
progress, *n.,* progrès, *m.*
project, *n.,* projecte, *m.*; *vt.,* projec-
tar.
prologue, *n.,* pròleg, *m.*
promenade, *n.,* passeig, *m.*
promise, *n.,* prometença, *f.*; *vt.,* pro-
metre.
prompt, *adj.,* prompte -a; *vt.,* sugge-
rir, apuntar.
pronoun, *n.,* pronom, *m.*
pronounce, *vt.,* pronunciar.
pronunciation, *n.,* pronunciació, *f.*
proof, *n.,* prova, *f.*
prop, *n.,* puntal, *m.*; *vt.,* apuntalar.
propagate, *vt.,* propagar.
propeller, *n.,* hèlice, *f.*

proper, *adj.,* propi pròpia; apropiat
-ada.
property, *n.,* propietat, *f.*
prophet, *n.,* profeta, *m.*
proportion, *n.,* proporció, *f.*
proposal, *n.,* proposta, *f.*
proprietor, *n.,* propietari -ària.
prose, *n.,* prosa, *f.*
prospect, *n.,* perspectiva, *f.*
prosper, *vt. & vi.,* prosperar.
prosperity, *n.,* prosperitat, *f.*
protect, *vt.,* protegir.
protest, *n.,* protesta, *f.*; *vt. & vi.,*
protestar.
proud, *adj.,* soberg -a.
prove, *vt.,* provar.
proverb, *n.,* proverbi, *m.*
provide, *vt. & vi.,* proveir.
province, *n.,* província, *f.*
provision, *n.,* provisió, *f.*
provoke, *vt.,* provocar.
prow, *n.,* proa, *f.*
prudent, *adj.,* prudent; discret -a.
prune, *vt.,* podar; *n.,* pruna seca, *f.*
psychologist, *n.,* psicòleg -òloga.
public, *adj.,* públic -a.
publication, *n.,* publicació, *f.*
publish, *vt.,* publicar, editar.
publisher, *n.,* editor -a.
pull, *vt.,* tirar; estirar; atreure;
arrencar; *n.,* estirada, *f.*; (*print.*)
prova, *f.*
pulse, *n.,* pols, *m.*
pump, *n.,* bomba, *f.*
pun, *n.,* joc de paraules, *m.*
punctual, *adj.,* puntual.
puncture, *n.,* punxada, *f.*; *vt.,* pun-
xar.
punish, *vt.,* castigar.
pupil, *n.,* deixeble -a; (*anat.*) pupiŀla,
f.
purchase, *n.,* compra, *f.*; *vt.,* com-
prar.
pure, *adj.,* pur -a.
purple, *adj.,* morat -ada; *n.,* porpra,
f.
purpose, *n.,* objectiu, *m.,* designi, *m.,*
propòsit, *m.*
purse, *n.,* bossa, *f.*
pursue, *vt.,* perseguir; seguir.
push, *n.,* empenta, *f.*; *vt.,* empènyer.
put, *vt.,* posar, coŀlocar.
puzzle, *n.,* trencaclosques, *m.*; *vt.,*
deixar perplex.

Q

quack, *n.,* xarlatà, *m.*
quaint, *adj.,* graciosament estrany -a.

qualify, *vt.,* qualificar.
quality, *n.,* qualitat, *f.*
quarrel, *n.,* baralla, *f.,* disputa, *f.;*
vi., renyir, disputar.
quarter, *n.,* quart, *m.;* barriada, *f.*
queen, *n.,* reina, *f.;* (*chess*) dama, *f.*
queer, *adj.,* estrany -a, excèntric -a.
quest, *n.,* recerca, *f.*
question, *n.,* qüestió, *f.,* pregunta, *f.;*
assumpte, *m.; vt.,* interrogar; po-
sar en dubte.
quick, *adj.,* viu -iva; ràpid -a; agut
-uda.
quiet, *adj.,* quiet -a, tranquil -il·la,
silenciós -osa.
quince, *n.,* codony, *m.*
quit, *vt.,* abandonar, deixar.
quite, *adv.,* completament, entera-
ment; bastant.
quiz, *n.,* qüestionari, *m.; vt.,* befar.
quotation, *n.,* citació, *f.;* cotització,
f.
quote, *vt.,* citar; cotitzar (preu).

R

race, *n.,* raça, *f.;* carrera, *f.; vi.,*
prendre part en una cursa, córrer.
racket, *n.,* xivarri, *m.;* estafada, *f.;*
(*sport*) raqueta, *f.*
radish, *n.,* rave, *m.*
raffle, *n.,* rifa, *f.*
rag, *n.,* parrac, *m.,* retall, *m.*
rage, *n.,* ràbia; *vi.,* enrabiar-se.
raid, *n.,* incursió, *f.,* atac, *m.; vt.,*
envair.
rail, *n.,* barana, *f.;* rail, *m.*
railway, *n.,* ferrocarril, *m.*
rain, *n.,* pluja, *f.; vi.,* ploure.
rainbow, *n.,* arc iris, *m.*
raincoat, *n.,* impermeable, *m.*
rainy, *adj.,* plujós -osa.
raise, *vt.,* aixecar; construir; ele-
var; criar, augmentar.
raisin, *n.,* pansa, *f.*
ramble, *vi.,* vagar.
random, *n.,* atzar, *m.; adj.,* fortuït -a.
range, *n.,* filera, *f.,* cadena (de mun-
tanyes), *f.;* varietat, *f.;* allargada
(tir), *f.;* extensió, *f.; vt. & vi.,* ali-
near; estendre's; vagar.
rank, *n.,* grau, *m.;* fila, *f.*
ransom, *n.,* rescat, *m.*
rape, *n.,* rapte, *m.; vt.,* raptar.
rare, *adj.,* rar -a.
rascal, *n.,* bergant -a, murri múrria.
rash, *n.,* erupció, *f.; adj.,* temerari
-ària.
raspberry, *n.,* gerd, *m.*

rat, *n.,* rata, *f.*
rate, *n.,* raó, *f.;* tarifa, *f.;* tipus
(d'interès), *m.;* qualitat, *f.*
rather, *adv.,* bastant; més aviat; ans.
ration, *n.,* ració, *f.*
rattle, *n.,* cruixit, *m.; vi. & vt.,* crui-
xir.
rave, *vi.,* delirar.
raven, *n.,* corb, *m.*
raving, *adj.,* furiós -osa.
raw, *adj.,* cru crua.
ray, *n.,* raig, *m.*
razor, *n.,* raor, *m.,* navalla d'afaitar;
— blade, fulla d'afaitar, *f.;* safe-
ty —, màquina d'afaitar.
reach, *vt. & vi.,* abastar; atényer.
react, *vi.,* reaccionar.
reactionary, *n. & adj.,* reaccionari
-ària.
read, *vt. & vi.,* llegir; estudiar; en-
devinar.
reader, *n.,* lector -ora.
ready, *adj.,* llest -a; dispost -a.
real, *adj.,* real; efectiu -iva; verita-
ble.
reality, *n.,* realitat, *f.*
realize, *vt.,* realitzar; comprendre
clarament.
really, *adv.,* realment, veritablement.
reap, *vt.,* segar.
rear, *n.,* darrera, *m.; vt.,* alçar;
criar.
reason, *n.,* raó, *f.; vi. & vt.,* raonar.
reasonable, *adj.,* raonable.
rebel, *n.,* rebel; *vi.,* rebel·lar-se.
rebuke, *n.,* reprensió; *vt.,* renyar.
receipt, *n.,* rebut, *m.*
receive, *vt.,* rebre, acollir, admetre.
recent, *adj.,* recent; nou nova.
recipe, *n.,* recepta, *f.*
reciprocate, *vt.,* reciprocar.
reckless, *adj.,* imprudent; audaç.
reckon, *vt. & vi.,* comptar.
recoil, *vi.,* recular.
recollect, *vt.,* recordar.
recommend, *vt.,* recomanar.
reconnaissance, *n.,* reconeixement, *m.*
record, *vt.,* registrar; gravar; *n.,* disc,
m.; registre, *m.*
recover, *vt.,* recobrar; *vi.,* refer-se.
recruit, *n.,* recluta, *m.; vt.,* reclutar.
rectify, *vt.,* rectificar.
recuperate, *vt. & vi.,* recuperar.
red, *adj.,* vermell -a.
redeem, *vt.,* redimir.
redress, *vt.,* dreçar, rectificar.
reduce, *vt.,* reduir.
reed, *n.,* canya, *f.;* (*mus.*) llengüeta,
f.
reel, *n.,* rodet, *m.;* film —, bobina, *f.*

refer, vt., referir; vi., referir-se.
referee, n., àrbitre -a.
reference, n., referència, f.
refill, n., recanvi, m.; vt., reomplir.
reflect, vt., reflectir; reflexionar.
reform, n., reforma, f.; vt., reformar.
refrain, vi., abstenir-se (de); n., tornada, f.
refreshment, n., refresc, m.
refrigerator, n., nevera, f.
refuge, n., refugi, m.
refugee, n., refugiat -ada.
refund, vt., reembossar.
refuse, vt., refusar.
refuse, n., rebuig, m., escombraries, f. pl.
regain, vt., recobrar.
regard, n., respecte, m.; mirada, f.; vt., mirar, considerar.
region, n., regió, f., districte, m.
register, n., registre, m.; vt., registrar; certificar (una carta).
regret, n., sentiment, m.; pesar, m.; vt., sentir.
regulation, n., reglament, m.
rehearsal, n., assaig, m.; repetició, f.
reject, vt., rebutjar.
rejoice, vt. & vi., alegrar.
relation, n., relació, f.; parent -a.
relationship, n., parentiu, m.; connexió, f.
relative, adj., relatiu -iva; n., parent -a.
release, vt., absoldre; alliberar; fer públic.
relevant, adj., pertinent.
reliable, adj., segur -a; formal.
relief, n., alleujament, m.; socors, m.; relleu, m.
relieve, vt., alleujar.
religion, n., religió, f.
relish, n., gust, m.; vt., assaborir.
reluctant, adj., poc dispost -a; resistent.
rely, vi., confiar.
remainder, n., resta, f.
remark, n., remarca, f.; vt., observar.
remarkable, adj., remarcable.
remedy, n., remei, m.; vt., remeiar.
remember, vt., remembrar, recordar.
remind, vt., recordar.
remit, vt., trametre.
remittance, n., tramesa, f.
remorse, n., remordiment, m.
remote, adj., remot -a, llunyà -ana.
remove, vt., treure, remoure.
render, vt., retre; traduir.
renew, vt., renovar.
renewal, n., renovació, f.

renounce, vt. & vi., renunciar.
rent, n., lloger, m.; vt., llogar.
repair, n., reparació, f., vt., reparar.
repeal, vt., abrogar.
repeat, vt., repetir.
repel, vt., repeHir.
repent, vi., penedir-se.
repetition, n., repetició, f.
replace, vt., reemplaçar.
reply, n., contestació f.; vt. & vi., contestar.
report, n., rumor, m.; informació, f.; vt., informar, relatar.
reporter, n., repòrter, m.
representative, adj., representatiu -iva; n., representant, m.
reproduce, vt., reproduir.
republic, n., república, f.
repulsive, adj., repulsiu -iva.
reputation, n., reputació, f.
request, n., requesta, f.; vt., demanar.
rescue, n., salvament, m.; vt., salvar, socórrer.
research, n., recerca, f.; — into, vt., investigar.
resemble, vt., assemblar-se.
reservation, n., reservació, f.
reserve, n., reserva, f.; vt., reservar.
reside, vi., residir.
residence, n., residència, f.
resign, vt., dimitir, resignar; vi., resignar-se.
resistance, n., resistència, f.
resort, n., recurs, m.; vi., recórrer.
resourceful, adj., enginyós -osa.
respect, n., respecte, m.; vt., respectar.
respectful, adj., respectuós -osa.
respond, vt., respondre.
responsibility, n., responsabilitat, f.
rest, n., repòs, m., descans, m.; pausa, f.; vt. & vi., descansar, vi., reposar.
restless, adj., inquiet -a.
restore, vt., restituir; restaurar.
restrain, vt., restringir; refrenar.
result, n., resultat, m.
retail, vt., detallar.
retain, vt., retenir.
retire, vt., retirar; vi., retirar-se.
retreat, n., retirada, f.; vi., recular.
retrieve, vt., recuperar.
return, n., retorn, m.; vt. & vi., retornar.
reveal, vt., revelar.
revenge, n., venjança, f.; vt., venjar.
revenue, n., renda, f., renda pública.
reverse, adj., contrari ària, invers -a;

n., revés; *m.,* contramarxa, *f.*; *vt.,* invertir.

review, *n.,* revista, *f.,* ressenya, *f.*; crítica, *f.*

revise, *vt.,* revisar.

revival, *n.,* ressorgiment, *m.*; revifament, *m.*

revive, *vt.,* revifar; *vi.,* ressuscitar.

revoke, *vt.,* revocar.

revolt, *n.,* rebel·lió, *f.*; *vi.,* rebel·larse.

revolution, *n.,* revolució, *f.*

reward, *n.,* recompensa, *f.*; *vt.,* recompensar.

rhetoric, *n.,* retòrica, *f.*

rheumatism, *n.,* reumatisme, *m.*

rhyme, *n.,* rima, *f.*; vers, *m.*

rhythm, *n.,* ritme, *m.*

rib, *n.,* costella, *f.*

ribbon, *n.,* cinta, *f.*

rice, *n.,* arròs, *m.*

rich, *adj.,* ric -a.

riddle, *n.,* endevinalla, *f.*; *vt.,* crivellar.

ride, *vt. & vi.,* cavalcar, muntar; *n.,* passeig, *m.*

ridiculous, *adj.,* ridícul -a.

rifle, *n.,* fusell, *m.*; *vt.,* pillar.

right, *adj.,* dret -a, recte -a; correcte -a; just -a; *n.,* dret, *m.*; raó, *f.*; *adv.,* rectament, dretament.

rigorous, *adj.,* rigorós -osa.

ring, *n.,* anell, *m.*; anella, *f.*; cercle, *m.*; *vt. & vi.,* sonar.

rinse, *vt.,* esbandir; glopejar.

riot, *n.,* avalot, *m.*; orgia, *f.*; *vi.,* amotinar-se.

ripe, *adj.,* madur -a.

rise, *vi.,* aixecar-se; ascendir; *n.,* puja, *f.*; ascensió, *f.*

risk, *n.,* risc, *m.*; *vt.,* arriscar.

river, *m.,* riu, *m.*

road, *n.,* camí, *m.,* carretera, *f.*

roam, *vi.,* errar, vagar.

roar, *n.,* rugit, *m.,* soroll, *m.*; *vi.,* rugir.

roast, *n.,* rostit, *m.*; *vt.,* rostir.

rob, *vt.,* robar.

rock, *n.,* roca, *f.*; *vt. & vi.,* balancejar.

rocket, *n.,* coet, *m.*

rod, *n.,* vara, *f.,* canya, *f.*

rogue, *n.,* pillet -a, murri múrria.

roll, *vt. & vi.,* rodar; *vt.,* enrotllar; *n.,* rotlle, *m.*; panet, *m.*

romance, *n.,* romanç, *m.*

roof, *n.,* teulada, *f.*; sostre, *m.*

rook, *n.* (*orn.*), gralla, *f.*

room, *n.,* habitació, *f.,* cambra, *f.*; lloc, *m.*

root, *n.,* arrel, *f.*; origen, *m.*

rope, *n.,* corda, *f.*

rose, *n.,* rosa, *f.*

rot, *n.,* podridura, *f.*; *vt.,* podrir; *vi.,* podrir-se.

rough, *adj.,* aspre -a; groller -a; violent -a.

round, *adj.,* rodó -ona; *n.,* cercle, *m.*; volta, *f.*; ronda, *f.*; *vt.,* arrodonir; tombar; *adv.,* a l'entorn.

rouse, *vt.,* despertar; excitar.

row, *n.,* fila, *f.*; soroll, *m.*; reny, *m.*; *vt.,* renyar; *vi.,* remar.

rub, *vt. & vi.,* fregar.

rubber, *n.,* cautxú, *m.,* goma, *f.*

rubbish, *n.,* escombraries, *f. pl.*; rebuig, *m.*

rudder, *n.,* timó, *m.*

rude, *adj.,* rude, groller -a.

rug, *n.,* catifa, *f.*; manta, *f.*

ruin, *n.,* ruïna, *f.*; *vt.,* arruïnar.

rule, *n.,* regla, *f.*; regle, *m.*; *vt. & vi.,* governar; *vt.,* ratllar.

ruler, *n.,* governant, *m. & f.*

run, *vi.,* córrer, fugir; *n.,* curs, *m.,* correguda, *f.*

rush, *n.,* pressa, *f.,* precipitació, *f.*; (*bot.*) jonc, *m.*; *vt. & vi.,* precipitar.

rust, *n.,* rovell, *m.*; *vt.,* rovellar.

ruthless, *adj.,* despietat -ada.

S

sacrifice, *n.,* sacrifici, *m.*; *vt.,* sacrificar; *vi.,* sacrificar-se.

sad, *adj.,* trist -a.

safe, *adj.,* segur -a, sense perill; incòlume; *n.,* caixa, *f.,* de cabals.

safety, *n.,* seguretat, *f.*

saffron, *m.,* safrà, *m.*

sail, *n.,* vela, *f.*; *vi.,* navegar.

sailor, *n.,* mariner, *m.*

saint, *n. & adj.,* sant -a.

sake, *n.,* causa, *f.,* amor, *m. & f.*

salad, *n.,* amanida, *f.*

salary, *n.,* salari, *m.,* sou, *m.*

sale, *n.,* venda, *f.*; (*auction*) encant, *m.*; rebaixa, *f.*

salt, *n.,* sal, *f.*; *vt.,* salar.

salute, *n.,* salutació, *f.*; *vt.,* saludar.

same, *adj.,* mateix -a, igual.

sample, *n.,* mostra, *f.*; *vt.,* provar.

sand, *n.,* sorra, *f.*

sandpaper, *n.,* paper, *m.,* de vidre.

sane, judiciós -osa; de cap sa.

sap, *n.,* saba, *f.*

sardine, *n.,* sardina, *f.*

sash, *n.,* faixa, *f.*

satire, *n.*, sàtira, *f.*
satisfy, *vt.*, satisfer.
Saturday, *n.*, dissabte, *m.*
sauce, *n.*, salsa, *f.*
saucepan, *n.*, cassola, *f.*
saucer, *n.*, platet, *m.*
saucy, *adj.*, descarat -ada.
sausage, *n.*, botifarra, *f.*, llonganissa, *f.*
savage, *adj.*, salvatge.
save, *vt.*, salvar; estalviar.
savour, *n.*, sabor, *m.*; *vt. & vi.*, assaborir.
saw, *n.*, serra, *f.*; *vt.*, serrar.
say, *vt.*, dir, recitar.
scale, *n.*, balança, *f.*; *(zool.)* escama, *f.*; escala, *f.*; *vt.*, escalar.
scar, *n.*, cicatriu, *f.*
scarce, *adj.*, rar -a, escàs -assa.
scarcely, *adv.*, a penes, tot just.
scarf, *n.*, bufanda, *f.*
scatter, *vt.*, espargir, escampar.
scene, *n.*, escena, *f.*, espectacle, *m.*
scent, *n.*, olfacte, *m.*, olor, *f.*; perfum, *m.*
schedule, *n.*, llista, *f.*; horari, *m.*
scholar, *n.*, estudiant -a; erudit -a.
scholarly, *adj.*, erudit -a, savi sàvia.
scholarship, *n.*, beca, *f.*; erudició, *f.*
school, *n.*, escola, *f.*, coŀlegi, *m.*
science, *n.*, ciència, *f.*
scientist, *n.*, home (dona) de ciència.
scissors, *n. pl.*, tisores, *f. pl.*
scold, *vt.*, renyar.
scope, *n.*, objectiu, *m.*; abast, *m.*
scorch, *vt.*, socarrar.
score, *n.*, marca, *f.*; *(sport)* punts, *m. pl.*; *(mus.)* partitura, *f.*
scorn, *n.*, menyspreu, *m.*; *vt.*, menysprear.
Scottish, *adj.*, escocès -esa.
scoundrel, *n.*, murri múrria.
scramble, *vi.*, enfilar-se; *vt.*, remenar (eggs).
scrap, *n.*, troç, *m.*, —s, sobralles, *f. pl.*
scrape, *vt.*, raspar, gratar.
scratch, *vt.*, rascar; borrar; *n.*, rascada, *f.*
scream, *vi.*, xisclar; *n.*, xiscle, *m.*
screen, *n.*, paravent, *m.*; *vt.*, protegir.
screw, *n.*, cargol, *m.*; *vt.*, cargolar, collar.
script, *n.*, manuscrit, *m.*; lletra, *f.*
scrub, *vt.*, fregar.
scruple, *n.*, escrúpol, *m.*
sculptor, *n.*, escultor -a.
scythe, *n.*, dalla, *f.*
sea, *n.*, mar, *m. & f.*

seal, *n.*, segell, *m.*; *(zool.)* foca, *f.*; *vt.*, segellar.
search, *vt.*, cercar; *n.*, recerca, *f.*
sea-sick, *adj.*, marejat -ada.
season, *n.*, estació, *f.*; temporada, *f.*; *vt.*, assaonar.
seat, *n.*, seient, *m.*; *vt.*, asseure.
second, *adj.*, segon -a; *n.*, segon, *m.*
secondary, *adj.*, secundari -ària.
secondhand, *adj.*, de segona mà.
secret, *n.*, secret, *m.*; *adj.*, secret -a.
secretary, *n.*, secretari -ària.
section, *n.*, secció, *f.*
secure, *adj.*, segur -a; *vt.*, assegurar; obtenir.
security, *n.*, seguretat, *f.*; defensa, *f.*
seduce, *vt.*, seduir.
see, *vt.*, veure; entendre.
seed, *n.*, llavor, *f.*
seek, *vt.*, cercar.
seem, *vi.*, semblar.
seize, *vt.*, agafar.
seldom, *adv.*, rarament.
select, *vt.*, escollir; *adj.*, selecte -a.
self, *adj.*, propi pròpia, mateix -a.
selfish, *adj.*, egoista.
sell, *vt.*, vendre.
seller, *n.*, venedor -a.
semblance, *n.*, semblança, *f.*
send, *vt.*, enviar, trametre.
sender, *n.*, remitent.
sensation, *n.*, sensació, *f.*
sense, *n.*, sentit, *m.*; enteniment, *m.*
sensible, *adj.*, sensible; sensat -a.
sentence, *n.*, sentència, *f.*; *(gram.)* frase, *f.*
sentry, *n.*, sentinella, *m.*
separate, *vt.*, separar; *vi.*, separar-se.
September, *n.*, setembre, *m.*
serenity, *n.*, serenitat, *f.*
sergeant, *n.*, sergent, *m.*
serious, *adj.*, seriós -osa, greu.
servant, *n.*, criat -ada.
serve, *vt. & vi.*, servir.
service, *n.*, servei, *m.*
session, *n.*, sessió, *f.*
set, *vt.*, posar; fixar; *vi.*, pondre's (el sol).
settle, *vt.*, establir; *vi.*, reposar.
seven, *adj. & n.*, set (*m.*).
seventeen, *adj. & n.*, disset (*m.*).
seventy, *adj. & n.*, setanta (*m.*).
sever, *vt.*, tallar, separar.
several, *adj.*, diversos -ses, *pl.*
severe, *adj.*, sever -a.
sew, *vt.*, cosir.
shade, *n.*, ombra, *f.*; matís, *m.*
shadow, *n.*, ombra, *f.*
shake, *vt.*, sacsejar; *vi.*, tremolar.

shall, v. aux., expressant el futur simple.

shallow, adj., poc profund -a.

shame, n., vergonya, f.; vt., avergonyir.

shape, n., forma, f.; vt., formar, vi., prendre forma.

share, n., part, f.; (com.) acció, f.; vt., repartir; vi., participar.

shark, n., tauró, m.

sharp, adj., agut- uda; (mus.) sostingut, m.; adv., puntualment.

sharpen, vt., afilar; afinar.

shatter, vt., trencar, destroçar.

shave, vt., afaitar.

she, pers. pron., ella.

shed, vt., perdre, vessar; n., cobert, m.

sheep, n., ovella, f.

sheet, n., llençol, m.; full, m.

shelf, n., prestatge, m.

shell, n., closca, m.; petxina, f.; (mil.) granada, f.

shelter, n., refugi, m.; vt., refugiar; vi., refugiar-se.

shepherd, n., pastor, m.

shepherdess, n., pastora, f.

sherry, n., xerès, m.

shield, n., escut, m.; vt., escudar.

shift, vt. & vi., canviar; vt., moure; n., tanda, f.

shilling, n., xíling, m.

shine, vi., lluir, brillar; vt., donar llustre.

ship, n., nau, f., navili, m.

shipment, n., carregament, m., expedició, f.

shipwreck, n., naufragi, m.

shirt, n., camisa, f.

shiver, n., tremolor, m.; vi., tremolar.

shock, n., xoc, m.; sotragada, f.; cop, m.; vt., sotragar, escandalitzar.

shocking, adj., escandalós -osa.

shoe, n., sabata, f.

shoot, vt., disparar, llançar; (film), rodar.

shooting, n. (film), rodatge, m.

shop, n., tenda, f.; vi, anar a comprar.

shore, n., riba, f., costa, f.

short, adj., curt -a.

shorten, vt., escurçar.

shorthand, n., taquigrafia, f.

shot, n., tret, m.

shoulder, n., espatlla, f.

shout, n., crit, m.; vi. & vt., cridar.

show, n., espectacle, m.; vt., mostrar, exhibir.

shower, n., ruixat, m.; dutxa, f.

shrewd, adj., sagaç, perspicaç.

shriek, n., xiscle, m.; vi., xisclar.

shrink, vi., encongir-se.

shrub, n., arbust, m.

shudder, n., estremiment, m.; vi., estremir-se.

shut, vt., tancar.

shutter, n., persiana, f.; obturador, m.

shy, adj., tímid -a.

sick, adj., malalt -a; marejat -ada.

sicken, vi., emmalaltir; marejar.

sickle, n., falç, f.

side, n., cantó, m., costat, m.

sieve, n., sedàs, m., colador, m.

sift, vt., garbellar.

sigh, n., sospir, m.; vi., sospirar.

sight, n., vista, f.; espectacle, m.

sign, n., senyal, m.; indici, m., marca, f., signe, m.; vt., firmar.

signal, n., senyal, m.

signature, n., firma, f., signatura, f.

silence, n., silenci, m.; vt., fer callar.

silent, adj., silenciós -osa.

silk, n., seda, f.

silly, adj., beneit -a, ximplet -a, insensat -a, ridícul -a.

silver, n., plata, f., argent, m.

similar, adj., semblant, similar.

simple, adj., simple, senzill -a.

sin, n., pecat, m.; vi., pecar.

since, prep., des, des de; conj., ja que; adv., d'ençà que.

sincere, adj., sincer -a.

sing, vt. & vi., cantar.

singer, n., cantaire, m. & f.

single, adj., únic -a, senzill -a; solter -a; n., individual, m.

sink, vt., enfonsar; vi., enfonsar-se; n., aigüera, f.

sip, n., xarrup, m.; vt., xarrupar.

sir, n., senyor, m.

sister, n., germana, f.; (nun), sor, f.; infermera, f.

sit, vt., asseure; vi., asseure's.

six, n. & adj., sis (m.).

sixteen, n. & adj., setze (m.).

sixty, n. & adj., seixanta (m.).

size, n., grandària, f., mida, f., format, m.

skate, n., patí, m.; vi., patinar.

sketch, n., esbós, m.; vt., esbossar.

skid, n., patinada, f.; vi., patinar.

skill, n., habilitat, f.

skin, n., pell, f.; vt., pelar.

skipper, n., patró, m.

skirt, n., faldilla, f.; vt., vorejar.

skull, n., crani, m.

sky, n., cel, m.

skyscraper, *n.*, gratacels, *m.*

slack, *adj.*, fluix -a; peresós -osa.

slang, *n.*, argot, *m.*

slap, *n.*, bufetada, *f.*; *vt.*, bufetejar.

slate, *n.*, pissarra, *f.*

slaughter, *n.*, carnatge, *m.*; *vt.*, sacrificar.

slave, *n.*, esclau -ava; *vi.*, treballar com un esclau.

sleep, *vi.* dormir; *n.*, dormida, *f.*; son, *m.* & *f.*

sleet, *n.*, aiguaneu, *f.*

sleeve, *n.*, màniga, *f.*

slender, *adj.*, prim -a; escàs -assa.

slice, *n.*, rodanxa, *f.*, llesca, *f.*; *vt.*, llescar.

slide, *vi.*, lliscar, relliscar.

slight, *adj.*, lleuger -a.

slip, *vi.*, relliscar.

slipper, *n.*, sabatilla, *f.*

slippery, *adj.*, lliscadís -issa.

slope, *n.*, pendent, *m.*, vessant, *m.* & *f.*

slow, *adj.*, lent -a, tardà -ana.

sly, *adj.*, astut -a, furtiu -iva.

small, *adj.*, petit -a, menut -uda.

smart, *vi.*, coure; *n.*, coïssor; *adj.*, viu viva; elegant.

smash, *vt.*, rompre; *n.*, fracàs, *m.*; topada, *f.*

smell, *vt.* & *vi.*, flairar; *vt.*, olorar; *n.*, flaire, *m.*; olfacte, *m.*

smile, *n.*, somrís, *m.*; *vi.*, somriure.

smith, *n.*, ferrer, *m.*

smoke, *n.*, fum, *m.*; *vt.* & *vi.*, fumar.

smooth, *adj.*, llis -a, polit -ida.

smuggle, *vt.*, passar de contraban.

snag, *n.*, obstacle, *m.*; (*fig.*) inconvenient, *m.*

snail, *n.*, cargol, *m.*

snake, *n.*, serp, *f.*

snap, *vt.*, mossegar; petar; trencar; —shot, *n.*, fotografia, *f.*, instantània.

snare, *n.*, parany, *m.*; *vt.*, atrapar.

sneer, *n.*, mofa, *f.*; *vi.*, mofar-se.

sneeze, *n.*, esternut, *m.*; *vi.*, esternudar.

snore, *n.*, ronc, *m.*; *vi.*, roncar.

snow, *n.*, neu, *f.*; *vi.*, nevar.

so, *adv.*, així, tant, per tant, talment, per tal que; *conj.*, doncs.

soak, *vt.*, remullar, xopar.

soap, *n.*, sabó, *m.*; *vt.*, ensabonar.

soar, *vi.*, remuntar-se.

sob, *n.*, sanglot, *m.*; *vi.*, sanglotar.

sober, *adj.*, sobri sòbria.

soccer, *n.*, futbol, *m.*

social, *adj.*, sociable, social.

socialism, *n.*, socialisme, *m.*

society, *n.*, societat, *f.*

sock, *n.*, mitjó, *m.*

soft, *adj.*, tou tova, suau.

soften, *vt.*, estovar.

soil, *n.*, terra, *f.*; taca, *f.*; *vt.*, embrutar.

soldier, *n.*, soldat, *m.*

sole, *n.*, planta, *f.*, del peu; sola, *f.* (d'una sabata); (*ichth.*) llenguado, *m.*; *adj.*, únic -a.

solicitor, *n.*, advocat, *m.*

solve, *vt.*, resoldre.

some, *adj.*, algun -a, alguns -unes, uns unes; una mica.

somebody, someone, *n.*, algú, *m.* & *f.*

somehow, *adv.*, d'una manera o altre.

something, *n.*, quelcom, alguna cosa; *adv.*, un xic.

somewhat, *adv.*, quelcom, una mica.

somewhere, *adv.*, en algun lloc.

son, *n.*, fill, *m.*

song, *n.*, cançó, *f.*

son-in-law, *n.*, gendre, *m.*

soon, *adv.*, aviat.

sorcery, *n.*, bruixeria, *f.*, encantament, *m.*

sore, *n.*, nafra, *f.*; *adj.*, dolorós -osa; — throat, mal de coll, *m.*

sorrow, *n.*, pena, *f.*, aflicció, *f.*

sorry, *adj.*, afligit -ida; to be —, saber greu.

sort, *n.*, espècie, *f.*, mena, *f.*; *vt.*, classificar, separar.

soul, *n.*, ànima, *f.*

sound, *adj.*, sa sana; sòlid -a; *n.*, so, *m.*; *vt.* & *vi.*, sonar.

soup, *n.*, sopa, *f.*

sour, *adj.*, agre -a; *vt.*, agrir.

source, *n.*, font, *f.*; origen, *m.*

south, *n.*, sud, *m.*, migdia, *m.*

sow, *vt.*, sembrar; *n.*, truja, *f.*

space, *n.*, espai, *m.*; *vt.*, espaiar.

spade, *n.*, aixada, *f.*; espasa (carta), *f.*

Spain, Espanya.

Spaniard, *n.*, espanyol -a.

Spanish, *adj.*, espanyol -a; *n.*, espanyol, *m.*, castellà, *m.* (idioma).

spare, *adj.*, escàs -assa, frugal; *vt.*, estalviar; *n.*, peça, *f.*, de recanvi.

spark, *n.*, guspira, *f.*; *vi.*, guspirejar.

sparrow, *n.*, pardal, *m.*

speak, *vi.* & *vt.*, parlar.

spear, *n.*, llança, *f.*, arpó, *m.*; *vt.*, llancejar.

special, *adj.*, especial.

spectacle, *n.*, espectacle, *m.*; —s, ulleres, *f. pl.*

spectator, *n.*, espectador -a.

speech, *n.*, paraula, *f.*, llenguatge, *m.*; discurs, *m.*

speed, *n.*, pressa, *f.*; velocitat, *f.*; *vt.*, accelerar.

spell, *n.*, encantament, *m.*; *vt.*, lletrejar.

spend, *vt.*, gastar, consumir, despendre.

spider, *n.*, aranya, *f.*

spill, *vt.*, vessar.

spin, *vt. & vi.*, girar; *vt.*, filar, *n.*, giravolta, *f.*

spine, *n.*, espinada, *f.*

spinster, *n.*, soltera, *f.*

spirit, *n.*, esperit, *m.*, ànima, *f.*; coratge, *m.*

spit, *n.*, ast, *m.*; *vt. & vi.*, escopir; *vi.*, espetarregar.

splash, *vt.*, esquitxar; *vi.*, xipollejar.

split, *n.*, fenedura, *f.*, divisió, *f.*; *vt.*, fendre, dividir, clivellar.

spoil, *n.*, botí, *m.*; *vt.*, malmetre.

sponge, *n.*, esponja, *f.*

spontaneous, *adj.*, espontani -ània.

spoon, *n.*, cullera, *f.*

spot, *n.*, taca, *f.*; lloc, *m.*; *vt.*, tacar; reconèixer.

sprain, *n.*, torçada, *f.*; *vt.*, torçar.

spray, *n.*, ram, *m.*; ruixim, *m.*; *vt.*, ruixar.

spread, *vt.*, estendre; difondre; *vi.*, estendre's; difondre's.

spring, *n.*, primavera, *f.*; salt, *m.*; font, *f.*; molla, *f.*; *vi.*, saltar; brollar.

sprinkle, *vt. & vi.*, ruixar.

sprout, *n.*, rebrot, *m.*; *vi.*, rebrotar.

spur, *n.*, esperó, *m.*; *vt.*, esperonar.

spy, *n.*, espia, *m. & f.*; *vi.*, espiar; *vt.*, observar.

squall, *n.*, xiscle, *m.*; xàfec, *m.*; *vi.*, xisclar.

square, *n.*, quadrat, *m.*; plaça, *f.*; *adj.*, quadrat -ada; *vt. & vi.*, quadrar.

squash, *vt.*, aixafar.

squeeze, *vt.*, estrènyer; esprémer.

squirrel, *n.*, esquirol, *m.*

stab, *n.*, punyalada, *f.*; *vt.*, apunyalar.

stable, *n.*, quadra, *f.*; *adj.*, estable.

staff, *n.*, bastó, *m.*; personal, *m.*

stage, *n.*, taulat, *m.*; teatre, *m.*; *vt.*, posar en escena.

stagger, *vi.*, titubar; *vt.*, escalonar; consternar.

stain, *n.*, taca, *f.*; *vt.*, tacar.

stainless, *adj.*, immaculat -ada; inoxidable.

stair, *n.*, esglaó, *m.*; —s, escala, *f.*

stale, *adj.*, no fresc -a, passat -ada.

stalk, *n.*, tija, *f.*; *vi.*, caminar majestuosament; *vt.*, caçar a l'aguait.

stammer, *n.*, quequesa, *f.*; *vi.*, quequejar.

stamp, *n.*, segell, *m.*; *vt.*, estampar; picar de peus.

stand, *vi.*, estar dret; *vt.*, resistir, tolerar.

standing, *adj.*, permanent; *n.*, rang, *m.*; antiguitat, *f.*

star, *n.*, estrella, *f.*, estel, *m.*

stare, *vt.*, mirar fixament.

stark, *adj.*, rígid -a; absolut -a; *adv.*, enterament.

starling, *n.*, estornell, *m.*

start, *n.*, sobresalt, *m.*; sortida, *f.*, *vt.*, sobresaltar; *vi.*, sortir; *vt. & vi.*, començar.

startle, *vt.*, sobresaltar.

starve, *vi.*, morir de fam.

state, *n.*, estat, *m.*; *vt.*, dir, manifestar.

statement, *n.*, relació, *f.*; estat, *m.*, de comptes.

statesman, *n.*, home, *m.*, d'estat, polític, *m.*

station, *n.*, estació, *f.*; posició, *f.*; *vt.*, estacionar.

stationary, *adj.*, fix -a, immòbil.

stationery, *n.*, objectes, *m.*, *pl.*, d'escriptori.

statue, *n.*, estàtua, *f.*

stay, *vi.*, romandre; *vt.*, suspendre.

steady, *adj.*, ferm -a; constant; *vt.*, afermar, calmar.

steak, *n.*, bistec, *m.*

steal, *vt.*, furtar, robar.

steam, *n.*, vapor, *m.*; *vt.*, vaporar; *vi.*, fumejar.

steamer, *n.*, vapor, *m.*; vaporador, *m.*

steel, *n.*, acer, *m.*; *vt.*, endurir.

steep, *adj.*, escarpat -ada; *vt.*, remullar.

steer, *vt.*, dirigir; *n.*, bravatell, *m.*

stem, *n.*, tija, *f.*, tronc, *m.*; *vt.*, contenir.

step, *n.*, pas, *m.*; graó, *m.*; *vi.*, donar un pas.

stepfather, *n.*, padrastre, *m.*

stern, *adj.*, sever -a; *n.* (*naut.*), popa, *f.*

stew, *n.*, estofat, *m.*; *vt.*, estofar.

steward, *n.*, majordom, *m.*; cambrer -a.

stick, *n.*, bastó, *m.*; barra, *f.*; *vt.*, clavar, enganxar.

stiff, *adj.*, rígid -a; dur -a.

stifle, *vt.*, sufocar.

still, *adj.*, quiet -a, tranquil -il·la; *adv.*, encara; *vt.*, aquietar.

sting, *n.*, picada, *f.*, fibló, *m.*; *vt.*, picar.

stink, *n.*, tuf, *m.*, pudor, *f.*, *vt.*, pudir.

stir, *n.*, commoció, *f.*; *vt.*, agitar, moure; *vi.*, moure's.

stock, *n.*, tronc, *m.*; existències, *f. pl.*; (*cul.*) brou, *m.*; bestiar, *m.*; (*comm.*) valors, *m. pl.*; *vt.*, proveir.

stockbroker, *n.*, borsista, *m.*

stocking, *n.*, mitja, *f.*

stomach, *n.*, estómac, *m.*

stone, *n.*, pedra, *f.*; pinyol, *m.*; *vt.*, apedregar; espinyolar.

stool, *n.*, tamboret, *m.*

stoop, *n.*, inclinació, *f.*; *vt.*, inclinar; *vi.*, inclinar-se.

stop, *vt. & vi.*, parar; *vt.*, deturar; *vi.*, deturar-se; *n.*, parada, *f.*, pausa, *f.*

store, *n.*, provisió, *f.*; magatzem, *m.*; *vt.*, emmagatzemar.

storey, *n.*, pis, *m.*

storm, *n.*, tempestat, *f.*; *vt.*, assaltar; *vi.*, tempestejar.

story, *n.*, conte, *m.*, faula, *f.*

stout, *adj.*, robust -a, vigorós -osa; *n.*, cervesa, *f.*, negra.

stove, *n.*, estufa, *f.*, fogó, *m.*

straight, *adj.*, dret -a, recte -a.

strain, *n.*, tensió, *f.*; *vt.*, forçar.

strange, *adj.*, estrany -a.

strangle, *vt.*, estrangular.

strap, *n.*, corretja, *f.*

straw, *n.*, palla, *f.*

strawberry, *n.*, maduixa, *f.*

stray, *vi.*, errar, esgarriar-se.

stream, *n.*, corrent, *m.*, riu, *m.*, rierol, *m.*; *vi.*, rajar, córrer.

street, *n.*, carrer, *m.*

strength, *n.*, força, *f.*

strengthen, *vt.*, enfortir.

strenuous, *adj.*, enèrgic -a; ardu àrdua.

stress, *n.*, tensió, *f.*; accent, *m.*; *vt.*, accentuar.

stretch, *n.*, extensió, *f.*; *vt.*, estendre.

strict, *adj.*, estricte -a.

stride, *n.*, gambada, *f.*; *vi.*, camadejar.

strike, *vt.*, colpir, copejar; *vi.*, declarar-se en vaga; *n.*, vaga, *f.*

string, *n.*, cordó, *m.*, cordill, *m.*; filera, *f.*; *vt.*, enfilar.

strive, *vi.*, esforçar-se.

stroke, *n.*, cop, *m.*, toc, *m.*; carícia, *f.*; *vt.*, acariciar.

stroll, *n.*, passejada, *f.*; *vi.*, passejar.

strong, *adj.*, fort -a, robust -a.

struggle, *n.*, lluita, *f.*; *vi.*, lluitar.

stubborn, *adj.*, tossut -uda.

student, *n.*, estudiant -a.

study, *n.*, estudi, *m.*; *vt.*, estudiar.

stuff, *n.*, matèria, *f.*; drap, *m.*; *vt.*, omplir, farcir.

stumble, *vt. & vi.*, ensopegar.

stump, *n.*, tronc, *m.*; monyó, *m.*

stupendous, *adj.*, estupend -a.

stupid, *adj.*, estúpid -a.

sturdy, *adj.*, fort -a, robust -a.

stutter, *n.*, quequesa, *f.*; *vi.*, quequejar.

style, *n.*, estil, *m.*

suave, *adj.*, afable, cortès -esa.

subconscious, *adj.*, subconscient.

subdue, *vt.*, dominar.

subject, *n.*, subjecte, *m.*; tema, *m.*; *adj.*, subjecte -a; *vt.*, subjugar.

subjective, *adj.*, subjectiu -iva.

subjunctive, *adj.*, subjuntiu -iva; *n.*, subjuntiu, *m.*

submit, *vt.*, sotmetre.

subscribe, *vt.*, subscriure; *vi.*, subscriure's.

subscription, *n.*, subscripció, *f.*

subsidy, *n.*, subsidi, *m.*

substance, *n.*, substància, *f.*

substantive, *n.*, substantiu, *m.*; *adj.*, substantiu -iva.

substitute, *n.*, substitut -a; *vt.*, substituir.

subtle, *adj.*, subtil.

succeed, *vi.*, succeir; reeixir.

success, *n.*, èxit, *m.*

successful, *adj.*, afortunat -ada, reeixit -ida.

such, *adj. & pron.*, tal, semblant.

suck, *vt.*, xuclar.

sucker, *n.*, xuclador -ora; (*sl.*) babau, *m. & f.*

sudden, *adj.*, sobtat -ada.

suffer, *vt. & vi.*, sofrir.

sufficient, *adj.*, suficient.

sugar, *n.*, sucre, *m.*

suggest, *vt.*, suggerir.

suit, *n.*, vestit, *m.*; demanda, *f.*; *vi.*, convenir; *vt.*, adaptar.

suitable, *adj.*, convenient, apte -a.

suitcase, *n.*, maleta, *f.*

sum, *n.*, suma, *f.*

summer, *n.*, estiu, *m.*

sun, *n.*, sol, *m.*

Sunday, *n.*, diumenge, *m.*

sunrise, *n.*, sol ixent, *m.*

sunset, *n.*, sol ponent, *m.*

sunshine, *n.*, sol, *m.*; llum, *f.*, del sol.

superb, *adj.*, superb -a.

superfluous, *adj.,* superflu -èrflua.

supper, *n.,* sopar, *m.*

supply, *n.,* provisió, *f.*; *vt.,* fornir, proveir.

support, *n.,* suport, *m.*; *vt.,* suportar.

suppose, *vt.,* suposar.

suppress, *vt.,* suprimir.

surcharge, *n.,* sobrecàrrega, *f.*

sure, *adj.,* segur -a.

surface, *n.,* superfície, *f.*; *vi.,* emergir.

surfeit, *n.,* excés, *m.*; *vt.,* afartar.

surgeon, *n.,* cirurgià, *m.*

surname, *n.,* cognom, *m.*

surplus, *n.,* sobrant, *m.*

surprise, *n.,* sorpresa, *f.*; *vt.,* sorprendre.

surrender, *n.,* rendició, *f.*; *vt.,* lliurar.

surround, *vt.,* encerclar, rodejar.

survey, *n.,* inspecció, ullada; *vt.,* ullar; mesurar terrenys, etc.

surveyor, *n.,* agrimensor, *m.*; inspector oficial, *m.*

survive, *vi.,* sobreviure.

suspect, *vt.,* sospitar; *adj.,* sospitós -osa.

suspend, *vt.,* suspendre.

suspicious, *adj.,* recelós -osa.

sustain, *vt.,* sostenir.

swallow, *n.,* oreneta, *f.*; *vt.,* engolir.

swan, *n.,* cigne, *m.*

swarm, *n.,* eixam, *m.*; *vi.,* puŀlular.

sway, *vi. & vt.,* brandar; *vt.,* influenciar.

swear, *vt.,* jurar; *vt. & vi.,* blasfemar.

sweat, *n.,* suor, *f.*; *vt. & vi.,* suar.

sweep, *vt.,* escombrar; arrabassar.

sweet, *adj.,* dolç -a; gentil; *n.,* dolç, *m.,* bombó, *m.*

sweetheart, *n.,* enamorat -ada; cor dolç, *m.*

swell, *vt.,* inflar; *n.,* ondulació, *f.*; mar de fons, *f.*

swim, *n.,* nedada, *f.*; *vi.,* nedar.

swindle, *vt.,* estafar; *n.,* estafa, *f.*

swing, *n.,* gronxador, *m.*; *vt.,* gronxar.

switch, *n.,* vara, *f.*; commutador, *m.*; *vt.,* fustigar; desviar.

swoon, *n.,* desmai, *m.*; *vi.,* desmaiar.

sword, *n.,* espasa, *f.*

syllable, *n.,* síŀlaba, *f.*

sympathy, *n.,* simpatia, *f.*

symphony, *n.,* simfonia, *f.*

symptom, *n.,* símptoma, *m.*

synonym, *n.,* sinònim, *m.*

syntax, *n.,* sintaxi, *f.*

syrup, *n.,* xarop, *m.*

system, *n.,* sistema, *m.*

T

table, *n.,* taula, *f.*

tablespoon, *n.,* cullera, *f.*

tack, *n.,* tatxa, *f.*; *vt.,* embastar; *vi.,* (*naut.*) bordejar.

tackle, *n.,* arreus, *m. pl.*; *vt.,* emprendre, envestir.

tact, *n.,* tacte, *m.*

tail, *n.,* cua, *f.*

tailor, *n.,* sastre, *m.*

take, *vt.,* prendre; acceptar; portar; *n.,* presa, *f.*

tale, *n.,* conte, *m.*; relació, *f.*

talent, *n.,* talent, *m.,* habilitat, *f.*

talk, *n.,* conversa, *f.*; conferència, *f.*; *vi. & vt.,* parlar; *vi.,* conversar.

tall, *adj.,* alt -a; (*sl.*) exagerat -a.

tame, *adj.,* mansuet -a; *vt.,* amansir.

tan, *vt.,* adobar; bronzejar.

tangle, *n.,* embull; *vt.,* embullar.

tank, *n.,* tanc, *m.,* dipòsit, *m.* (d'aigua, etc.).

tap, *n.,* aixeta, *f.*; tust lleuger, *m.*; *vt.,* tustar lleugerament; barrinar.

tape, *n.,* cinta, *f.*

tapestry, *n.,* tapís, *m.*

tar, *n.,* quitrà, *m.*

tardy, *adj.,* tardà -ana, lent -a.

target, *n.,* rodella, *f.*; objectiu, *m.*

tariff, *n.,* tarifa, *f.*

tarnish, *vt.,* desllustrar.

tart, *adj.,* àcid -a; *n.,* pastís, *m.*; (*sl.*) puta, *f.*

task, *n.,* tasca, *f.*

taste, *n.,* gust, *m.*; sabor, *m. & f.*; *vt.,* gustar.

tasty, *adj.,* saborós -osa.

tavern, *n.,* taverna, *f.*; hostal, *m.*

tax, *n.,* impost, *m.,* contribució, *f.*; *vt.,* imposar un impost (a).

tea, *n.,* te, *m.*

teach, *vt.,* ensenyar.

teacher, *n.,* mestre -a.

team, *n.,* tir, *m.*; equip, *m.*

tear, *n.,* llàgrima, *f.*

tear, *n.,* esquinç, *m.*; *vt.,* esquinçar; arrencar.

tease, *vt.,* turmentar en broma o maliciosament.

teaspoon, *n.,* cullereta, *f.*

technical, *adj.,* tècnic -a.

tedious, *adj.,* tediós -osa.

teen-ager, *n.,* persona de 13 a 19 anys.

teeth, *n. pl.,* dents, *f. pl.*

teetotaler, *n.,* abstemi -èmia.

telegram, *n.,* telegrama, *m.*

telephone, *n.,* telèfon, *m.*; *vt.,* telefonar.

tell, vt., dir; contar.
temper, n., temperament, m.; geni,
m.; vt., trempar.
temperature, n., temperatura, f.
tempest, n., tempestat, f.
temporal, adj., temporal.
temporary, adj., provisional.
tempt, vt., temptar.
ten, n. & adj., deu (m.).
tenant, n., inquilí -ina.
tend, vt., cuidar; vi., tendir.
tender, adj., tendre -a.
tense, adj., tens -a; n., (gram.) temps,
m.
tent, n., tenda, f., (de campanya).
tentative, adj., temptatiu -iva.
tenth, adj., desé -ena; n., desena, f.
tepid, adj., tebi tèbia.
term, n., termini, m.; curs, m.
terrace, n., terrassa, f.
terrible, adj., terrible, espantós -osa.
terrify, vt., espantar, terroritzar.
terror, n., terror, m.
test, n., assaig, m., prova, f.; exa-
men, m.; vt., provar.
testimony, n., testimoni, m.
text, n., text, m.; tema, m.
textbook, n., llibre, m., de text.
than, conj., que.
thank, vt., agrair; —s, n. pl., gràcies,
f. pl.; — you!, interj., gràcies!
that, dem. pron., aquell -a, allò; rel.
pron., que, el qual, la qual; dem.
adj., aquell -a; conj., que.
thaw, vt. & vi., desglaçar.
the, art., el la; pl., els les.
their, poss. adj., llur, (or seu seva);
pl., llurs (seus seves).
them, pers. pron., els les.
theme, n., tema, m.
themselves, pers. pron. pl., ells ma-
teixos, m. pl., elles mateixes, f.
pl.
then, adv., aleshores, llavors.
theory, n., teoria, f.
there, adv., allà.
therefore, adv., per tant.
thermometer, n., termòmetre, m.
these, pron. pl. & adj., aquests aques-
tes.
thesis, n., tesi, f.
thick, adj., espès -essa; gruixut -uda.
thief, n., lladre, m. & f.
thieve, vt., robar, furtar.
thigh, n., cuixa, f.
thin, adj., prim -a; minso -a; vt.,
aclarir; aprimar.
thing, n., cosa, f.
think, vt. & vi., pensar; vt., creure;
imaginar.

third, adj., tercer -a; n., terç, m.
thirst, n., set, f.
thirsty, adj., assedegat -ada.
thirteen, n. & adj., tretze (m.).
thirty, n. & adj., trenta (m.).
this, adj., aquest -a.
thorn, n., espina, f.
thorough, adj., complet -a; conscien-
ciós -osa.
those, adj. pl., aquells aquelles.
though, conj., encara que, per bé
que.
thought, n., pensament, m.
thoughtful, adj., pensiu -iva.
thousand, n., mil, m.
thrash, vt., apallissar.
thresh, vt., batre.
thrift, n., frugalitat, f., economia, f.
thrill, n., emoció, f., estremiment,
m.; vt., emocionar.
thrive, vi., prosperar.
throat, n., gola, f., coll, m.
throb, n., batec, m.; vi., bategar.
throttle, n., gorja, f.; regulador, m.;
vt., estrangular, ofegar.
through, prep., a través de; per; mit-
jançant; adv., directament; total-
ment; adj., directe -a.
throughout, adv., totalment; prep.,
durant.
throw, n., tirada, f.; vt., llançar.
thrust, n., atac, m.; vt., impeŀlir, en-
fonsar.
thumb, n., polze, m.; vt., fullejar, to-
quejar.
thump, n., patacada, f.
thunder, n., tro, m.; vi., tronar; vt.
& vi., fulminar.
Thursday, n., dijous, m.
thus, adv., així.
thwart, vt., frustar.
thyme, m., farigola, f.
ticket, n., bitllet, m.
tickle, vt., pessigollejar.
tide, n., marea, f.
tidy, adj., endreçat -ada; vt., endre-
çar.
tie, n., corbata, f.; llaç, m.; vt., nuar,
lligar.
tiger, n., tigre, m.
tight, adj., tivant; estret -a; hermè-
tic -a; escàs -assa; (coll.), begut
-uda.
tile, n., rajola, f.
till, prep., fins; conj., fins que; n.,
calaix, m., dels diners; vt., con-
rear.
time, temps, m.; hora, f.; vt., cro-
nometrar; escollir el moment
oportú.

timetable, *n.,* horari, *m.*
timid, *adj.,* tímid -a.
tin, *n.,* estany, *m.*; llauna, *f.*
tiny, *adj.,* menut -a.
tip, *n.,* punta, *f.*; propina, *f.*; informació, *f.*; *vt.,* bolcar; donar propina (a).
tipsy, *adj.,* alegre (per la beguda).
tiptoe (on), *adv.,* de puntetes.
tire, *vt. & vi.,* cansar.
tiresome, *adj.,* tediós -osa.
title, *n.,* títol, *m.*
to, *prep.,* a; fins a; al.
toast, *n.,* torrada, *f.*; brindis, *m.*; *vt.,* torrar; brindar.
tobacco, *n.,* tabac, *m.*
today, *adv.,* avui.
toe, *n.,* dit, *m.,* del peu.
together, *adv.,* juntament, ensems, plegats.
toil, *n.,* labor; *vi.,* laborar.
toilet, *n.,* toaleta, *f.*; comuna, *f.*
token, *n.,* senyal, *m.*
tolerate, *vt.,* tolerar.
tomato, *n.,* tomàquet, *m.*
tomb, *n.,* tomba, *f.*
tomorrow, *adv.,* demà; **day after —,** demà passat.
ton, *n.,* tona, *f.*
tone, *n.,* to, *m.*
tongue, *n.,* llengua, *f.*
tonight, *adv.,* avui nit.
tonsil, *n.,* amígdala, *f.*
too, *adv.,* massa; també.
tool, *n.,* eina, *f.*; *vt.,* cisellar.
tooth, *n.,* dent, *f.*
toothache, *n.,* mal, *m.,* de dents.
toothpaste, *n.,* pasta, *f.,* dentrifícia.
top, *n.,* cim, *m.*; cap, *m.*; màxim, *m.*; *adj.,* superior; *vt.,* excelIir; cobrir.
torch, *n.,* torxa, *f.*
torment, *n.,* turment, *m.*; *vt.,* turmentar.
torture, *n.,* tortura; *vt.,* torturar.
tory, *n. & adj.,* conservador -a.
toss, *vt.,* tirar; regirar; llançar.
total, *n. & adj.,* total (*m.*).
totter, *vi.,* trontollar, vaciIlar.
touch, *n.,* tacte, *m.,* toc, *m.,* tocament, *m.*; *vt.,* tocar; assolir; entendrir.
tough, *adj.,* dur -a, fort -a.
tour, *n.,* viatge, *m.,* excursió, *f.*
tourist, *n.,* turista, *m. & f.*
tow, *n.,* remolc, *m.*; *vt.,* remolcar.
towards, toward, *prep.,* envers, cap a, vers.
towel, *n.,* tovallola, *f.*
tower, *n.,* torre, *f.*; *vi.,* torrejar.

town, *n.,* ciutat, *f.,* població, *f.*
toy, *n.,* joguina, *f.*
trace, *n.,* petjada, *f.,* pista, *f.*; *vt.,* traçar; rastrejar.
track, *n.,* petjada, *f.*; *vt.,* rastrejar.
tractable, *adj.,* dòcil.
trade, *n.,* comerç, *m.*; negoci, *m.*; *vi.,* comerciar, negociar, traficar.
trader, *n.,* comerciant -a, traficant, *m. & f.*
tradition, *n.,* tradició, *f.*
traffic, *n.,* tràfic, *m.*; circulació, *f.*; *vi.,* traficar.
tragedy, *n.,* tragèdia, *f.*
tragic, *adj.,* tràgic -a.
trail, *n.,* rastre; *vt. & vi.,* arrossegar.
trailer, *n.,* (*auto.*) remolc, *m.*
train, *n.,* tren, *m.*; *vt.,* ensinistrar; entrenar.
traitor, *n.,* traidor -a.
tramp, *n.,* rodamón, *m.*; *vi.,* vagabundejar; *vi.,* caminar; caminar pesadament.
tranquil, *adj.,* tranquil -iIla.
transaction, *n.,* transacció, *f.*
transatlantic, *adj.,* transatlàntic -a.
transcendent, *adj.,* transcendent.
transcribe, *vt.,* transcriure.
transcript, *n.,* transcripció, *f.*
transfer, *n.,* transferència, *f.,* cessió, *f.*; *vt.,* transferir, cedir.
transform, *vt.,* transformar.
transfusion, *n.,* transfusió, *f.*
transgress, *vt.,* transgredir.
transgression, *n.,* transgressió, *f.*
transient, *adj.,* transitori -òria.
transit, *n.,* trànsit, *m.*
transitive, *adj.,* transitiu -iva.
translate, *vt.,* traduir.
translation, *n.,* traducció, *f.*
translator, *n.,* traductor -a.
transmission, *n.,* transmissió, *f.*
transmit, *vt.,* trametre.
transparent, *adj.,* transparent.
transport, *n.,* transport, *m.*; *vt.,* transportar.
trap, *n.,* trampa, *f.*; *vt.,* caçar amb trampa.
travel, *n.,* viatge, *m.*; *vi.,* viatjar.
traveller, *n.,* viatjant, *m.*; viatger -a.
traverse, *vt.,* travessar, creuar.
tray, *n.,* safata, *f.*
treacherous, *adj.,* traidor -a.
tread, *n.,* petjada, *f.*; *vt.,* petjar; trepitjar; **— on,** *vt.,* trepitjar.
treason, *n.,* traïció, *f.*
treasure, *n.,* tresor, *m.*; *vt.,* tresorejar.
treasurer, *n.,* tresorer -a.

treat, *n.,* obsequi, *m.;* *vt. & vi.,* tractar; *vt.,* convidar.

treatise, *n.,* tractat, *m.*

treatment, *n.,* tractament, *m.*

treaty, *n.,* tractat, *m.*

tree, *n.,* arbre, *m.*

tremble, *vi.,* tremolar.

tremendous, *adj.,* tremend -a.

trench, *n.,* trinxera, *f.*

trend, *n.,* tendència, *f.* direcció, *f.*

trespass, *vt.,* transgredir, violar.

trial, *n.,* prova, *f.,* assaig, *m.;* (*law*) judici, *m.*

triangle, *n.,* triangle, *m.*

tribe, *n.,* tribu, *f.*

tribute, *n.,* tribut, *m.*

trick, *n.,* engany, *m.;* truc, *m.;* *vt.,* enganyar.

trickle, *n.,* rajet, *m.;* *vi.,* degotar.

tricky, *adj.,* astut -a; difícil.

trifle, *n.,* futesa, *f.;* *vi.,* joguinejar.

trigger, *n.,* gallet, *m.,* disparador, *m.*

trim, *adj.,* polit -ida; *n.,* ordre, *m.;* *vt.,* polir; arreglar.

trip, *n.,* viatge, *m.;* *vi.,* ensopegar.

tripe, *n.,* tripa, *f.*

triumph, *n.,* triomf, *m.;* *vi.,* triomfar.

trivial, *adj.,* trivial, frívol -a.

troop, *n.,* tropa, *f.;* colla, *f.*

tropic, *n.,* tròpic, *m.;* *adj.,* tròpic -a.

trouble, *n.,* aflicció, *f.;* agitació, *f.;* pena, *f.;* molèstia, *f.;* *vt.,* torbar, molestar.

troublesome, *adj.,* penós -osa; dificultós -osa; molestós -osa.

trousers, *n. pl.,* pantalons, *m. pl.*

trout, *n.,* (*ichth.*) truita, *f.*

truce, *n.,* treva, *f.*

truck, *n.,* camió, *m.;* carretó, *m.*

true, *adj.,* veritable, cert -a, autèntic -a; sincer -a; lleial.

truly, *adv.,* veritablement; sincerament.

trump, *n.* (*cards*), trumfo, *m.*

trumpet, *n.,* trompeta, *f.*

trunk, *n.,* tronc, *m.;* bagul, *m.*

trust, *n.,* confiança, *f.;* crèdit, *m.;* *vt. & vi.,* confiar; fiar.

trustworthy, *adj.,* digne -a de confiança, honrat -ada.

truth, *n.,* veritat, *f.*

truthful, *adj.,* ver -a, veritable.

try, *n.,* temptativa, *f.;* *vt.,* provar; intentar; jutjar.

tube, *n.,* tub, *m.;* metro, *m.*

Tuesday, *n.,* dimarts, *m.*

tumble, *n.,* caiguda, *f.;* *vt.,* fer caure; *vi.,* caure.

tumbler, *n.,* got, *m.*

tune, *n.,* melodia, *f.;* harmonia, *f.;* *vt.,* afinar.

tunnel, *n.,* túnel, *m.*

turf, *n.,* gasó, *m.*

turkey, *n.,* gall dindi, *m.*

turn, *n.,* volta, *f.;* torn, *m.;* tombant, *m.;* *vt. & vi.,* girar; tombar; *vi.,* tornar-se (esdevenir).

turtle, *n.,* tortuga, *f.*

tutor, *n.,* tutor, *m.;* preceptor, *m.;* director, *m.,* d'estudis; *vt.,* instruir.

twelfth, *n. & adj.,* dotzè (*m.*); **Twelfth-night,** Nit, *f.,* de reis.

twelve, *n. & adj.,* dotze (*m.*).

twenty, *n. & adj.,* vint (*m.*).

twice, *adv.,* dues vegades.

twig, *n.,* branquilló, *m.*

twilight, *n.,* crepuscle, *m.*

twin, *n. & adj.,* bessó -ona.

twine, *n.,* cordill, *m.;* *vt.,* entrellaçar; enroscar; teixir.

twinkle, *n.,* centelleig, *m.;* *vi.,* centellejar; pestanyejar.

twist, *n.,* torçada, *f.;* *vt. & vi.,* torçar.

two, *n.,* dos, *m.;* *adj.,* dos dues.

type, *n.,* tipus, *m.;* *vt.,* escriure a màquina.

typewriter, *n.,* màquina, *f.,* d'escriure.

typical, *adj.,* típic -a.

typify, *vt.,* representar.

typist, *n.,* mecanògraf -a.

typography, *n.,* tipografia, *f.*

tyranny, *n.,* tirania, *f.*

tyre, *n.,* pneumàtic, *m.*

U

ugly, *adj.,* lleig lletja.

ulcer, *n.,* úlcera, *f.*

umbrella, *n.,* paraigua, *m.*

umpire, *n.,* àrbitre -a; *vt.,* arbitrar.

unable, *adj.,* incapaç.

unaffected, *adj.,* natural.

unanimous, *adj.,* unànime.

unattainable, *adj.,* inassequible.

unavoidable, *adj.,* inevitable.

unaware, *adj.,* ignorant.

unbearable, *adj.,* intolerable.

unbroken, *adj.,* intacte -a; indòmit -a.

unburden, *vt.,* descarregar.

uncanny, *adj.,* misteriós -osa.

unceasing, *adj.,* continu -ínua.

uncertain, *adj.,* insegur -a.

uncle, *n.,* oncle, *m.*

uncomfortable, *adj.*, incòmode -a; inquiet -a.

uncommon, *adj.*, rar -a, singular.

unconditional, *adj.*, incondicional.

unconscious, *adj.*, inconscient; sense sentits.

unconventional, *adj.*, informal.

uncouth, *adj.*, groller -a.

under, *prep.* & *adv.*, sota, davall.

underclothes, *n.*, roba, *f.*, interior.

underdog, *n.*, persona, *f.*, derrotada o oprimida.

underestimate, *vt.*, menysprear, avaluar en menys.

undergo, *vt.*, patir, suportar.

undergraduate, *n.*, estudiant -a, no graduat -ada.

underground, *adj.*, subterrani -ània; ocult -a; *adv.*, sota terra; *n.*, metro, *m.*

underline, *vt.*, subratllar.

underneath, *adv.* & *prep.*, davall, sota.

underrate, *vt.*, menysprear, desestimar.

understand, *vt.*, entendre, comprendre.

understanding, *n.*, enteniment, *m.*; acord, *m.*; *adj.*, comprensiu -iva.

understate, *vt.*, menyscabar (els fets).

undertake, *vt.*, emprendre.

undertaker, *n.*, administrador, *m.*, de pompes fúnebres.

undertaking, *n.*, empresa, *f.*

undertow, *n.*, ressaca, *f.*

underwear, *n.*, roba, *f.*, interior.

underworld, *n.*, briva, *f.*; infern, *m.*

undesirable, *adj.*, indesitjable.

undo, *vt.*, desfer.

undress, *vt.*, despullar; *vi.*, despullar-se.

undue, *adj.*, impropi -òpia; excessiu -iva.

unduly, *adv.*, excessivament.

unearth, *vt.*, desenterrar.

unearthly, *adj.*, sobrenatural; celestial.

uneasy, *adj.*, inquiet -a.

unemployed, *adj.*, sense feina.

unequal, *adj.*, desigual.

uneven, *adj.*, desigual; accidentat -ada.

unexpected, *adj.*, inesperat -ada.

unfair, *adj.*, injust -a.

unfaithful, *adj.*, infidel.

unfamiliar, *adj.*, inconegut -uda.

unfavourable, *adj.*, desfavorable.

unfit, *adj.*, incapaç; inadequat -ada.

unfold, *vt.*, desplegar.

unforeseen, *adj.*, imprevist -a.

unforgettable, *adj.*, inoblidable.

unfortunate, *adj.*, malaventurat -ada; desastrós -osa.

unfortunately, *adv.*, desgraciadament.

unfurnished, *adj.*, sense mobles.

unhappy, *adj.*, infeliç.

unhealthy, *adj.*, malsà -ana; malaltís -issa.

uniform, *adj.*, uniforme; *n.*, uniforme, *m.*

unify, *vt.*, unificar.

union, *n.*, unió, *f.*

unique, *adj.*, únic -a.

unit, *n.*, unitat, *f.*

unite, *vt.*, unir; *vi.*, unir-se.

unity, *n.*, unitat, *f.*

university, *n.*, universitat, *f.*; *adj.*, universitari -ària.

unkind, *adj.*, cruel; poc bondadós -osa.

unknown, *adj.*, incògnit -a.

unless, *conj.*, a menys que, si no.

unlike, *adj.*, dissemblant.

unload, *vt.*, descarregar.

unlucky, *adj.*, malaurat -ada; no sortós -osa; sinistre -a.

unprofitable, *adj.*, infructuós -osa, sense rendiment.

unreal, *adj.*, irreal, iŀlusori -òria.

unrest, *n.*, inquietud, *f.*, agitació, *f.*

unruly, *adj.*, indisciplinat -ada, rebel.

unseen, *adj.*, no vist -a; invisible.

unsettle, *vt.*, pertorbar.

unsettled, *adj.*, no estable; indecís -isa; variable.

unskilled, *adj.*, inexpert -a.

until, *prep.* & *conj.*, fins, fins que.

untrue, *adj.*, fals -a.

unusual, *adj.*, inusitat -ada, rar -a.

unwillingly, *adv.*, de mala gana.

unwise, *adj.*, imprudent.

up, *adv.*, amunt, dalt, dempeus; *prep.*, cap amunt; — to, fins a.

upheaval, *n.*, sollevament, *m.*, trastorn, *m.*

uphold, *vt.*, sostenir.

upkeep, *n.*, manteniment; *vt.*, mantenir.

uplift, *vt.*, elevar.

upon, *prep.*, sobre de.

upper, *adj.*, superior.

upright, *adj.*, dret -a, recte -a; vertical.

uproar, *n.*, tumult, *m.*

uproot, *vt.*, desarrelar.

upset, *n.*, trastorn, *m.*; *vt.* & *vi.*, bolcar; *vt.*, trastornar.

upshot, *n.*, resultat, *m.*

upside-down, *adj.* & *adv.*, en desordre; al revés.

upstairs, *adv.*, dalt, en el pis de dalt.

up-to-date, adj., al dia.
upward, adj., ascendent.
upwards, adv., amunt.
urge, vt., impeHir, urgir; n., impuls, m.
urgent, adj., urgent, apressant.
usage, n., ús, m.; usatge, m.
use, n., ús, m.; utilitat, f.; vt., usar.
useful, adj., útil.
useless, adj. inútil
usual, adj., usual, acostumat -ada.
usually, adv., usualment.
utility, n., utilitat, f.
utmost, adj., extrem -a.
utter, adj., complet -a, total, vt., proferir.
utterly, adv., completament.

V

vacant, adj., vacant, buit buida.
vacate, vt., desocupar, evacuar.
vacation, n., vacances, f. pl.; vacança, f.
vacuum, n., buit, m.
vague, adj., vague vaga.
vain, adj., vanitós -osa.
valid, adj., vàlid -a.
valley, n., vall, f.
valuable, adj., valuós -osa.
value, n., valor, m. & f.; vt., valorar.
valve, n., vàlvula, f.
van, n., camió, m., conductora, f.
vanish, vi., desaparèixer.
vanity, n., vanitat, f.
vanquish, vt., vèncer.
variety, n., varietat, f.
various, adj., divers -a.
varnish, n., vernís, m.; vt., envernissar.
vary, vt. & vi., variar.
vase, n., gerro, m.
vast, adj., vast -a.
vault, n., salt, m.; volta, f., cripta, f.; vt., saltar; arquejar.
veal, n., vedella, f.
vegetable, adj., vegetal; n., verdura, f.
vehement, adj., vehement.
vein, n., vena, f.
vellum, n., pergamí, m.
velocity, n., velocitat, f.
velvet, n., vellut, m.
vengeance, n., venjança, f.
venture, n., aventura, f., especulació, f.; vt., arriscar.
verb, n. (gram.), verb, m.
verge, n., vara, f.; vorada, f.
verify, vt., verificar.

vernacular, adj., vernacle -a.
verse, n., vers, m.
very, adv., molt; adj., mateix -a, veritable.
vessel, n., vaixell, m.
vest, n., armilla, f.; camiseta, f.
vex, vt., vexar.
vice, n., vici, m.
vicious, adj., viciós -osa.
victory, n., victòria, f.
view, n., vista, f.; vt., veure.
viewpoint, n., punt, m., de vista.
vigorous, adj., vigorós -osa.
village, n., poble, m.
villain, n., malvat -ada.
vine, n., cep, m., vinya, f.
vinegar, n., vinagre, m.
vineyard, n., vinya, f., vinyar, m.
violence, n., violència, f.
violent, adj., violent -a.
violet, n. (bot.), violeta, f.; adj., violeta (color).
virgin, n., verge, f.
virtue, n., virtut, f.
virtuous, adj., virtuós -osa.
visible, adj., visible.
vision, n., visió, f.
visit, n., visita, f.; vt., visitar.
visitor, n., visita, f.; visitador -a.
vitality, n., vitalitat, f.
vivacity, n., vivacitat, f.
vivid, adj., vivid -a; brillant.
vocabulary, n., vocabulari, m.
vogue, n., moda, f., voga, f.
voice, n., veu, f.
void, n., buit, m.; adj., nul, nuHa.
voluble, adj., voluble.
volume, n., volum, m.
voluntary, adj., voluntari -ària.
volunteer, n. (mil.), voluntari, m.; vi., allistar-se; vt., oferir.
voluptuous, adj., voluptuós -osa.
vomit, vt., vomitar.
vote, n., vot, m.; vt. & vi., votar.
vouch, vt., atestar.
vow, n., vot, m.; vt., votar.
vowel, n., vocal, f.
voyage, n., viatge (per mar).
vulgar, adj., vulgar, plebeu -ea.

W

wage, n., sou, m.; vt., emprendre.
wager, n., aposta, f.; vt., apostar.
waist, n., cintura, f.
waistcoat, n., armilla, f.
wait, n., espera, f.; vt., esperar.
waiter, n., cambrer, m.
waitress, n., cambrera, f.
waive, vt., renunciar.

wake, *vt.,* despertar; — **up,** *vi.,* despertar-se.

walk, *n.,* passeig, *m.;* *vt. & vi.,* passejar; *vi.,* caminar.

wall, *n.,* paret, *f.,* mur, *m.*

wallet, *n.,* cartera, *f.*

walnut, *n.,* noguera, *f.;* nou, *f.*

wander, *vi.,* vagar, errar.

want, *n.,* carència, *f.;* *vt.,* desitjar; mancar; *vi.,* mancar, faltar.

war, *n.,* guerra, *f.;* *vi.,* guerrejar.

ward, *n.,* pupil -iŀla; sala, *f.,* d'hospital; — **off,** *vt.,* repeŀlir.

warden, *n.,* guardià, *m.;* director, *m.*

wardrobe, *n.,* guarda-roba, *m.;* vestuari, *m.*

warfare, *n.,* guerra, *f.*

warm, *adj.,* calent -a; calorós -osa; tebi tèbia; *vt.,* escalfar.

warn, *vt.,* advertir.

warrior, *n.,* guerrer, *m.*

wary, *adj.,* caut -a.

wash, *n.,* rentada, *f.;* *vt.,* rentar.

wasp, *n.,* vespa, *f.*

waste, *n.,* erm, *m.;* deixes, *f. pl.;* *vt.,* malgastar; arrassar.

watch, *n.,* vigilància, *f.;* rellotge, *m.,* de butxaca, de polsera; *vt.,* vigilar.

water, aigua, *f.;* *vt.,* regar; abeurar.

watermelon, *n.,* síndria, *f.*

waterproof, *adj. & n.,* impermeable (*m.*).

wave, *n.,* ona, *f.;* *vi.,* onejar; *vt.,* brandar, agitar.

wax, *n.,* cera, *f.;* *vt.,* encerar.

way, *n.,* camí, *m.;* ruta, *f.;* distància, *f.;* mètode, *m.;* faisó, *f.*

we, *pron.,* nosaltres.

weak, *adj.,* dèbil, feble.

weakness, *n.,* debilitat, *f.*

wealth, *n.,* riquesa, *f.*

wealthy, *adj.,* ric -a.

weapon, *n.,* arma, *f.*

wear, *n.,* gastament, *m.;* *vt.,* portar; gastar.

weariness, *n.,* cansament, *m.*

wearisome, *adj.,* pesat -ada.

weary, *adj.,* cansat -ada; *vt.,* cansar.

weather, *n.,* temps, *m.*

weave, *vt.,* teixir; *n.,* teixit, *m.*

wed, *vt.,* casar; *vi.,* casar-se.

wedding, *n.,* boda, *f.,* casament, *m.*

Wednesday, *n.,* dimecres, *m.*

wee, *adj.,* menut -uda.

weed, *n.,* mala herba, *f.*

week, *n.,* setmana, *f.*

week-end, *n.,* fi, *m.,* de setmana.

weekly, *adj.,* setmanal; *n.,* setmanari, *m.*

weep, *vt. & vi.,* plorar.

weigh, *vt.,* pesar; sospesar; *vi.,* pesar.

weight, *n.,* pes, *m.*

weird, *adj.,* sobrenatural, estrany -a.

welcome, *adj.,* benvingut -uda; *n.,* benvinguda, *f.*

welfare, *n.,* benestar, *m.*

well, *n.,* pou, *m.;* deu, *f.;* *adj.,* bé; *adv.,* bé, ben.

well-known, *adj.,* notori -òria.

well-to-do, *adj.,* benestant.

west, *n.,* occident, *m.,* oest, *m.,* ponent, *m.*

wet, *adj.,* xop -a, humit -ida; *vt.,* mullar.

whale, *n.,* balena, *f.*

wharf, *n.,* moll, *m.*

what, *pron.,* que; *adj. & pron.,* quin quina (quins quines).

whatever, *pron. & adj.,* qualsevol qualsevulla, tot el que.

wheat, *n.,* blat, *m.*

wheel, *n.,* roda, *f.;* *vt.,* fer rodar; *vi.,* girar.

when, *adv.,* quan.

whenever, *adv.,* quan, cada vegada que.

where, *adv.,* on.

wherever, *adv.,* onsevulga, onsevulla.

whether, *conj.,* si, sia.

which, *adj. & pron.,* que; quin -a (quins -ines); el la (els les); qual(s).

whichever, *adj. & pron.,* qualsevol, qualsevulla que.

while, *n.,* estona, *f.;* *conj.,* mentre.

whim, *n.,* capritx, *m.*

whimper, *n.,* ploricó, *m.;* *vi.,* ploriquejar.

whine, *n.,* gcmcc, *m.;* *vi.,* gcmcgar.

whip, *n.,* fuet, *m.;* *vt.,* fuetejar.

whirl, *n.,* giravolt, *m.;* *vi.,* giravoltar; *vt.,* fer girar.

whirlpool, *n.,* remolí, *m.*

whisper, *n.,* xiu-xiu, *m.;* *vi.,* xiuxiuejar.

whistle, *n.,* xiulet, *m.;* *vt. & vi.,* xiular.

white, *adj.,* blanc -a.

whitewash, *vt.,* emblanquinar.

who, *pron.,* qui, que.

whoever, whosoever, *pron.,* quisvulla.

whole, *adj.,* sa sana; tot -a; enter -a; *n.,* totalitat, *f.*

wholesale, *n.,* venda a l'engròs; *adj. & adv.,* en gran escala.

wholesome, *adj.,* saludable.

wholly, *adv.,* totalment.

whom, *pron.,* qui.

250   CATALAN GRAMMAR

whore, *n.*, puta, *f.*
whose, *pron.*, del, de la (dels, de les), qual(s)
why, *adv.*, per què?; *n.*, perquè, *m.*
wicked, *adj.*, pervers -a; entremaliat -ada.
wide, *adj.*, ample -a, ampli àmplia; *adv.*, lluny.
widen, *vt.*, eixamplar.
widespread, *adj.*, extens -a.
widow, *n.*, vídua, *f.*
widower, *n.*, vidu, *m.*
width, *n.*, amplària, *f.*
wield, *vt.*, empunyar, brandar.
wife, *n.*, muller, *f.*
wild, *adj.*, salvatge; silvestre; furiós -osa.
wilderness, *n.*, desert, *m.*
will, *n.*, voluntat, *f.*; desig, *m.*; testament, *m.*
willing, *adj.*, dispost -a.
willow, *n.*, salze, *m.*
wily, *adj.*, astut -a.
win, *vt.*, guanyar; *vi.*, triomfar.
wind, *n.*, vent, *m.*
wind, *vt.*, enrotllar; *vi.*, serpentejar; — up, *vt.*, donar corda a.
windmill, *n.*, molí, *m.*, de vent.
window, *n.*, finestra, *f.*
windy, *adj.*, ventós -osa.
wine, *n.*, vi, *m.*; red —, vi negre.
wing, *n.*, ala, *f.*
wink, *vi.*, parpellejar, fer l'ullet; *n.*, parpelleig, *m.*
winner, *n.*, guanyador -a, vencedor -a.
winter, *n.*, hivern, *m.*; *vi.*, hivernar.
wipe, *vt.*, eixugar.
wire, *n.*, filferro, *m.*; telegrama, *m.*; *vt.*, telegrafiar.
wireless, *n.*, radiotelegrafia, *f.*; ràdio, *f.*
wisdom, *n.*, saviesa, *f.*
wise, *adj.*, savi sàvia, sagaç; *n.*, manera, *f.*
wish, *n.*, desig, *m.*; *vt.*, desitjar, voler.
wishful, *adj.*, desitjós -osa.
wit, *n.*, intel·ligència, *f.*, enginy, *m.*, gràcia, *f.*, agudesa, *f.*
witch, *n.*, bruixa, *f.*
witchcraft, *n.*, bruixeria, *f.*
with, *prep.*, amb.
withdraw, *vt.*, retirar; *vi.*, retirar-se.
wither, *vt.*, pansir; *vi.*, marcir-se.
withhold, *vt.*, detenir; ocultar.
within, *prep.* & *adv.*, dins.
without, *prep.*, sense; fora de; *adv.*, fora.
witness, *n.*, testimoni, *m.*; *vt.*, presenciar; *vi.*, donar testimoni.

witty, *adj.*, graciós -osa, agut -uda.
wizard, *n.*, bruixot, *m.*
woe, *n.*, aflicció, *f.*, pena, *f.*
wolf, *n.*, llop, *m.*
woman, *n.*, dona, *f.*
womb, *n.*, matriu, *f.*
wonder, *n.*, miracle, *m.*, prodigi, *m.*, meravella, *f.*; *vi.*, meravellar-se; *vt.*, dubtar.
wonderful, *adj.*, meravellós -osa.
woo, *vt.*, festejar.
wood, *n.*, fusta, *f.*; bosc, *m.*
woodcut, *n.*, boix, *m.*, xilografia, *f.*
wool, *n.*, llana, *f.*
word, *n.*, paraula, *f.*, mot, *m.*
work, *n.*, treball, *m.*; obra, *f.*; *vi.* & *vt.*, treballar; *vi.*, funcionar.
worker, *n.*, obrer -a, treballador -a.
workman, *n.*, obrer, *m.*
workshop, *n.*, taller, *m.*
world, *n.*, món, *m.*
worldly, *adj.*, mundà -ana.
worm, *n.*, cuc, *m.*
worn, *adj.*, gastat -ada, usat -ada.
worry, *n.*, preocupació, *f.*; *vt.*, preocupar; molestar; *vi.*, preocupar-se.
worse, *adj.* & *adv.*, pitjor.
worship, *n.*, culte, *m.*; adoració, *f.*; *vt.*, adorar.
worst, *n.*, pitjor, *m.* & *f.*; *adj.*, pèssim -a; pitjor; *adv.*, pitjor.
worth, *n.*, valor, *m.* & *f.*, preu, *m.*; mèrit, *m.*; *adj.*, digne -a.
worthless, *adj.*, sense valor.
worthy, *adj.*, digne -a.
wound, *n.*, ferida, *f.*; *vt.*, ferir.
wrap, *vt.*, embolicar, embolcar.
wrath, *n.*, ira, *f.*
wreck, *n.*, naufragi, *m.*; *vt.*, destruir.
wrestle, *vi.*, lluitar.
wretched, *adj.*, desgraciat -ada; infeliç.
wring, *vt.*, torçar; prémer.
wrinkle, *n.*, arruga, *f.*; arrugar.
wrist, *n.*, puny, *m.*
write, *vt.* & *vi.*, escriure.
writer, *n.*, escriptor -a.
wrong, *n.*, injustícia, *f.*, tort, *m.*; error, *m.*; *adj.*, mal -a; equivocat -ada; *adv.*, malament, mal; *vt.*, fer tort (a).

X

Xmas. Abreviatura de **Christmas**, Nadal.
xylography, *n.*, xilografia, *f.*
xylophone, *n.*, xilofón, *m.*

Y

yard, *n.,* iarda, *f.*; pati, *m.*
yarn, *n.,* fil, *m.,* filassa, *f.*; (*coll.*) història, *f.*
yawn, *n.,* badall, *m.*; *vi.,* badallar.
year, *n.,* any, *m.*
yearn, *vi.,* anhelar.
yeast, *n.,* llevat, *m.*
yell, *n.,* crit, *m.*; *vi.,* cridar.
yellow, *adj.,* groc -oga; *n.,* color groc, *m.*
yes, *adv.,* sí.
yesterday, *adv.,* ahir; **day before —,** abans-d'ahir.
yet, *adv.,* encara; *conj.,* però, amb tot.
yield, *vi. & vt.,* cedir; *vt.,* produir; *n.,* producció, *f.*
yoke, *n.,* jou, *m.*
yolk, *n.,* rovell (d'ou), *m.,* gema, *f.*
you, *pron.,* tu, vós, vostè, vosaltres, vostès. (See page 43).
young, *adj.,* jove; nou nova.

your, *poss. adj.,* teu teva, teus teves, vostre vostra, vostres.
yours, *poss. pron.,* el teu la teva, els teus les teves, el seu la seva, els seus les seves.
yourself, *pron.,* tu mateix -a, vós mateix -a, vostè mateix -a.
yourselves, *pron.,* vosaltres mateixos -es, vostès mateixos -es.
youth, *n.,* joventut, *f.*; jove, *m. & f.*
youthful, *adj.,* jovenívol -a.

Z

zeal, *n.,* zel, *m.*
zealous, *adj.,* zelós -osa.
zero, *n.,* zero, *m.*
zest, *n.,* picantor, *f.*; delit, *m.*
zone, *n.,* zona, *f.*
zoo, *n.,* parc zoològic, *m.*
zoology, *n.,* zoologia, *f.*
zoom, *vi.,* (*aer.*) enlairar-se brunzint.